U0142800

實驗社會心理學
勒溫拓撲心理學之傳承

A Narrative History of Experimental Social Psychology:
The Lewin Tradition

五南圖書出版公司 印行

獻給克里斯多夫（Christopher）和傑佛瑞（Geoffrey）

庫爾特・勒溫

利昂・費斯廷格

艾略特・阿倫森

繪圖者：王羿崴

致謝

我要對同意這個計畫接受訪問的社會心理學家們致上深深地謝意，我由衷地感謝他們的善意及合作。

我還想感謝西格瑪希科學研究學會（Sigma Xi, The Scientific Research Society）的支持，提供了研究贊助獎金[1]。

我非常感謝芭芭拉・莫里斯（Barbara Morris）、洛雷雷・桑塔格（Lorelei Sontag）及M・布魯斯特・史密斯（M. Brewster Smith）很細心地閱讀這本書的初稿。他們提供的建議非常有幫助。

最後，我會想要感謝艾略特・阿倫森（Elliot Aronson）[2]對這個計畫的熱心，他曾鼓勵我去挖掘自己想知道的關於社會心理學（social psychology）的種種，這本書即其成果。身為我的朋友及督導，他曾以對我最適切的學習模式教導我，對此我非常感激。

---

1 譯者註張：希臘文的Σ（sigma）和Ξ（Xi），這兩個字母指出了該學會的希臘文宗旨，用拉丁化字母可以表示為 Spoudon Xynones，或可譯為「一起熱情研究的同好們」（Companions in Zealous Research）。該學會能提供申請其「研究贊助獎金」（grant-in-aid of research）的機會，請參考https://www.sigmaxi.org/about。

2 譯者註王：艾略特・阿倫森（Elliot Aronson）為作者，Shelley Patnoe（雪萊・帕特諾）的博士指導老師，是當代美國著名社會心理學家，為實驗社會心理學之父，利昂・費斯廷格（Leon Festinger）的博士生，共同開展認知失調的相關實驗，1999年獲得美國心理學會頒贈傑出科學貢獻獎，在研究、教學和寫作上都曾獲得獎項，目前中國大陸譯有其書《社會心理學》及《社會性動物》等書，其與作者另著有《拼圖教室》一書，此為阿倫森運用行動研究進行美國德州學校種族歧視下促進班級學生學習的探究成果，本書後面有更多關於阿倫森的介紹。

柳絮風揚
細述戰爭移民庫爾特·勒溫的影響

　　這本書應不易暢銷，會買它讀它的是小眾，能一口氣讀完，還會覺得有點趣味的應更寥寥無幾人！王勇智老師幹嘛花力氣翻譯？一部分出於個人的動力，其譯序已經說得很清楚，另一部分出版社願意出版，可能與書名「實驗社會心理」和「敘事」二詞有關，兩個異質的詞被兜在書名中，可能會吸引人的！

▌一、知識的歷史性

　　這本書其實是二戰後受過勒溫影響的一掛美國實驗社會心理學者們，口述他們與勒溫的關連性和他們自身初入行的那些年的生涯路徑。20位受訪者於1980年代回看的口述材料，揭露了美國實驗社會心理學知識在1940～1960間發展歷史的一個剖面。知識的生發與傳播都是有其社會歷史的生成脈絡的，實驗社會心理學的知識被心理系學生經由課本學習與被社會大眾知曉時，通常就是實驗的結論及其應用，我們鮮少有機會知道他們是一群怎樣的人，他們是在怎樣的時機背景下去設立實驗室，其研究方向與主題怎麼產生的？這本書的價值也正在於此了！

　　透過這本書的口述報導，讀者對二戰後的美國實驗社會心理學的發展，特別是由受勒溫影響的這支路徑的視角，看見了歷史地景的一個特定的切面與形貌。然而，知道這一歷史階段（二戰後到1970）中接受勒溫影響的美國實驗社會心理學的發展歷史，對學習與認識心理學的後輩們有何價值呢？我無法代替別人來回答這個問題，只能先提供我自己的視角做為讀者的參照。由1970年代開始，我在對團體動力知識方法的學習中知道了勒溫，而後一路因地制宜地變化與實驗著勒溫所創的團體動力和行動研究

方法，且一直於大學心理系中教授這兩門課。做爲一名資深的實踐取向的大學教育工作者，讀這本書對我有什麼意思呢？

二、統合的勒溫與分裂的學科

1933～1947年在美國創意又辛勤工作的勒溫，設計與進行的實驗在研究實驗室裏，亦在社會生活的具體現場中，他是統合的。但是在我由年輕做學生到成年任教的長長的過程裡，一直都經驗著心理學界「實驗」與「非實驗」楚河漢界式的界域！在多位受訪者都提到他們參與勒溫在麻省理工學院團體動力中心，每週的「天馬行空團體聚會」（Quasselstrippe）所激發的交融創造力，爾後在勒溫過世後，多人亦均運用此團體討論的做法發展他們的工作團隊。是以，早期的這群實驗社心學者是一方面設計與進行實驗，一方面知道如何運用團體動力帶動團隊工作。我的提問是：美國大學學科知識環境在過去五十年是發生了哪樣的演變，以致於我們所複製沿用於美國的大學心理學科的知識分類的建制化，將統合的勒溫分裂到不同知識界域，並製造了彼此區隔分裂的條件？

在臺灣輔仁大學心理系任教39年的經驗裡，當教育部釋放出更多系辦學的自主權時，我和當年的老同事們便有意識地運用制度給出的有限條件，對治了我們都身受其苦的分裂；譬如，我對「團體動力」課程在系課程知識結構中的定性就不接受「基礎與應用」的二分，而是實踐方法論的定性。

三、二戰與美國政府和軍隊的資源

顯然勒溫的早逝是大家預料之外的突發事件，多位都提到團動中心在勒溫過世後由麻省理工搬到密西根大學的過程，原來我們熟悉的發明五點量表的李克特（Likert）就是接收團動中心並將之納入他於密大主持的調查研究中心的重要人物！1941年珍珠港事件後，李克特接了美國政府委託的大型調查研究案，請勒溫推薦研究工作者（本書第31頁，卡特賴特

的訪談中提及）參加在華盛頓的調查研究計畫；在勒溫因第一次世戰而離開了德國入籍美國的那個政治脈絡裡，不只美國政府和空軍海軍所給予計畫資源，連早期中心的研究生也有軍隊所培養的知識青年（如約翰‧蒂伯（John Thibaut），本書第51頁；哈羅德‧凱利（Harold Kelley），本書第64頁；亞伯特‧佩皮通（Albert Pepitone），本書第88頁）；世界大戰所激發的美國國力對科學人材培養的挹注是不能忽略的歷史政治的作用力量。因大型調查研究案與特定社區或社群的研究案之間在探究方法上的不同而衍生的矛盾，在勒溫在世時就已被辨識稱為「具『創造性的張力』，就算這些爭議從未被解決」，卡特賴特說在韋茅斯的住房問題研究中出現了方法的衝突：「利比特曾指責費斯廷格對於在現場工作所遇到的各種困難不夠敏感……告訴費斯廷格說他在限制他們做些甚麼……」。費斯廷格與利比特都是勒溫邀入團動中心的教師，但費斯廷格明白的說了他對實地研究（就是利比特所說的實務工作）的看法：「不是為了實務目的，它們是為了澄清理論，得到預感直覺……」（本書252頁）。莫爾頓‧多伊奇說的直接：「他（勒溫）良性的出場讓這種緊張關係能在控制中。兩者在他身上能融合……他屬下的某些教師並沒辦法做到這種融合。」利比特與費斯廷格的矛盾日後也就走成了實驗社會心理與組織心理學的兩支路徑；前者只在發展其實驗研究團隊時會援用團體動力的討論動能，後者則將在緬因州貝茲鎮推動以訓練團體（training group）為基底的團體動力研習課程（大小團體動力學，2020）。這也是何以在本書中訓練團體一詞只在無關緊要的陳述中出現過兩次的緣故。

　　何以我說這是有關知識的歷史性的一本材料書？作者對受訪者資料的整理與呈現是謹慎的，我們都只能在字裡行間捕捉到一些不同個人與學術群體中的矛盾，卻不明其所以然，例如哈佛心理系、社會關係系與勒溫的研究群體間的差別倒底是什麼？他們間的不同又反映了什麼？對讀者而言，這是本書的不足處。不過，即便對這些作者未言明與探討的矛盾沒有條件搞清楚，我們在懸置它們的同時，仍可看到二戰的美國政府是如何挹注資源引納入勒溫的智識成為美國科學實驗心理學的一支重要滋養。若我們離開學院實驗社心的大學與研究機構的環境，進入到社會日常生活的田野現場時，大概會知道前面提及的學科知識方法的分裂亦是必然的後果！

▋四、勒溫的跨學科實驗

　　勒溫的統合除了表現在有能耐因應創造性的張力外，他在迎向人們社會生活時的跨學科立場；在1945年設立團體動力中心小手冊中勒溫就揭示了團體動力這門學問的根本質地：「團體動力中心是基於兩個需要而設立的，一個是科學需要，另一個是實務需要。社會科學需要整合心理學、社會學、文化人類學成為一個用來研究團體生活的工具。」勒溫賦與了「團體生活」一個具有研究前沿價值的定位，然而在整個上世紀後半葉學科分流建制的大學環境裏，這並不易發生！

　　雖然，當前的大學學術環境存在諸多問題，王勇智老師於其譯序中對此書所說的下面這段話，對知識創造力與實驗性是一個啟發與鼓勵：

　　「創造力往往並非僅出於某人所從事的活動，智性成果之外存在著他與一群人的相遇與共事，是這一群人的成群與散群各自尋發展的歷史。」

　　盼讀者欣賞此書！

夏林清
四川文化藝術學院

師生熱情志業的追尋

我過去的學生王勇智翻譯了一本與勒溫（Kurt Lewin）有關的書，他知道我一直追隨著勒溫的熱情路線因此他希望我能為他這本書寫份序言。看完他翻譯的書，不禁讓我想到多年前我寫下了一篇文章[1]，也是在回顧受勒溫影響的熱情社會心理學家們的故事，姑且就以這篇文章的部分作為這本書的序言吧！

▌ 熱情的追尋

從社會心理學教科書中看到編者引用了Kurt Lewin的那句名言：「There is no practical as a good theory； There is no theoretical as a good practice.」當時的我正困於「諮商理論無用論」的困境中，恍惚中看到一些理論與實踐整合的可能性，尤其是他所提出的「行動研究」。於是，我再度投身「社會心理學」領域中尋找，我找到Lewin的直傳弟子Deutsch的弟子David Johnson。然而，在David Johnson的諸多課中，如「衝突心理學」、「合作學習」、「組織文化與發展」等課堂中，我悵然若失，好像還是沒找到，不太滿意卻說不出是缺什麼，多次在課後追問著David追到他的研究室，他很和善卻又不了解我到底要幹嘛？我還記得他一再地說：「What's bugging you？」十年後的現在，我比較清楚我當時不滿意的是他把我想像的「社會轉化」（social transformation），設計成套裝的小團體活動，在教室內實驗「行動」著，對我而言確有「不真實」之感。七年前，透過夏林清的牽引，有機會摸索民間婦女團體及教師團體的性別實踐

---

1 劉惠琴，2006。社會心理學中的熱情傳承。應用心理研究，第31期，2006秋，141-155頁。

行動，當時我挺興奮地感覺到：「這好像就是我想像的『行動』」，不過這種行動的模糊不確定性，與極強烈的衝突性，卻讓我倍覺辛苦。

帶著這些無法辨識的困難，我去參與了一次社會心理學與SPSSI（The Society for the Psychological Study of Social Issues）的年會，主題是：「重現Lewin行動研究的精神」，研討會中令我最印象深刻的是一場討論「協同關係」的小論壇中，看到了以學院為主體的行動研究者與以草根團體為主體的行動研究者，對「協同關係」的差異對話，空氣中有著差異的「張力」，卻沒有火藥味。critical but not judgmental，看到了原來「行動研究」是有不同面貌的，我隱含感受到的「不滿意」與「困難」在其他的行動研究者身上也看得到。

由於行動研究有解決問題及產生知識的雙重目標，因此學院研究者與實務工作者雙方在此雙重目標上的偏重勢必會有所不同。再加上長期以來，兩者之間既存的角色及權力結構差距，導致兩者之間的協同關係存在許多緊張。如何共同處理這個「張力」，就演變成不同協同形式的行動研究了。

與其他的研究方法一樣，Kemmis與McTaggart（2000）也將行動研究分為客觀歷程vs.主觀歷程之分；技術性（techniqual）、實用性（practical）、批判性（critical）等目的之分。作者當然一再重申不同取向間可以並行而不悖，彼此豐富行動研究知識的面貌。即使如此，我依稀覺得我似乎仍偏好尋找某些樣式的行動研究，從早期在美唸書時接觸到的Edger Shein的process consultation，到回國後與夏林清合作接觸到的critical action research，再加上這些年來接受社會建構論的洗禮，似乎就對焦在「批判」（critical）的熱情上了。知識的追求本應該是有熱情的，只是在學術典範的範式切割下，熱情往往是隱而不察，久而久之，知識就變冷了。

▌熱情的學問——生活經驗萃練出來的熱情

Shelley Patnoe（1988）及Arthur Aron與Elaine Aron（1989）分別花了

數年的時間訪問一些社會心理學的開創學者們，希望能呈現這些冷知識背後的熱情後台。這二本書讓我跟這些人知識背後的熱情相連。以下則是我擷取書中部分的故事來說明我對「熱情社會心理學」的看法。

　　透過Aron與Aron（1989）的詮釋，我看到Lewin於1930年，逃避希特勒的政治迫害，到了美國的Iowa。因此，他熱愛美國式的民主，藉著新起的社會心理科學，致力於對強權暴政的批判。他最想實踐的是民主的熱情，這不只在他個人的研究與理論工作上落實，更被後人稱述的是他對學生及學術同僚們的影響。他那有名的團體聚會（Quasselstrippe），聽著學生們的有趣點子，大夥兒一起激盪著點子怎麼繼續探究下去。Lewin民主式地催化著其中的創意、熱情。而這種熱情總是相互激盪著，Ronald Lippitt就回憶當年他還是研究生時，每當提到不同領導型態的點子時，Lewin隨即就放棄他手上其他的研究計畫，一起將這個小火點繼續探究下去，而形成了後來的領導結構研究。

　　當然，這種反政治權威的民主熱情，不止Kurt Lewin才有，另一位社心學家Muzafer Sherif也有。1919年，當Sherif十四歲時，希臘軍隊入侵土耳其，他親眼目睹朋友被殺害，連他自己也差點遇害。這遭遇促使Sherif關心人類的團體間迫害的問題。1935年，在Columbia University，Sherif是Gardner Murphy指導的研究生，Sherif挑戰當時對態度的測量研究，以其獨特且富創意的視動光點研究設計來展現：人的知覺判斷如何受到社會規範的型塑。接著，Sherif與他的學生們在Oklahoma的Robbers Cave設計了頗負盛名的青少年團體間衝突與合作的田野實驗，探討衝突與合作的形成過程，當然這也是反映著他對於人類社會中戰爭與和平議題的關心。Lewin與Sherif等人在二次大戰前後，面對戰爭對人類生活的衝擊所燃點出的熱情，均反映在他們畢生的努力中。

　　1970年代的美國社會，戰後迅速的重建，工業化與都市化腳步的加劇，使得人們的生活被另一波無形的壓力給壓迫著而不自知。1964年，一位紐約都會女性Kitty Genovese的遇害，吸引了紐約時報記者的關心，關心的不只是這位女子的遇害，更關心的是當天現場有三十八戶鄰居知曉卻未報警處理的冷漠。而當時紐約市的二位年輕教授：Columbia University的Bibb Latané，及NYU的John Darley，在一個宴會上不斷地被這位記者

問到怎麼解釋這個現象。兩人皆困惑於無法提供答案。會後，兩人一起共進晚餐，繼續討論，餐後又到Latané在格林威治村的公寓再繼續討論：為什麼這件事會令人如此難受？為什麼這「38」戶的數目字如此礙眼？就這樣，助人行為中「旁觀者效應」的研究設計於是成形。除了上述的冷漠之外，現代都市人生活中常有卻難以命名的困惑，如對愛情、幸福感及生命掌握感的追求與失落等現象也都吸引著年輕一代社會心理學者們的熱情。如1970年代開始，Zick Rubin（1970）對愛情量表的研究，及Aron（1980），Walster及Berscheid等人（1976）對吸引力的探討。Brickman等人（1978）對幸福感的探討，及Langer與Rodin（1977）對老人院老人生命掌握感的探討等等，都反映出他們對都市化社會中新議題的熱情。

　　這些探索的主題在在反映著不同時代下的生活熱情，也因為這些熱情讓一些社心學者願意「冒險」去探究一些可能是無釐頭的新題目。Zajonc在接受訪問時就提到：「通常這種冒險會帶來有趣的研究過程。它之所以『冒險』，是因為社會問題通常是複雜的，但如何將這些複雜問題轉化成知識則是更大的困難。」

▌熱情的活水源頭──社會影響的關注

　　社會心理學通常有這樣的熱情：想讓人們看到其實人們是活在社會脈絡之中的。因此，他們也特別會去覺察到人們的自我、思考、情緒、態度、行為等等是如何受到社會的影響；對社會脈絡與社會影響的強調就成了社心學家們的共識了。就以Ted Newcomb的故事來說吧，Ted Newcomb的父親是位傳教士，他自己原來也是打算要做傳教士的，當時他在Columbia University對面的神學院就讀。曾經在這神學院就讀的還包括有Carl Rogers，Rensis Likert及Ernest Hilgard。當時，這些神學院學生被Columbia University的心理學課程所吸引，常去旁邊或選課（1920年代，Gardner Murphy人在哥大）。漸漸地，Newcomb就改變了志向，成了社會心理學家。他日後的研究也都在反映人的信仰或情感是如何受他人影響的。

同樣地，以線條判斷實驗聞名的Asch，原來是Columbia University的研究生，他是Newcomb的學弟，Sherif的學長。他原來感興趣的是學習心理學，但後來受到完形心理學的影響，而逐漸轉進Lewin的社會心理學領域。而他線條判斷的實驗設計，又是深受他自己的童年經驗的影響。Asch是猶太人，小時候常參加彌撒儀式。在這些儀式進行時，總是會在大門進口處，擺放著一杯酒，而且門還是開著的。童年的Asch就問身旁的叔叔，爲什麼這門要開著？叔叔說，是因爲神將會降臨，而這酒是爲祂準備的。Asch好奇地問：「祂眞的會來喝這杯酒嗎？」叔叔說：「只要你仔細看，你就會看到酒杯的酒有少一些。」Asch仔細地盯著酒杯，果然酒杯內的酒像少了些……。

之後，Stanley Milgram跟隨著Asch，共同設計了更「恐怖」的從眾實驗。當然，這些「從眾實驗」的背後是想探究爲什麼Hitler能讓Nazi恐怖計畫貫徹全德國，甚至蔓延全歐洲。1972年，在Yale University的Irving Janis更提出了「團體迷思」（group think）的現象，企圖解釋爲什麼甘乃迪總統及其幕僚們會犯下諸如豬玀灣事件的錯誤決策。這先後學者之間似乎又有其異曲同工的「社會影響」之妙！

▍生活中處處是活水——社群空間的創造

他們不只認識且相信人深受社會脈絡的影響，同時他們更在他們自己的生活中創造出彼此影響的空間，一種社群空間的創造。最爲人稱頌的，當然是「勒溫式的傳統」（Lewinian Legacy）。Lewin在德國就常有這種非正式的聚會，德文稱之爲「Quasselstrippe」，到了Iowa，他的學生及同僚們也就延續這種聚會，他們稱爲「the Hot-Air club」。在校區附近餐廳的固定午餐聚會，創意點子也常在這輕鬆的氛圍下源源而出。許多Lewin的學生，在他們後來的學校裡，亦都承繼此傳統，創造出社群對話的空間。如Festinger在Stanford University，Schachter在University of Minnesota等都有有固定非正式團體聚會的習慣。此時我想起當年我在U. of Minnesota讀博士班時，修David Johnson（他是Morton Deutsch的學生）

的課時，他特別喜歡課後在他家聚會。此事對初到美國的我，既要開車找路，又要努力聽懂他們的笑話，在層層的障礙下，除了紅酒與起司片外，能感受到的創意激盪並不如預期地多。但這種社群的激盪學習，反倒是我回國以後，從與一群朋友及學生們的聚會中感受到不少。

Lewin很能享受這種在團體內學習，同時將團體歷程當作一種社會介入的探究方法。二次大戰期間物質缺乏，他嘗試用小團體討論的方式去影響家庭主婦的飲食習慣。「團體」被視為是改變個人及社會的有利工具。戰後，Lewin就在MIT（Massachusetts Institute of Technology）成立了「團體動力研究中心」（the Research Center for Group Dynamics），除了對團體歷程的諸多探究外，Lewin更有興趣的是如何將團體用在真實生活中。當時戰後的美國，除了有歐洲流亡來的猶太族裔之外，還有非裔族群及退伍軍人等弱勢團體。社會中充滿著對弱勢團體的偏見，他致力於使人們得以看見自己的偏見，並改變偏見。所謂的T-Group（Training Group）就這樣在1946年，應Connecticut State Inter-Racial Commission之邀，為社區領袖設計的去偏見態度改變的需要下而成立的。

第二年的夏天，在緬因州成立了國家訓練實驗室（NTL, National Training Laboratories）專門培訓全國各地的社區領袖們。「T-Group」也因此為之風靡一時，可惜的是，Lewin就在NTL的課程展開之前，因心臟病發作而去世，享年才五十七歲。然而小團體取向的研究仍興盛一時，直至七十年代，團體取向的研究轉而與企管、教育及傳播等應用領域結合，而社心領域則逐漸偏向「認知」導向。不過，團體取向的研究興趣仍然存在，尤其是歐洲的社心學者們仍相當有興趣於內／外團體間的互動現象。在美國的社心領域中，T-Group運動似乎轉向至個人關係運動（the Personal Relationships Movement），人際關係、親密關係等議題從1970年開始就一直蓬勃至今。

回顧這些早年開創社會心理學領域的社心學家們，可以發現當初推動他們的動力來自於他們的熱情。而熱情則來自於他原來的生活脈絡，熱情亦在社群團體中延續開展。這些都說明了原來的社會心理學是一個有熱情的學科。這裡的人不只是要做「科學研究」，更重要的是能社會實踐，影響別人。如Lewin及Sherif都是受Hilter政權壓迫而逃亡的猶太人，幸運的

在美國學術界仍有其發言的空間，他們就致力於反偏見及反衝突的研究與實踐。另外有些社心學者們雖然在學術舞台上較難有發聲的空間，但亦不減其在社會實踐上的努力，甚至產生更大的作用。如David Krench也是一位猶太社心學者，在學院謀職上一直不太順利，曾在芝加哥大學擔任約聘的實驗室研究人員。1935年，他與一些好友共同成立了「社會議題心理研究社群」（SPSSI, the Social Psychological Study of Social Issues），宗旨在於保障一些有爭議的議題得以被探討，並且使一些激進的行動有獲得支持的機會，以確保人類價值的創造與保存。SPSSI剛成立時，是想為一些新進學者們創造一個不一樣的社群，但沒想到當時許多資深的前輩們，如Mruphy、Newcomb、Allport、Sherif及Lewin等人也都踴躍參與。至今SPSSI所發行的Journal of Social Issue仍一直發揮其社會實踐的特色，有別於主流的Journal of Personality and Social Psychology，這種社會實踐的精神在Lewin一直提倡的「行動研究」（Action Research）中亦時時在提醒著：「行動中有研究；研究中有行動」（no action without research；no research without action）。事實上，1946年在成立MIT團體動力中心之前，Lewin就先成立了一個「社區關係委員會」（the Commission on Community Interrelations, CCI），這是他向美國猶太議員們募款成立的，目的在於減低團體間的緊張與偏見。從1946年到1950年，這個委員會就承接了五十五個研究案子，可說是Lewin最為滿意的「行動」。

然而，根據Deutsch的看法，「研究」與「實踐」這二支動能，在Lewin去世後就分裂了。實踐路線指的是Lippitt及T-Group的那群人。「研究」路線指的是Festinger等在學院裡做研究的人。後來的社心學者似乎就得在這二個端點中自尋其得以平衡的位置。

▌ 熱情志業的傳承

透過Patnoe（1988）的詮釋，我看到在更早的時候，Kurt Lewin深受Gestalt Psychology的影響，雖然他最早關心的是知覺與學習，但他將二者與動機結合起來成為生活場域（life space）的概念。這個概念包含

一個很重要的元素，就是個人所知覺到的情境現場。因此，他所提出的「場地論」（Field Theory）基本上就是個動機理論，要了解人的行為，得先了解人的生活場域中的動力與張力。Jones稱他為「熱情的完形主義者」（hot gestalist），他的熱情來自於他想發展有用的理論以解決社會問題。他強調理論與實務是相互依存的，也因此他的那句名言一直被傳誦：「There is nothings so practical as a good theory.」有些學者（Cartwright，1978）認為這份對社會問題的興趣與他被迫離開德國至美國的特殊處境有關，再加上他經歷到德國與美國之間的文化差異。

他與他學生Lippitt所設計的領導型態實驗，正反映出他對此文化差異的好奇。Lippitt原先對Piaget取向的發展心理學有興趣，當他們開始談到老師們怎麼與學生們互動時，他們注意到兩國文化上的差異：德國較權威，美國較民主。於是他們就設計出不同領導型態的小團體來帶領學童。

Lewin的這份熱情讓他不只創設MIT的團體動力研究中心，更積極募款設立The Committee for Community Interrelations。他希望這兩個中心能一起結合理論與實務，尤其是關於社會偏見問題的解決。前者致力於透過實地實驗研究發展理論，後者則致力於社會問題的改善。他要求二組人員常交流討論，以加強研究與實際問題間的關連。雖然當時的討論中常見到二種不同立場所激發出的強烈張力，如Festinger與Lippitt就常有激烈的辯論，通常是Festinger強調研究的嚴謹性，而Lippitt則認為Festinger不了解實際情境，因此，嚴謹性與適用性（rigorness vs. relevance）就常是爭議的重點。

不過最後都能在Lewin的催化領導下，將此張力轉為創意。只是在Lewin去世之後，這二股力量也就逐漸各自分散開來了。Festinger後來就在學院繼續從事實驗室研究，Lippitt與Likert等人後來就朝工商實務應用方面發展。

不過，Lewin這份對社會問題的熱情仍然影響了他的徒子徒孫們。Zimbardo就曾受此影響而轉移了他研究生涯的重心。Zimbardo提到一段影響他極大的往事：

當時在耶魯，我正在進行一系列有關老鼠的實驗。我跟她一起做實驗

的學者自殺了，我就繼續她的案子，雖然我不是很喜歡這個案子。有一天，當我在分析資料時，Bob Cohen問我正在忙什麼，我興奮地說著公老鼠性行為如何受到Caffeine與Chlorpromazene影響的發現。沒想到，Cohen問我說：「你能不能看看窗外，告訴我你看到了什麼？」我不知道他什麼意思，回答他：「我沒看到任何東西啊！」他又再重複他的問題，我終於看到了，我說：「有一些人！」，他又接著說：「那他們在做什麼？」於是，我開始描述那些人在做什麼。

　　Cohen聽完了說：「你不會覺得去了解他們在做什麼比去了解老鼠在做什麼更為有趣嗎？你真的這麼關心老鼠嗎？」我先是被震了一下，接下來我一直在想他的話。我告訴自己，他是對的，我原先就是對人有興趣的。於是我就不再提那個老鼠的研究計畫了。

　　同樣的經驗，Dorwin Cartwright也說了一段故事。

　　1935年時，Cartwright在Swarthnmore College受到當時移民美國的德國Gestalt心理學家Wolfgang Koehler的啟發，之後Koehler說服Cartwright繼續去Harvard念研究所。但是Cartwright在Harvard念了一年後，非常失望。Koehler建議他暑假期間去Iowa見Kurt Lewin。那個暑假他參與了Lewin的研究團隊，所謂的「Quasselstrippe」，重燃起他對研究的熱情，之後再回到Harvard在所長的支持下，繼續以Lewin為指導教授，完成他的論文。

　　這份熱情的傳承造就了社會心理學的開創，也留下了許多頗富創意的實地實驗或模擬實驗。所以就讓我們帶著熱情的期待來看這本書吧！

劉惠琴
東吳大學心理系退休教授

參考文獻

Aron, A., & Aron, E. (1989). *The heart of social psychology* (2nd Editions). NewYork: Lexington/Free Press.

Brickman, P., Coates, D., & Janoff-Bulman, R. (1978). Lottery winners and accident victims: Is happiness relative? *Journal of Personality and Social Psychology, 36*, 917-27.

Cartwright, D.（1978）Theory and practice. *Journal of Social Issues, 34*, 168-180.

Kemmis & McTaggart (2000) Participatiory action research. In N.K. Dezin Y.S. (Eds.) *Handbook of Qualitative Research*. Sage.

Patnoe, S. (1988) *A narrative history of experimantal social psychology: The Lewin Tradition*. NY: Springer-Verlag.

Rubin, Z. (1970) Measurement of romantic love. *The Journal of Personality and Social Psychology, 10*, 265-273.

譯者序

重回知識生產的根深處，理清學術人文的
網絡圖

▌ 一、筆耕敘說探究爲源頭

　　爲何要翻譯這本書？這可能是許多人初看書名時內心會冒出頭的大問號。

　　在敘說研究上的學習與熱情投入，是譯書動機的根源。

　　大學時代在「政大心理」的學習氛圍裡，種下科學心理學的認同意識；到了碩士階段，經歷「輔大應心」方法論的洗禮之後，科學心理學的身分認同，才逐漸析離分化出自然科學與人文科學兩種方法論的認識。縱使客觀知識的追求仍像緊箍咒般，窒礙自己生成個體發展的理解與詮釋，但第一本輔大應心所一般組的「自我敘說」研究[1]，在丁興祥老師的支持下，得以催生出來。這是個起頭，也開啟我在敘說研究領域上的耕耘。

　　接著持續跟著丁老師，與學長姊和同學們，參與翻譯《質性心理學》[2]、《生命史與心理傳記學》[3]等書，一步一腳印地做起轉譯與傳播的筆耕工作。在當時，量性研究方法可說是心理學非常重要的身分認同，輔大心理開始走出一種有別於其他學校心理系的路，是異類，是少數，但我

1　王勇智（2000）。力與無力的掙扎和轉變——一個青年男性的自我敘說之建構。輔仁大學應用心理學研究所碩士論文，未出版。

2　Smith, J. A.主編（2006）。質性心理學：研究方法的實務指南（丁興祥、張慈宜、曾寶瑩譯）。臺北：遠流出版社。（原著出版於2003）

3　Runyan, W.（2002）。生命史與心理傳記學：理論與方法的探索（丁興祥等譯）。臺北：遠流出版社。（原著出版於1982）

們都感覺到一種熱情想要傳遞這種有意義有價值的心理學，即便不同於主流的心理學。

　　後來，我與鄧明宇學長，繼續翻譯《敘說分析》——質性研究的工具書。同時間我和明宇，跟詹朝旭同學——我們曾一起組男性團體——開始翻譯方法論天書，《敘說認知》[4]，雖然書到現在還是沒有出版，過程中經歷了成員的異動，並邀請賴誠斌學長加入修改譯稿，這高掛心頭的「未竟事宜」顯影了心底暗含推廣敘事方法論的內在動能。本書《實驗社會心理學：勒溫拓撲心理學之傳承》的原文書是有人推薦我與敘說相關、值得翻譯的好書，於是接觸到這本書。

▌二、團體動力參／悟爲繼

　　大學時代參加幼獅義務張老師的培訓，青澀的我在群體中覺知與探索自我，初感會心團體帶來的溫暖與趣味。群中己性的沉默與突如其來的幽默，在小團體中逐漸辨識出個人的生命樣態，後來持續在結構式的小團體形式中學習同理心技巧。到輔大念碩班時，因研究所裡女性與同志同學在性別經驗上對於異性戀男性的批判，讓我們幾位異性戀男性在備感壓力下攀找浮木，籌組男性團體，在團體中尋找「男之性」。

　　日常聽聞裡，報章雜誌中，「外遇男、家暴夫」的形象不斷浮現，身爲男性的我，時常必須自我規訓，自我閹割掉彷彿是男性的「原罪」——性與暴力，但似乎又深藏在體內，該怎樣找尋男性的性別認同？在男性團體裡，我們非結構地創發各式活動，在展廚藝享美食的設計主軸中，聊瑣事到聚焦性別經驗，或是夜泡溫泉話家常，深入彼此生命裡的種種。這種小團體的活動，伴我從如《鐵約翰》[5]所說的「柔性男人」踏上一條尋找男性覺醒的路。

4　Polkinghorne, D. E. (1988). *Narrative knowing and human sciences*. Albany, NY: State University of New York.

5　Bly, R.（1996）。鐵約翰——一本關於男性啟蒙的書（譚智華譯）。臺北：張老師出版社。（原著出版於1990）

這是在輔大應心的學習土壤中不斷開展的。

博班上夏林清老師的課，參與老夏帶領的家庭經驗工作坊[6]，經驗日日春性權運動，在大小團體中意識與見證群體關係中的「己性」相互參看，到聯繫成共通性的看見，以及識見各種議題──勞動、性別與障礙等等──的具體生成，並交織理解為在台灣特定的政治歷史發展脈絡下開展出的人性。

如果不是這些大小團體，不會有機會了解到有人的成長過程中，家中的貧窮是衛生紙要摺了好幾次，要怎樣縮衣節食地算計日常的生活費用[7]，勞動階級的貧窮，不只是紙上所記載的概念而已；也不會知道與認識到公娼阿姨面對的生活苦境，以及過往為何走上從娼的路。性與娼的汙名及偏見阻礙了對人性的本質性理解，公娼議題的本質是階級議題。這一路在團體中的學習過程，使我愈發經驗到團體方法的重要性與意義，以及將團體方法置放在社會改變的方法論視角上[8]。

追溯團體方法的起源，在美國不能不談到勒溫與學生一起創發的訓練團體（T-group），是勒溫企圖透過團體方法，訓練人對於團體動力、對自身與他者互動過程的覺知敏感度的提升，蘊含勒溫企圖透過這種團體方法的實驗，對社會進行變革。正因團體的參與和方法上的體悟，神往勒溫以及其學生的相關事蹟，是翻譯這本書賴以為繼的重要緒航力。

---

6 關於家庭經驗工作坊，是夏林清老師因地制宜地運用大小團體的工作方法，在台灣社會的土壤上進行一種社會學習的行動實驗，相關的介紹可以參閱夏林清老師的書，《斗室星空：家的社會田野》一書的第八章。

7 衛生紙摺好幾次，這故事主要來自我的碩班同學──王淑娟，我深受其遭遇所觸動，推薦讀者可以參閱王淑娟的碩士論文──《對「家」之情感與意義的轉變：一個家庭教育者的重生》。

8 夏林清老師在其《大小團體動力學》（北京師範大學出版社2020年出版）清楚指出，大小團體所具有的方法論意義，以及在社會改變上實驗探究的價值，並追溯勒溫與學生一起萌發的訓練團體（T-group）的歷史，辨認後續的發展與原先希冀改變社會的初衷已然遠離。對於使用小團體訓練的工作者來說，是非常重要的提醒。有興趣的讀者可以參閱該書。

▌三、拼湊知識生產的歷史碎片

　　相信對許多人來說，勒溫，是心理學教科書裡一頁知識，一個人名，重要的是他所提出的概念系統。翻譯這本書的過程，我才深刻體會到教科書中的知識是那麼樣的單薄，去掉了最重要的人性，書卷內容是理性思辨後簡化的結構，那是死的知識。勒溫以及他的學生們所遺留下的知識寶藏，有著他們生命發展與互動交織後的歷史身影，若無移動視角去理解，是無法根本理解和明晰到真正可貴的、活的知識。

　　勒溫作為完形學派的生力軍，將動力、動機的概念引入，提出他的心理場論和生活空間等拓撲心理學的觀點，在當時可謂一顆嶄亮新星；並於國際心理學會第九屆大會受邀演講，該會議僅有兩人獲邀上台，除了勒溫外，另一人則是巴甫洛夫——諾貝爾獎得主[9]。才華與能力，自然是勒溫身上所有，可是勒溫成為美國公民後，他並沒有畫地自限鑽研拓撲心理學的研究，他到麻省理工學院籌組團體動力研究中心，後來還提出行動研究法，貫徹他口中一直說的「天下沒有比好理論更實用的東西」，他真可謂一位「發明家」、「開創者」，做事嚴謹又熱情投入。他大可作為一名理性、在學術殿堂上的學者，可是他沒有，是什麼樣的遭遇讓他變成這樣一位心理學家？總是能夠吸引一群人與他共事，在與學生的協作中一同發展他心中「理論與實務並重」的事業。

　　查閱關於勒溫生命故事和思想的書[10]與網路資料，才慢慢拼貼出對於勒溫的認識。

9　巴甫洛夫（Pavlov）因研究狗的唾液實驗而提出古典制約，並因而獲得1904年的諾貝爾生物學或醫學獎。

10　有兩本關於勒溫傳記與其思想理論的書，讀者可以參閱：

　　(1)申荷永，1999。充滿張力的生活空間：勒溫的動力心理學。武漢：湖北教育出版社。

　　(2)李明，2013。世界著名心理學家：勒溫。北京：北京師範大學出版社。

　　第一本書，申荷永對於勒溫的思想有著精闢的整理與見解。第二本書，除勒溫的基本介紹外，該書的優點在於對於勒溫身後其思想衍生的發展有進一步的描繪。

一戰時勒溫因身為德國公民而入伍參戰，戰爭情景帶給他相當大的衝擊，個人也受到身體上的傷害，並經歷弟弟在戰場上殞命的雁行失序之痛；戰後他返回柏林大學心理學研究所完成博士學位並擔任講師，在柏林大學勒溫帶領過一批學生，在咖啡館暢談生活與交流研究的各種想法，這種自由民主的對話方式早已深植且落實在勒溫與學生的教習踐行中。1929年勒溫在國際心理學會一炮而紅後，美國心理學界，如史丹佛大學的系主任，推孟（Terman，以修訂史丹佛—比奈智力量表而聞名）邀請其去講學，而後1933年，勒溫因為德國內部嚴重的反猶太人的社會氛圍，決定移居美國。在美國發展的勒溫除了工作之外，他還不斷地奔波想要救助自己在歐洲的家人、親屬、同事和朋友，但最終他的母親還是無法逃脫這個劫難而死於集中營裡。

親身經驗歷史性的重大災難，如世紀大浩劫般的極端種族滅絕，在勒溫身上烙下了深深的印記，使得睿智的他明晰這一戰二戰絕非個人能力所為，這是複雜的歷史成因，是超越個體存在的群體力量，推著勒溫朝向團體動力的研究方向前進，以及不斷強調理論對於解決實際問題的重要性和切身性，而提倡行動研究法，這些都可以看到跟他的生命與遭遇，以及根深的處境，有著密不可分的關連性。

▌四、重回知識立基的根深處

這本書是勒溫的第三代學生，Shelley Patnoe（雪萊·帕特諾），訪談了諸多勒溫第一代、第二代的學生，或是非直系學生但卻有深厚密切合作關係的學者，他們都是著名的社會心理學家。作者是提出認知失調論的著名實驗心理學家——費斯廷格（Leon Festinger）——這一脈的，費斯廷格的學生阿倫森（Elliot Aronson）是帕特諾的博士指導老師。阿倫森鼓勵帕特諾做她想做的研究，於是促成了這本書的誕生。

關於勒溫及其群體，著名的人類學家瑪格麗特·米德（Margaret Mead）曾經評論道：「勒溫和他的團體，代表了整個美國的心理學，代

表了整個美國社會科學的生機。」[11]話裡顯揚了勒溫與其學生群體在美國心理學界的重要性，更折射出二戰歐洲移民者之於美國學術界巨大動能的明證，鑿印出大時代背景下社會變遷的痕跡。除了費斯廷格之外，其他如提出三維歸因理論的凱利（Harold Kelley）、情緒二因子的斯開特（Stanley Schachter）以及基本歸因謬誤的瓊斯（Jones）、進行監獄實驗的津巴多，這些社會心理學中著名的理論、學者，倘若沒有細細去理一理他們彼此之間的關係，容易陷入將知識碎片化、孤立化的思維裡，而無法認識到這些學者之間的密切人際網絡，教科書裡的知識事實上反映的是某種學術社群中綿密互動交織成的副產品。

身為人類學家的米德就曾與勒溫一起合作進行飲食研究，看似領域上完全不相關的兩人，卻在歷史巨輪的推動上交會。這道歷史的作用力是美國在參加二戰後，許多物資必須送往前線致使肉品的欠缺，因此這項研究是帶著意欲改變美國人原有飲食習慣的政治目的。除此研究上共事外，米德也常是勒溫團體聚會的座上賓；歸因研究的創始者，海德，是勒溫在柏林大學的同事，兩人素有好交情，海德還幫助勒溫英譯以德文書寫的《拓撲心理學》，而勒溫學生們對於歸因研究的深化，也可在勒溫—海德的關係鏈中，窺探到一絲學術發展的關係脈絡。

這本書的價值即在於此，勒溫團體在社會心理學中所展現的創造力、創新性，絕非個體在孤立的條件中發展出來的，關係的網絡與外部的環境是支撐其發展的溫床。

▌五、開枝散葉的發展理脈

知識生產的關係發展理脈是譯者建議各位讀者切入本書的一個重要視角，圖1是我沿著此書的脈絡，繪製出的關係發展網絡圖，各位讀者可以參考以進入這本書的脈絡。勒溫基本上經歷了三個重要的轉折，第一是在

---

11 引自 Marrow, A. (1984). *The practical theorist: the life and work of Kurt Lewin.* New York: BDR Learning Products, Inc.

柏林大學時期，如圖1左下角橢圓圈內，他收了幾位博士生（不只下列三位），此書提及了蔡加尼克、登博以及奧夫辛基納三人的研究，這三名都是女弟子，將勒溫的心理學理念透過實驗研究提供強而有力的證據，後來也成為勒溫在美國教書時重要的教材。這三位在後來的發展也很值得一談，蔡加尼克，猶太人，回到蘇聯後，與維果斯基及文化歷史學派的成員協作，是蘇聯重要的心理學家之一，著重在病理心理學的研究發展。後來受到政治迫害、打壓，史達林去世後才又重回學術領域。蔡加尼克後續的研究工作並沒有繼續勒溫的心理學開展，可能與其回蘇聯後因曾在德國生活過而備受攻擊的生命經驗有關[12]；登博，出生於俄羅斯帝國的年代，跟勒溫完成博士學位。後來她到美國擔任當時已到美國的卡夫卡（完形心理學家的創始人之一）的助理研究員，隨著德國納粹政黨的當道，她選擇留在美國發展，後續則一直耕耘康復心理學（Rehabilitation psychology）的領域，美國該領域的發展登博可說居功厥偉[13]；奧夫辛基納亦是一位俄國人，因俄國革命移民到德國柏林，勒溫是其大學曾經教導過她的老師，她與前面兩位是同學，博士論文針對蔡加尼克的研究做了延伸性的工作。她同樣選擇了移民美國，後與登博協作，在美發展關於精神康復的相關研究工作[14]。三人雖無繼續將勒溫的理論延伸發展，不過皆投入心理學的應用領域上。

　　階段二，是勒溫移民到美國後待在愛荷華大學的時期，如圖左上角橢圓圈處，這所學校並非勒溫待的第一個學校，但卻是待得最久的一所學校。在此處的九年裡，他吸引許多人與其發展協作關係，橢圓圈中的幾位是本書有提及。除了利比特之外，作者皆有訪談到，如贊德、利比特、費斯廷格以及卡特賴特。贊德是勒溫在愛荷華大學的同事，後來與勒溫的學生，利比特，共同發展著名的T-group訓練的實驗工作。原本打算到麻省

---

[12] 相關資料可參閱Marco, M. (2018). Life and work of the psychologist Bluma Zeigarnik (1901-1988). *Neurosciences and History*. 6(3): 116-124.

[13] 可以參閱以下網址https://www.apadivisions.org/division-35/about/heritage/tamara-dembo-biography。

[14] 可以參閱以下網址https://feministvoices.com/profiles/maria-rickers-ovsiankina。

理工學院追隨勒溫所創建的團體動力研究中心的團隊，但勒溫卻在他到之前辭世，而後加入了搬遷到密西根大學的工作團隊中；費斯廷格則是一位很有想法、很挑剔的人，在大學時期學習了許多學門，物理學、化學等等，一直找不到自己的興趣，直到他看到了勒溫及其學生在德國發表的文章，確認這是他想學習的，於是跑來愛荷華大學跟隨勒溫。那時，勒溫興趣已不在此，但後來他將勒溫準靜態平衡的概念延伸，設計出許多膾炙人口的實驗研究。因此，費斯廷格的學生，斯開特，說實驗社會心理學之父是費斯廷格，其實並不爲過，勒溫後續在實驗研究的耕耘大多是費斯廷格在一線負責執行出來的，費斯廷格有其天賦將實驗設計發展得更爲精緻。卡特賴特，是哈佛大學的博士生，失望於哈佛大學的學習經驗，出於大學時期跟過完形心理學家——科勒——的推薦，他跑去找勒溫一聊，開始兩人的師生關係。勒溫群體後續與哈佛大學之間又合作又有競爭的關係，兩人的指導關係埋下了重要的種子，到創建團體動力研究中心時，學生可去哈佛大學選讀學分。

　　第三個階段，勒溫來到麻省理工學院，這是其到美國後最爲榮光的時刻（Mandler & Mandler, 1969, p. 403）。圖1中間大橢圓形中的幾個人，有幾位是跟著勒溫來到麻省理工學院擔任教職的人物，另外幾位則是陸續來到此處攻讀學位的學生，本書有他們的訪談。除了上段提到的幾個人，贊德除外，都跟著勒溫來到麻省理工當教師。其他如凱利、蒂伯、巴克，以及同爲室友的多伊奇、斯開特、佩皮通三人，都是陸續來念書的學生。橘色外圈處有三位，黑色的方框，是與勒溫團隊有著深厚的聯結的，如歸因研究中的要角，瓊斯，他也是後來提出社會建構主義的格根（Gergen）的博士指導老師；還有克勞斯及以史丹佛監獄實驗著名的津巴多。勒溫的研究團隊中，費斯廷格屬於要發展出理論的主要人物，而利比特則是關注實務的實踐問題，兩人之間所存在的張力在勒溫的調節中，能發展出兼重理論與實務的一個群體，這個張力在勒溫歿後，勒溫的學生，卡特賴特，成爲後續群體的行政管理者後，已無法調節好這張力而後群體就分裂各自發展。

　　第四個階段，是這個群體開枝散葉的發展階段，麻省理工學院的團隊搬遷到密西根大學。過了幾年，費斯廷格離開去別的地方教書，如史丹佛

大學，帶出了如阿倫森與米爾斯兩位學生，阿倫森就是本書作者的博士指導老師。作者也訪談阿倫森所教導出來的達利以及西格爾兩位學生，這已經算是第四代了；除此之外，費斯廷格的學生，斯開特，先後去了明尼蘇達大學以及哥倫比亞大學教書，後來在哥大退休，指導了如肖恩巴赫和辛格（明尼蘇達大學），以及羅斯和葛蘭伯格（哥倫比亞大學）等，本書也有這四位的訪談。

　　缺乏系譜脈絡性的認識，是無法真正理解為何費斯廷格說，大多數的美國社會心理學家會跟勒溫群體有關聯，並非勒溫一人能夠做到。勒溫意識到「團體」的重要性，是非常關鍵的，他深知一人之力遠遠不夠，他總是吸引一群人與其協作，而他的弟子們也效仿勒溫，也在各自發展的軌道上，吸引著他人一起共事，集體力量的凝結，正是由於每一個跟隨者有意識地投入，才能將這一道力量擰成拉動整個美國社會科學界變革（其實這樣說並不過份，他們的影響力已經超過心理學界）的巨繩。

▍六、團體是研究標的也是反身實踐

　　勒溫選擇以「團體」作為他們研究現實社會問題的一個重要對象，他們不僅是將其視為研究標的，他們作為研究主體事實上也將自身視為一個集體，踐行著某種運作模式，他們的集體經驗充滿著「反身性」的價值。他們會舉辦勒溫所謂的Quasselstrippe，夏林清教授的推薦文譯為「天馬行空團體聚會」，而本書其中一位譯者，張榮哲，在查閱德英字典後，譯為「話匣子」。不管如何迻譯，令人好奇的是Quasselstrippe本身，究竟是有何種魔力，讓勒溫以及他的學生們，都津津樂道，並且在離開了麻省理工學院之後，仍然企圖「再製」此種聚會，如費斯廷格口中所謂的「週二晚上的會議」；就連人類學家瑪格麗特・米德也喜歡特地來參加勒溫組織的Quasselstrippe。

　　本書作者引述利比特（1947，頁88）對於這種集會的描述：

　　「……當在表達任何想法時，沒有任何人會有『自己在強出頭』的擔

心，不管這個想法看起來是如何的缺乏鋪陳。在這樣的會議中，會有學生要討論他在研究發展的某個階段上所遇到的研究問題。我從未投入過像這樣不受任何批判，也不搞自我設防的團體過程，而且是這樣充滿自發性的『想說就立刻說出來』（thinking out loud）。」

　　「不自我設防」以及「自發性地想說就說」是利比特經驗到Quasselstrippe的團體氛圍，這是勒溫不管在德國或者在美國，在與學生們定期舉辦的聚會中都能發現到的一種氣氛。仔細思量一個談論研究問題的聚會，要能做到這樣一種想說就說，打開話匣子說個不停的狀態，實在是很難得，大多的人定會在此場境裡，暗自與人進行思想上的攻防，畢竟有這麼多高手在。然而勒溫及其弟子們能夠共同孕育出一種防衛性小的聚會，這絕對不是件簡單的事。作者透過訪談整理出幾點，其中一個她認為這與勒溫的「相互依賴式工作風格」有關，勒溫永遠在與人協作，或者是在趕赴與人協作的路上！

　　非常值得從這個角度來看勒溫群體，但要小心別陷入一種思維，以為可以找出一種典範式的領導風格。雖然，不可否認勒溫的某種帶領風格是有助於促成這種氛圍的形成，但這樣是過於簡化他們複雜且往外擴的人際動力，而且忽略了每個人的各自獨特性與自主性。深究來看，勒溫群體是歷史的偶然，也是必然。偶然的是他們都來自不同的地方，如果不是二戰，他們不會暫時中輟了學業，致使在團體動力研究中心的師生之間年紀是相仿的，有著一定的成熟度。每個人對戰爭殘酷的體認，並急於想找到一種方法方式能夠面對人類群體之間的複雜議題，勒溫的理論與想法，吸引到一批人參與共事，實屬必然。群體中的每個人都熱情澎湃、動力滿滿，共同參與這個開創新時代的事業。這是一群在某個歷史條件所必然發展出來的群體，我們應獨特地看待他們。

　　Quasselstrippe換到了費斯廷格手上，即「週二晚上的會議」，則變成了鬥智大會。不過相同是，皆透過團體讓彼此相依地共事著，這個精神卻是長存的。

　　這本書讓我們體認到創造力往往並非僅出於某人所從事的活動，智性成果之外存在著他與一群人的相遇與共事，是這一群人的成群與散群各自

尋發展的歷史。

　　整本書，最令我遺憾的是，缺少勒溫群體中強調實務者的「聲音」，例如發展T-group的利比特，卻是在這本書缺席了，更看不到相關後續發展。只能說這本書講述勒溫群體的理論研究之人文面貌，而包含實務工作的全貌尚無法完整呈現。

　　最後，這本書的出版要特別感謝陳舒儀女士的協助，從一開始參與部分內容的翻譯，到後期幫忙閱讀全書草稿，並提供修改意見裨益本書的問世，扮演關鍵性的角色，在此謹致由衷的謝忱。本書譯者群每個人扮演的角色，亦簡單說明一下。王勇智，主要負責全書翻譯初稿的完成，以及最後書稿的彙整；張榮哲，協助校閱一到五章英翻中的準確性問題；李青，是原定計畫將本書以簡體版形式在大陸出版時，邀請閱讀全書並潤飾本書文字以適合大陸讀者，部分修改內容也沿用到繁體版本裡。

王勇智

2023年4月29日於湖北黃岡

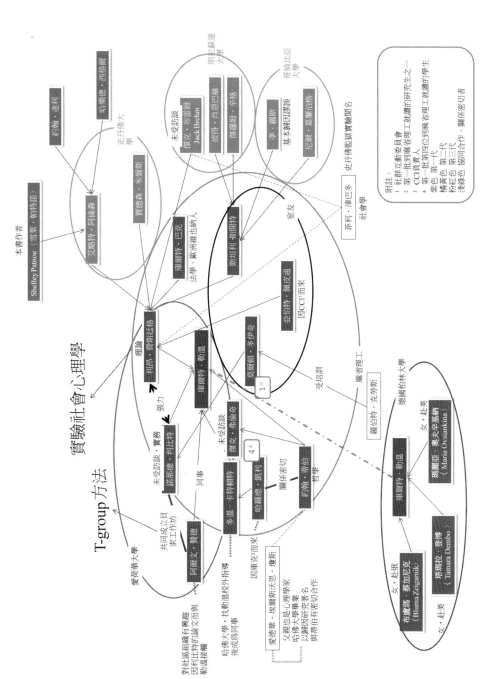

書中重要人物關係圖

本書作者（雪萊·帕特諾）
Shelley Patnoe

約翰·達利

哈樂德·西格爾

艾略特·阿倫森

史丹佛大學

賈德森·米爾斯

未受訪談
傑克·布雷姆
Jack Brehm

哈羅特·勒溫

明尼蘇達大學

哥倫比亞大學

菲利·津巴多
社會學

本·羅斯
基本歸因謬誤
尼爾·葛爾伯格

派特·肯恩伯
傑羅姆·辛格

安丹佛監獄實驗開名

堂友

理論·費斯廷格

利昂·費斯廷格

亞伯特·佩皮通
因CCI而來

庫爾特·勒溫

莫爾頓·多伊奇

受培訓

廠管理工

T-group方法

實驗社會心理學

理論·實務·利比特
諾那德·利比特

共同成立員
柔工作坊

同事

多溫·卡特賴特

愛荷華大學

阿爾文·贊德

傑克·弗倫奇

哈羅德·凱利

約翰·蒂伯
哲學

關係密切

因庫克[3]而來·瓊斯

父親也是心理學家
哈佛大學畢業
以歸因研究著名
與蒂伯有密切合作

羅伯特·克勞斯

庫爾特·勒溫

德國柏林大學

瑪麗亞·奧夫基納
（Maria Ovsiankina）

女·赴美

布魯瑪·蔡加尼克
（Bluma Zeigarnik）

女·赴俄

塔瑪拉·登博
（Tamara Dembo）

女·赴美

愛德華·贊德

哈佛大學·找勒溫校外指導
後成為同事

對社區組織有興趣
因利比特的論文與
勒溫接觸

附註：
1 社群互動委員會
2 第一批到廠省理工就讀的研究生之一
3 CCI負責人
4 第一批第四位到廠省理工就讀的學生
紫色 第一代
橙黃色 第二代
粉紅色 第三代
淺綠色 協同合作·關係密切者

本書人物姓名中英文對照（訪談人物）

　　本書人名眾多，且同一人有不同的叫法，為利讀者閱讀，先將人物姓名進行中英文對照，以下是本書訪談的幾位學者，按照他們在本書出現的順序進行排序，加上勒溫，共有二十一人。

編號	中文譯名	英文姓名
01	庫爾特・勒溫 庫爾特 勒溫	Kurt Lewin Kurt Lewin
02	多溫・卡特賴特 博士大人 卡特賴特	Dorwin Cartwright Doc Cartwright
03	阿爾文・贊德 贊德	Alvin Zander Zander
04	約翰・蒂伯 蒂伯	John Thibaut Thibaut
05	哈羅德・凱利 哈・凱利	Harold Kelley Hal Kelley
06	庫爾特・巴克 巴克	Kurt Back Back
07	亞伯特・佩皮通 佩皮通	Albert Pepitone Pepitone
08	莫爾頓・多伊奇 莫爾頓 莫	Morton Deutsch Morton Mor
09	羅伯特・克勞斯 克勞斯	Robert Krauss Krauss
10	愛德華・埃爾斯沃思・瓊斯 內德・瓊斯	Edward E. Jones Ned Jones
11	菲利・津巴多	Phil Zimbardo

編號	中文譯名	英文姓名
12	彼得・肖恩巴赫	Peter Schonbach
13	傑羅姆・辛格	Jerome Singer
14	李・羅斯	Lee Ross
15	尼爾・葛蘭伯格	Neil Grunberg
16	斯坦利・斯開特 斯坦	Stanley Schachter Stan
17	約翰・達利	John Darley
18	哈樂德・西格爾	Harold Sigall
19	艾略特・阿倫森	Elliot Aronson
20	賈德森・米爾斯	Judson Mills
21	利昂・費斯廷格 利昂 費斯廷格	Leon Festinger Leon Festinger

本書重要組織中英文對照表

編號	中文譯名	英文名
01	團體動力研究中心 團動中心	The Research Center for Group Dynamics
02	心理學協會	Psychological Institute
03	愛荷華兒童福利研究站	Iowa Child Welfare Research Station
04	社群相互關係委員會 社委會	The Committee for Community Interrelations CCI
05	調查研究中心	Survey Research Center
06	社會研究機構 社研所	Institute for Social Research ISR
07	經濟和社會科學系	Department of Economics and Social Science
08	洛克菲勒基金會	Rockefeller Foundation
09	基礎教育委員會	The General Education Board
10	美國童子軍	Boy Scouts of America
11	美國公共健康服務中心	the United States Public Health Service
12	全國培訓實驗室 國培室	National Training Laboratories NTL
13	組織研究團體 組研團	Organizational Research Group ORG
14	麻省理工	MIT

目 錄

第一章

導論：社會脈絡中的開創性（creativity）

　　有種浪漫的迷思，將創造性描繪是某個孤獨個人（individual），在某個閣樓、某間工作室或者在某實驗室裡，展開了某些神秘的作爲，而帶來原創性且絕對個人性的成就。雖然這個迷思反映出某些眞相，但事實是，從文藝復興時期的各種行會到當代的各種研究團隊，在藝術和科學兩方面都一樣，從事創造性工作的人一直以來總是某個網絡的一部分，這是一個其中有各種朋友、同事們、同儕及師父們的複雜網絡，這些人對於任何作品的最終成果都助了一臂之力。

　　科學實際上就是某種高度社會性（social）的作爲，由科學家們所構成的各種團隊在既有的研究成果上繼續堆疊，而且還要與那些正在處理相似問題的科學家們激烈競爭。雖然說科學可能從個人性的好奇心發軔，但是它的回報卻包括同事與同儕們對其創造性貢獻的認可。有些人（Kuhn, 1970; Campbell, 1979）主張，那些被接納爲科學的知識在本質上是社會性的，還有當某個理論的擁護者和相對立理論的支持者，辯論其優點的時候，各種轉變才會發生。坎貝爾（Campbell, 1979）甚至主張，在科學中要變成被接受的理論，往往會被各種社會因素居中影響，像是吸收科學家們加入該理論，這種吸收是經由期刊這種非個人性的管道發生的，也經由訓練學生這種個人性的管道。

　　部分是因爲「創造是某個孤立個人的作爲」這個迷思，所以關於創造的心理學研究大量文獻，幾乎全是關注創造性的個人。關於「創作者」的各種天資、能力及人格特色一直以來就被廣泛地記錄與研究，而且是有可能指出具有創造性的人們的各種特性的某些組合（Crutchfield, 1961;

Gough, 1961; Helson, 1961; MacKinnon, 1962）。

　　然而，某個個人是能夠有開創性的，僅因如此並不能保證他或她就將會有開創性。種種環境塑造行爲的力量已經是眾所皆知，這表示，研究是什麼樣的環境，能讓被公認爲有開創性的人們，可以進行創造性地發展及運作，這可能是有意義的。由庫爾特・勒溫1945年在麻省理工所創立的團體動力研究中心（The Research Center for Group Dynamics）即是一個像這樣的環境[1]。

▌團體動力研究中心

　　在1945年的秋天，一群心理學家爲了成立一個新的研究中心，聚集在美國麻薩諸塞州（Massachusetts）的劍橋市。這個致力於研究各種團體過程的新中心是附屬於麻省理工的研究生學程，且由美國心理學最具影響性（influential）和開創性的思想家之一的庫爾特・勒溫所指導。

　　庫爾特・勒溫的團體動力研究中心在麻省理工只有三年，但它卻被譽爲「勒溫在美國職業生涯中至高無上的榮耀（Mandler & Mandler, 1969, p.403）」。在麻省理工時就加入勒溫團隊的教師們（faculty）[2]有多溫・卡特賴特、利昂・費斯廷格、諾那德・利比特（Ronald Lippitt）及瑪麗安・拉德克（Marian Radke）等人，他們會進來是因爲他們在戰前曾和勒溫一起在愛荷華（Iowa）大學工作過。年輕、聰穎的學子一起加入，研

1　譯者註張：本書以「麻省理工」來翻譯原文縮寫MIT，它的英文全稱是Massachusetts Institute of Technology，一般中譯爲「麻省理工」。

2　譯者註張：在高等教育的脈絡裡，一般來說faculty是指「全體教師」，有不同的職稱跟職等，像是「教授」等等。但是這個字在美國特別常常是指「全職」（full time）的老師，不一定包括「兼職」（part time）的老師。教師的合約分成幾種不同的「崗位」（appointments），像是「臨時崗位」（temporary appointment，類似台灣的專案聘僱）、「常駐型崗位」（tenure-track appointments，有終身職潛力但還不是，需要被定期評估），還有「終身職崗位」（tenured appointments）。

究某些從未被科學性探討的主題──各種團體動力。他們前來是因為他們每個人都曾在某個機緣下接觸到勒溫的想法或勒溫本人，而且想像會被勒溫所能提供的種種所打動。所有人都曾以某種方式參戰，而且都比傳統的研究生還年長且有經驗。事實上，教師和學生的年齡差距實在非常小。這些學生多數原已規劃繼續在耶魯大學攻讀研究所，但改為選擇投身在庫爾特‧勒溫所提供的新冒險中。

第二章
庫爾特・勒溫

　　庫爾特・勒溫在1890年生於普魯士的一個地區，現今屬於波蘭。1916年，他在卡爾・斯圖姆夫（Carl Stumpf）的門下獲得柏林大學的博士學位。在第一次世界大戰期間服役於德軍之後，勒溫回到了學術領域。在1921年於心理學協會（Psychological Institute）的崗位，他和完形心理學家科勒（Koehler）和韋特海默（Wertheimer）有了密切的來往。他和科勒之間的交往更尤其親近，當時科勒已接替斯圖姆夫當了這個協會的主管。勒溫在這個協會的職位是非終身職的教師。

　　在1920年代期間，勒溫開始吸引來自美國的學生，美國那時在科學上是一灘死水。因此，根據曼德勒夫婦（Mandler & Mandler, 1969）所述：「這替即將在未來三十年，重新打造美國心理學的那位重中之重的移民所帶來的影響，做了預備的工作（頁400）。」

　　1929年勒溫在耶魯大學的心理學國際代表大會上報告，他運用了影片論證他的想法，此舉引起廣大注目。1932年，他受劉易斯・特曼（Lewis Terman）[1] 邀請至史丹佛大學訪問六個月。當他正從加州返回柏林時，希特勒在德國上台。一回到德國，勒溫馬上辭去他在協會的職務，並且於1933年移民至美國。在一封最近出版的信件中（Lewin, 1986），這是勒溫於1933年寫給沃爾夫岡・科勒（Wolfgang Koehler）的，勒溫表達了他離開德國的理由。在這封信中，他很動人地寫下了他和德國之間的內在衝突。用來探究科學問題的分析式好奇心，勒溫同樣用在回顧他在德國從小

1　譯者註王：劉易斯・特曼（Lewis Terman）最爲著名的是他將比奈智力測驗修訂，提出史丹佛版的修訂（史丹佛―比奈），他對於天才兒童的研究極感興趣。1910年他成爲史丹佛大學教授，1922年擔任心理系主任直到1945年。

到大所感受到的反猶太論經驗，以及描述他對於壓迫舉目所及、越演越烈的各種感受。他的結語是，儘管他對德國科學的愛無庸置疑，但他還是必須離開。從他移民起到1947年過世這段期間，他曾不斷地籌集資金來支持位於耶路薩冷（Jerusalem）的希伯來大學（Hebrew University）的一個心理學協會。他的興趣會從個人性的動力過程轉換到團體性的過程，很多人將之歸因於他在這期間的各種經驗。

　　勒溫在經濟大蕭條時期的最低谷時抵達美國。他的第一個職務是在康乃爾大學（Cornell）的家政學院（School of Home Economics），在這裡他獲得兩年職位，由「流浪學者急難委員會」（Emergency Committee on Displaced Scholars）提供獎金襄助。在那裡，他於幼兒園內做了一系列的研究，探討兒童身上社會壓力之於飲食習慣的關係。當這個崗位在1935年結束時，他去訪了巴勒斯坦（Palestine），然後在愛荷華大學（University of Iowa）的「愛荷華兒童福利研究站」（Iowa Child Welfare Research Station）獲得一個職位。

　　1935年，勒溫來到愛荷華州。他的職位由洛克菲勒（Rockefeller）基金的通識教育會（General Education Board）提供贊助。這個職位有三年且可以再申請延長。他在愛荷華共待了九年，直到在二次世界大戰即將結束的那幾個月，他去了麻省理工成立團體動力研究中心。

　　庫爾特・勒溫從未在任何大學擁有一份終身學院職位。然而，他工作的每一個地方，都會有學生們慕名而來——想改變心理學面貌的學生們。他對該領域的各方面都有貢獻：他是一個理論家、創新的實驗家、行動研究的早期提倡者、小團體人際動力探索的創始者；還有，他在社會心理學領域訓練了一批有巨大成就的研究者。

第三章
勒溫的理論和方法

　　勒溫把他的場論（Field Theory）不當作是一個正式的理論，而比較看成是某種進行概念化的路徑（Cartwright, 1959; de Rivera, 1976）或某種觀點（Jones, 1985）[1]。依循著當時的理論風格，勒溫有興趣建

1　譯者註張：根據勒溫，下面這個公式也許可以最清楚的表達什麼是「場」
　　（field）：B = f（p, e），即行為（B）是人（p）跟環境（e）相互作用的運作結
　　果。要知道，這裡的環境指的不是某種「純」物理性存在，不管是房間、社區這
　　類硬體還是其他人。用康德的話來講，這樣的thing-in-itself是超過我們做為一個
　　人類的經驗範圍之外。

　　換句話說，這裡所講的，由各種人事物所構成的環境，一定是某個人所經驗到、
　　所感知到的環境。再換句話說，它是某個主觀所經驗到的客觀，是一個主觀化
　　的客觀或客觀化的主觀。也就是說，縱使你我處在同一個「純」物理時空（從前
　　文我們知道這句話在理論上完全沒有意義，但是為了說明起見，姑且暫時這樣表
　　達），我們所經驗到的也是兩個截然不同的，而不是一個一模一樣的環境。

　　事實上，只有上帝或者外星人有這個法眼，可以看到這個被扒光一切主觀干擾的
　　「裸」客觀，我們地球人就是沒有這個能耐。但如果只是這樣講，那又會掉入
　　所謂唯心論或者某相對論的思考陷阱，好像客觀直接被否定了，全部剩下來的就
　　是你我他所經驗到的各式各樣的主觀。但是我們也不是這個意思。相反的，吾人
　　所經驗到的客觀即是客觀，因為這個客觀在沒有跟其他人所經驗的客觀比較或發
　　生衝突之前，就是唯一的客觀。不存在其他版本也就沒有與其他版本比較的問
　　題，這是一個邏輯不通的非問題。事實上，唯一一個可以隔岸觀火，對各種版本
　　指指點點的，還是只有上帝或者外星人。在這個意義上，絕對客觀主義（客觀可
　　以被直視）跟絕對主觀主義（完全沒有客觀只有各種主觀）是完全同一回事：必
　　須有一個超然獨立於世俗之外的第三點，法眼大開地裸視那唯一的客觀，並且裸
　　視各式各樣但多少有偏差的主觀版本。因此，我們得要跨過的鴻溝其實不是承

立心理學的各種普遍性法則。他的概念形構被打造成一個系統，設計來助於了解行為背後的各種動力法則。身為一個完形心理學家，勒溫剛開始的職業興趣在學習與知覺。他逐步地將各種動機因素納入他的系統，讓他成為瓊斯（Jones, 1985）所說的「當紅的完形學家」。由覺知而得的動機（motivations with perception）和學習之間的相互依賴性（interdependence）就是勒溫最早時所說的生活空間（life space）。這個概念包含一個最重要的要素——情境場（situational field）作為個人經驗。後來，勒溫擴大該概念，將包含環境的各種客觀特色和他人的各種行

認presentation與representation之間有差距，這我們早就知道，而是承認這種對比無法真的被辦到。我們視線的盡頭就是各種再現，但是在這一片眾聲喧嘩的後面是什麼？有什麼實實在在東西當作支撐點，但是又同時拒絕被裸視以致眾聲喧嘩嗎？我們猜，有，就是康德的thing-in-itself，一個不可論的彼岸。那我們怎知道彼岸的存在？因為我們需要它，不然這世界就迅速淪為一個泡沫。

在勒溫的理論裡，這種「另類現實」的問題顯然也是環境裡的元素之一，我們得面對其他人所提出來的其他版本，或者說別人的(re)presentation（本來是presentation，但是一旦提出就跟別的presentation發生碰撞，因此無可救藥地退化為representation）。我們得經驗到：我們所經驗到的環境跟他們所經驗到的環境竟是如此不同，而他們每一個人也得經驗到這件事。而我們將在這個對於「不同」經驗的「共同」經驗裡互動。這個地平線就是環境。所以，如果「場」是 B = f（p, e），這公式本身就是一種再現，那如果環境已經是一種再現，那麼「場」就是對於再現的再現，將它用拓撲學的圖形或者數學符號表達，這也是再現的再現，如果我沒有理解錯誤的話。

另外必須指出，對於「field」這個字在本書中出現時常有不一樣的用法。例如，不同的學術專業「fields」，這時應該翻譯成「領域」；又例如「field」test，在此應該翻譯為「實地」或「現場」測試；還有「field」work，這應該稱為「田野」工作或「場域」工作。文字本來就是模糊的，一個符號能指涉的意義本來就是多重的。我們相信勒溫選用field這個字時，對於它所指稱的一切必然多少了然於胸，因此英文裡的這個相互指涉必須被保留。

為了滿足上述需要，我們選擇將 field theory 翻為「場論」，但是在其他地方用其他的譯法，但是儘量維持所有的「field」之間鬆散的符號關係和意義上的聯想，例如「現場」和「領域」等等。

動，都納入了情境因素裡。而這些環境特色下的行為，所表達的則被看作是個人各種需求（needs）的某種運作功能。

因為場論基本上是一個動機性理論，所以個人被視為某種處於張力狀態的系統（a system under tension）。因此根據勒溫的說法，為了了解行為，心場（psychological field）中運作的各種心理張力（psychic tensions）必須被一一釐清。在勒溫的動機性系統中，重要的概念有：需求（need）、張力（tension）、價數（valence）、力量（force）和能量（energy）。這些概念能透過拓撲學（Topology）[2]，這是幾何學的一支，被圖像式地再現出來。

勒溫使用拓撲學來再現心場的結構及運作其中的各種力量，這提供了一種視覺語言來傳達場論的概念。在場中的人以橢圓形的「若爾當曲線」（Jordan curve）來代表。在這橢圓形裡的一切，再現的是那些將會決定行為的，關於人和環境的各個方面；在橢圓形外代表的是非心理世界。勒溫早期的學生認為這些橢圓形像一顆顆蛋，而後期的學生則叫它們浴缸。

在一篇重要的論文裡〈亞里斯多德派和伽利略派思維模式在心理學的衝突〉（Lewin, 1935），勒溫進一步設計出基本心理學法則。他敘述了伽利略所帶來某種科學思維上的根本改變。他注意到，在更早之前，亞里斯多德派的思維模式中（以心理學的聯想論（associationism）為代表），各種起因（causes）得從各種所發生事件（occurrences）本身的各種屬性

2　譯者註王：拓撲學（Topology）為數學中的一個分支，十九世紀時被發展起來，主要是在研究各種「空間」不斷形變下不變的本質，1736年歐拉對「哥尼斯七橋問題」的解題方法，將七座橋不重複走並回到原點的問題，轉化成一筆畫問題，這種解題方式蘊含了拓撲學的意義——探討外形改變但本質不變的特質。小寫的topology原意為地誌學，是一門研究地形、地貌有關的學科，後來這個詞在數學領域中被用來指稱拓撲學。拓撲學還分為幾個分支：點集拓撲學、代數拓撲學、微分拓撲學、幾何拓撲學等。拓撲學與其他的學科相結合產生了一系列新學科，足見拓撲的應用取得相當的成果，勒溫即運用拓撲學將生活空間與心理場中的各種力量，運用這種視覺語言來表徵並分析研究，本章有進一步地說明。相關資料可參閱https://reurl.cc/Mkvngk。

（properties）中找到。對於現象的了解，則來自於以某些方式將個案分門別類，然後研究大量類似的個案。因此，吾人將可以預測行為，依據就是過去該行為的出現頻率。相反的，在伽利略派或關係的（relational）思維模式中，各種起因得從該事件所發生的該巨集（constellation）裡去尋找。該單一事件足以被理解——假使它的整體能被理解的話。根據勒溫，行為是可以被理解的，假使在當下運作的所有力量都變成已知。那意味著，為了理解行為，了解在特定時間上某個給定的情境中所有運作的力量，這比去了解該行為在過去的出現頻率更為有用。

　　因為行為是由此時此刻運作的各種力量為因而起的，改變同時出現的各種力量即是帶來行為有所改變的某種有效方式。勒溫立場的這個非關歷史（ahistorical）的特性，是考慮到對運行中的系統做出有效的介入，為此留下餘地，只消該當下情境的各種動力都被理解了。這樣的洞察曾為行動研究（Action Research）在社區中鋪路，這曾變成團體動力研究中心的工作焦點。但是這個立場出現了第二種好處，假使理解行為的最佳方式是藉由理解某某特定情境中的所有運作力量，那麼理解這些力量且因而了解行為的最佳方式就是在各種受控條件下去創造該情境。小心翼翼地改變受控情境的某個面向，藉此，該運作中的動力就可以被理解。這個概念的形成促成了在實驗室和現場中拿複雜的社會現象來做實驗。

　　勒溫對表面型的（phenotypic）描述和基因型的（genotypic）描述的區分，讓實驗室研究建構出合適的變項。基因型的描述係指稱某個情境的各種潛藏動力，而表面型的描述則是指稱，用表面的一般話所表達的經驗。因此，用勒溫的說法，一個想要腳踏車的男孩可以被基因型地來理解：在男孩的心場中，有某個向量朝向某個目標。男孩的想要擁有特定東西的某個明確願望，本來是用日常生活的語言來描述的，已經被抽象了，理解為朝向某目標的某個張力系統。因為有很多的表面型的情境可以用一個朝向某目標的張力系統來理解，勒溫和他的學生就可以去建構各式各樣的表面型的情境（各種實驗），來測試些他有興趣的各種基因型（genotypes）（各種動力）。這種想法引導了對於些現象的研究，例如：未竟之功的力量（the power of unfinished tasks）（Ovsiankina, 1928; Zeigarnik, 1927）、心滿意足（satiation）（Karsten, 1928）、抱

負水準（level of aspiration）（Hoppe, 1930; Lewin, Dembo, Festinger & Sears, 1944）、替代（substitution）（Lissner, 1935; Mahler, 1933）、怒氣（anger）（Dembo, 1931）、退化（regression）（Barker, Dembo & Lewin, 1941）和團體決策（group decision）（Lewin, 1947a）[3]。

---

3 譯者註王：未竟之功的力量（the power of unfinished tasks）是指個體所要執行的任務被中斷後產生的心理作用，勒溫的學生發現相較於已完成的更容易記得起來（後被稱爲蔡加尼克（Zeigarnik）效應），另一位則發現有「準需求」的效應（後稱奧夫西安金納（Ovsiankina）效應）。

心滿意足（satiation）是指當動作不斷被操作時，會產生心滿意足的狀態，減少了動機和驅動力，勒溫（Lewin, 1928）與其學生，卡斯滕（Karsten）（1928）都曾有發表相關的論文。

抱負水準（level of aspiration）定義爲一個人對自己在特定任務中未來成就的期望、目標或主張。這個概念是由登博（Dembo）首先使用的，他發現當一個要求的目標太難時，受試者會設立一個比要求的目標更容易的中間目標，並去追求這個中間目標。而霍普（Hoppe）則是第一位設計實驗，並引進受試者體驗到成功或失敗的經驗來測量抱負水準。

替代（substitution），是勒溫用來指涉一種現象，當我們將自己的目標告知別人時並獲得他人的認可時，我們就會感覺到目標已完成，並減少去完成目標的行爲，後來勒溫的學生將這種現象透過實驗來探討，如李斯納（Lissner）及馬勒（Mahler）。

此處的怒氣（anger）是指登博（Dembo）1931年發表關於「怒氣的動力」的論文，這是她在柏林大學跟隨勒溫撰寫博士論文的成果之一，在她的實驗之中，她設計任務製造受試者的挫折感並進而變爲怒氣，最後發現成功完成的需要對於最後的張力有著顯著的影響，並連帶影響了受試者的行動。登博後來在幫助二戰老兵復原以及腦癱幼兒貢獻良多。

退化（regression）研究是指巴爾克（Barker）、登博（Dembo）和勒溫（Lewin）在1941發表的論文，他們研究小孩在一邊玩遊戲且經驗到挫折感，行爲的退化會受到那些因素的影響。

團體決策（group decision）的研究是勒溫1947年被收錄在紐科姆（Newcomb）和哈特利（Hartley）合編的《社會心理學讀物》（Readings in social psychology）裡，勒溫將幾個實驗集結起來談論團體決策與社會改變的關係，勒溫認爲團體決策是促進社會改變的一種手段。

這些概念——更不用說他所堅持的，到底情境對個人意味著什麼，去關注這件事有其重要性——導致一種特殊的實驗風格，由勒溫發展並爲他的學生利昂・費斯廷格所精制及優化。勒溫是將某種生活問題轉換爲實驗形式的高手。當要轉換成一個實驗變項時，問題的精髓會被小心翼翼地保持。利昂・費斯廷格指出，這種將理論和資料聯結的能力正是勒溫最重要的才能之一。

▋ 行動研究和團體動力

除了理論建構的實驗測試之外，勒溫也有興趣發展有用的理論來解決社會問題。勒溫的名言：「天下沒有比好理論更實用的東西」，這句太常被引用到快要變成陳腔濫調了。這是一個關於理論和實務相互倚賴的名言。他曾企圖將他的場論延伸，考慮到那些會影響行爲的各種廣泛社會決定性因素。這個興趣在他1933年移民美國後開始發展。有些觀察家（Cartwright, 1978）相信，讓他之所以離開德國的歐洲情勢，還有當他抵達美國後，他經歷的美國和德國的種種差異，這些正是他擴大興趣的原由。就是在這個節骨眼上，勒溫眞的變成了一位社會心理學家。

多溫・卡特賴特（1978）曾經寫道，對勒溫來說「天下沒有什麼比實際問題更理論的了。（頁178）」。對各種實用性理論的測試被稱爲行動研究。根據庫克（Cook, 1984），這個方法是一個三步驟的過程，包含方案計畫、執行和方案評估，或者說在眞實生活中的實情調查。從這個過程所得的結果，將被運用到下一個循環的方案計畫。行動研究中的要件之一是受試者（subject）的參與[4]——根據勒溫的理論，情境，當它之於受試

4　譯者註張：英文的subject 在這裡當然還可以翻譯成「主體」。英文的subject本來就同時有兩層意義：一個是相對於object，客體而獨立於世的人。所以，主體、主觀……這一系列的中文反映的是這個層面。另外這個字還有一個意思：臣服於某個東西底下，例如說舊時代君王的「子民」跟「受試者」……這一系列的中文反映的是這個層面。在勒溫或者團體動力的脈絡裡，我們認爲這兩層意思應該都有，只有翻譯成「受試者」也許太被動無法說明個體的「主觀」能動性跟行動

者而存在（the situation as it exists for the subject），一定要被考慮進去。這個取向導致對於產業與社區事務的各種研究，由兩個在二次世界大戰過後迅速成立的專門組織負責。

▌團體動力研究中心和社群相互關係委員會（The Committee for Community Interrelations）——勒溫的理論和實踐

　　麻省理工團體動力研究中心的建立有三個基本目的（Lewin, 1945）。根據卡特賴特（1959），這些目的分別是，發展對團體運作的科學性理解、跨越社會科學知識和實務之間的鴻溝，最後是，建立一個團體心理學博士學位的課程。爲了招募學生，有一份傳單被印發了，上面的部分內容寫著：

　　本研究中心提供團體心理學的博士學位。本中心的訓練是設計來教育研究工作者關於團體生活的理論與應用領域，以及協助訓練實務工作者。學生將到產業、社區跟其他類團體生活進行現場工作的機會。

　　在研究上，本中心的主要任務是發展科學方法以研究和改變團體生活，以及發展團體動力概念和理論。研究的主要範圍爲：產業、弱勢問題以及經濟和文化的關係。

　　本中心熟識這些領域內多位「實地協作者（field cooperators）」；即願意在實地實驗中合作，且會提供學生實地工作機會的各類組織。有許多獎學金和研究助學金提供給研究生。目前中心的員工包含下列的人，但有些人仍然忙於軍方或政府的方案：約翰・阿塞尼安（John Arsenian）、多溫・卡特賴特、利昂・費斯廷格、查理斯・亨德利（Charles Hendry）、諾那德・利比特、瑪麗安・拉德克及庫爾特・勒溫（Lewin, 1945，頁135）。

　　力，這應該不會是勒溫等人的意思？或者說通過這個團體動力的過程「受試者」可以被打造成「主體」？我們必須將這個問題留給本書讀者自己去思索。

　　他們待在麻省理工的三年期間，設計且執行了某些議題的研究，諸如：領導力（Lippitt & French, 1948）、團體內聚力（Back, 1951; Thibaut, 1950）、團體生產力（French, 1950）、團體成員制對其成員的影響（Schachter, 1951）、合作和競爭（Deutsch, 1949）、團體間關係（Lippitt & Radke, 1946）、團體內的溝通和影響性散播（Festinger, Schachter & Back, 1950; Festinger & Thibaut, 1951）以及社會知覺（Kelley, 1950; Pepitone, 1950）。這些研究很多都是博士論文（dissertations）[5]。

　　和團體動力研究中心同時創辦的，是為紐約的美籍猶太人大會（American Jewish Congress）所成立的社群相互關係委員會（CCI）。根據梅洛（Marrow）（1969），勒溫希望兩個組織可以彼此合作，讓科學研究和行動研究得以結合，共同致力於解答種種跟人們有關的問題——尤其是關於偏見的議題。麻省理工的團體動力研究中心擔負研究的要務，贊助各種實驗室及現場實驗，旨在回答基本團體歷程以及如何替團體生活帶來改變的諸多問題。社群相互關係委員會被找去透過行動研究，在社群裡的挖掘各種偏見的根源。對於偏見的興趣，勒溫的興頭從哪來是清楚的。他對團體動力的興趣是在某種抽象化的高度，提煉自對偏見的研究。這種研究是問題導向且跨學科界線的。麻省理工的團體動力研究中心的人所獲得的研究發現，會轉由社群相互關係委員會來應用，由斯圖爾特·庫克（Stuart Cook）所領導，他在行動研究計畫中接著會將各種問題反饋給麻省理工的實驗者。

　　藉由這兩個機構，勒溫企圖讓他的洞見成真，意即理論和實務之間是相互倚賴的。在他生命的最後兩年內，他花大量的時間和精力為這兩個機構募款，而且往來於他的這兩個心血結晶之間。有些人認為就是因為這麼密集的行程造成他的英年早逝——1947年2月，享年56歲。

　　接下來的篇幅是關於在團體動力研究中心裡一些人的故事。兩位教師（多溫·卡特賴特及利昂·費斯廷格）和六位在麻省理工接受勒溫研究生訓練的人（庫爾特·巴克、莫爾頓·多伊奇、哈羅德·凱利、艾伯特·佩

5　譯者註張：在美國的脈絡，dissertation是博士論文，而thesis指碩士畢業論文。在英國剛好相反。

皮通、斯坦利·斯開特及約翰·蒂伯），描述他們對勒溫的作品感興趣的
演進過程、他們和他在一起的經驗及這些經驗在之後如何影響他們的所做
所爲。這些回顧是基於各種面對面的深度訪談。對受訪者的選擇僅考量到
能否聯繫到當事人來接受訪談。除了有一個人是例外，其他那些在1945年
到1948年期間在團體動力研究中心接受過研究生訓練的人，不是已經過
世，不然就是不住在美國。

▌實驗社會心理學的發展

　　這裡說到的那幾個人描述了勒溫所創造的環境，這使當時作爲學生的
他們能發展成具開創性的科學家。在1947年勒溫過世之後，這群卓越優異
的學生們繼續斧鑿社會心理學這領域將近四十年。勒溫向來以能吸引各色
學生團體及激發有創意的工作而極其著名。但是眼下這個團體，這個在戰
後集合在麻省理工一起工作的團體，它維繫並以此爲基礎而進一步建構那
個創意性工作的血肉，這個能力值得被記上一筆。他們不只型塑了社會心
理學這領域，同時也訓練了許多下一世代極具影響性的實踐者。如果用被
引述作爲在某個領域影響性的指標來看的話，在近期的某個對社會心理學
教科書引用的分析裡（Perlman, 1984），十個裡有八個最常被引用的社會
心理學家是這一支研究人員團隊的嫡系徒子徒孫。

　　在這裡勒溫的學生談論的不只他們所受的訓練，也描述了他們和他們
的學生工作時所用的方法。緊接其後的，是幾位有名的社會心理學家所做
的說明，他們或者曾經受到麻省理工團體原始成員的訓練，或者曾深受其
影響。他們有資格評論勒溫派第二代在精煉社會心理學實驗法上所用的方
法。

　　其餘的訪談被分成兩個實驗社會心理學家「家族團體」。首先，由斯
坦利·斯開特所訓練的學生們，然後是斯開特本人，討論斯開特的實驗室
和工作風格。第二個團體是由利昂·費斯廷格的學生們和「徒孫們」所組
成的。首先，由兩位艾略特·阿倫森所訓練的學生來談論他們的訓練，接
著是阿倫森本人。阿倫森，還有就是賈德森·米爾斯——他的訪談緊接在

阿倫森之後，他們都曾在史丹佛接受利昂・費斯廷格的訓練。利昂・費斯廷格放在壓軸——因爲會越來越清楚地看到他曾深深地影響前面提到的每個人。

　　貫穿其中的是，一種對於勒溫，在麻省理工期間的，社會心理學環境的各種質地的探索，這些質地使某些天賦異稟的學生能去發展各種技能、熱忱和信念，以便在後來的長久歲月裡，能有創造的產出性。特別是，有什麼東西是由麻省理工的環境所傳承下來，可用來解釋勒溫派第二代的成功的嗎？又或者，其實只是戰後團體動力研究中心的這些人有其洞察力和想像力，可以去學會勒溫所教的，並且用自己的天分來萃取精華？這裡的各種訪談把焦點放在這些人成爲心理學家的過程、他們如何被訓練、他們如何著手進行研究、他們如何訓練學生，以及他們對於庫爾特・勒溫，對那個過程的影響性的看法。

第四章

第一代：在麻省理工的研究環境

　　在團體動力研究中心的最初〈聲明〉當中，庫爾特・勒溫（1945）獨具個人色彩地將該中心置於脈絡中。他熱情地寫到去理解團體生活的迫切性。提及方才新生的核能時代及甫結束的世界大戰，他指出人類已經能夠去控制大自然的某些層面，但仍無法管理各種社會力。他希冀有研究能去發展某種科學取徑來理解社會動力。

　　在二次大戰結束時聚集在團體動力研究中心的該學生團體，幾乎可以肯定是因為各式各樣的興趣而被挑選進來，他們卻共享了一個深刻的經驗。他們先前都花了幾年在部隊的某些單位。好幾個在從軍前就有了碩士學位。大部分在戰爭期間從事了某些研究活動。因此，會選擇進位於麻省理工勒溫的環境的這些學生，都比傳統的研究生年長且有經驗。他們已發展出自己的各種想法，和勒溫所提出正好有所共鳴。

　　在訪談中，羅伯特・克勞斯形容他們是「頭腦冷靜的理想主義者」（hard-headed idealists），他的意思是，勒溫所提供的是「某種視野下的某種方法，用來處理那些被認為是引發這個大災難[1]的各種事情」。這是個菁英（大部分選擇不念耶魯大學而轉念麻省理工）且經驗老道的團體，組成者做了一個關於未來的知情決定。在挑選學生進入學程這方面，利昂・費斯廷格認為，基本上這件事是（學生）自己選自己，他說：「我不認為有人知道如何做出那樣好的選擇」。

1　譯者註王：從上下文來看所謂的大災難，並不清楚所指為何。但從勒溫從德國移民到美國來看，應該指的是二次世界大戰，這是勒溫親身體驗也是當時許多人共同經歷的世紀大災難。

▌在麻省理工的環境

　　這些人選擇進入一個嶄新學科的博士課程——團體心理學，在一個工程和科學上表現傑出的知名大學。他們[2]和哈佛大學做了些安排，讓學生們可以去那聽些課，而這必然多少抵銷了進入麻省理工這不尋常的研究所課程所可以想見的風險。

　　在戰後隨即出現一股風潮，就是在各大學中成立跨學科的科系。特別值得注意是，哈佛大學成立了一個社會關係系（Department of Social Relations）[3]，內含社會與臨床心理學、文化人類學和社會學。密西根大學設立了一個社會學暨心理學聯合學程。這些學程，說時遲那時快，就順著學科間的分疆封界龜裂了[4]。也有些跨學科研究機構被設立起來，其中一些是在戰爭期間，由政府為解決各種問題而集結的各種研究團隊的後代。這種組織性的風潮大概是由於戰時那些以解決問題為核心的方案的成功所造成。但是在這之前麻省理工就已經以這種方式運作了數年之久，而且有建立各種專案跨學科實驗室的傳統。這種對跨學科活動的老練包容力，對勒溫的團體來說是一種及時雨。

　　在多溫‧卡特賴特的訪談中，他形容麻省理工的機構環境為「我所經

2　譯者註王：這裡的「他們」應指勒溫及開創麻省理工新博士學程的老師們。

3　譯者註王：哈佛大學所成立的社會關係系，是在戈登‧奧爾波特（Gordon Allport）擔任心理系主任的時候建立的。在1946年，將實驗心理學留在心理系（1934年成立，1936年完全與哲學系分開獨立，由埃德溫‧寶林（Edwin Boring）倡議並成為第一任系主任，後由奧爾波特接任系主任）把社會、發展和人格心理學與社會學及社會人類學合組，成立了社會關係系，直到1970年社會學教師回到社會學系，因此社會關係系結束，並與心理系合併為心理與社會關係系，1986年又再改為心理系。50年的過程是否反映了美國大學嘗試進行跨學科的整合，但又回到學間的分封疆界，或者該如何看這個轉變過程，值得讀者進一步探究認識的。有關戈登‧奧爾波特的介紹，讀者可以再參閱本書第30頁註釋5的說明。

4　譯者註張：這裡的原文是「These programs were, in time, to fracture along disciplinary lines」。

驗過最有生產力的機構」。他解釋說那裡兼具靈活性和高標準科學。當卡特賴特在勒溫歿後承擔起其行政管理職責時，他很驚訝於沒見著麻省理工校方在搞主導。他反而是經驗到一種對各種狂野想法的開放性和包容力。麻省理工的機構態度是：「我們聘用你因為你是該領域的專家，還有如果那是你想做的，沒問題」。在麻省理工，科學家們會因為各種方案一起合作，同時會在各自科系上掛名（departmental affiliation）。一旦某個特定的方案完成了，他們會回到自己系上。卡特賴特深信就是這樣的機構態度讓勒溫可以去建立一個獨一無二具有生產力的環境。他說這部分是因為他們是社會科學家，但是麻省理工是一個「科技機構」，而且在各種社會科學中並沒有什麼根深蒂固的學科間的分疆封界。「若我們想用人類學家的身分出來講話，沒有人會殺了我們。」這點讓他們有很大的靈活性去著手處理問題。庫爾特・勒溫獨具個人色彩的工作風格，事實上是他創造的某種氛圍，包含些特色，這些特色都能很輕鬆地跟麻省理工已經行之有年的歷史結合在一起，例如各種以問題為核心的方案、彈性，和缺乏社會科學之間的各種分疆封界。

▌在前沿

在該機構環境內，勒溫建立他自己的微文化（micro-culture）。雖然大部分研究生說他們很少直接和勒溫本人接觸，由他所一手打造的鼓舞人心的氛圍對他們有很大的影響。在莫爾頓・多伊奇的訪談中，他描述了勒溫所給的熱忱和信心。約翰・蒂伯，他是少數直接和勒溫在麻省理工一起工作的學生之一，辯才無礙地說道，學生感覺自己正在參與某些大事，並且「和有影響性、命之所繫（fateful）的各種運動（movements）結盟，這些運動將不斷帶著我們走」。這種做大事的感覺被勒溫的學生不斷重複描述。德・里維拉（De Rivera, 1976）曾報告說，在前述的柏林機構中，有某種幾乎一模一樣的氛圍也盤踞著勒溫的團體，他講的完全是別組人而這些人在處理別些問題並且是在別個時代。那裡的氣氛被描述成合作的、熱切的，及一種隨時隨地都可能有新發現的感覺。看來好像勒溫隨身攜帶著這種氛圍，而且一次又一次地把它創造出來。

▌泡在研究中

　　在勒溫所營造的工作氛圍中，這一點幾乎是所有人都提到，那就是大家都馬上的而且總是埋首在研究中。教師們並沒有大學生要應付，所以他們的工作就是在研究生的幫忙下執行研究，只有少量課程的工作。學生參與彼此的論文研究，使用各種方法只要是合適於該問題，通常那些方法是被發明出來的。對於團動中心推動中的，更宏觀的大研究方向來說，這些博士論文都是不可或缺的部分。

▌勒溫的相互依賴式工作風格

　　前面已經寫了很多關於勒溫的工作風格，他曾經寫道，作為一個個人，他無法進行有生產性的思考（Lewin, 1936），他工作的方式是透過和其他人討論。他會談論他的工作、他們的工作，什麼都可以。他會和別人或團體討論——他永遠都在跟別人合作。約翰・蒂伯描述他們沿著查理斯河（Charles River）散步，討論勒溫的準靜態平衡（notions of quasi-stationary equilibria）的概念。蒂伯的工作就是記下要點和寫出該討論的內容，然後勒溫會重寫和回覆它。卡特賴特描述當他在愛荷華當博士研究員時，和勒溫在大學對面茶館有定期會面。他們正在一起計畫一本拓撲學的練習本。同樣的，他們會討論，而卡特賴特的工作是要鋪陳這些討論。

　　勒溫的這種互相依存的風格孕育出了他的學生們眾所皆知的「話匣子」（Quasselstrippe）[5]。這其實就是討論和解決各種研究問題的定期聚會。這些聚會本質上是腦力激盪的會，關注於解決研究中會遇到的各種問題，無所不談，從各種理論問題到各種資料詮釋問題。所有的討論都以拓撲學的語言來處理，且聚焦在潛伏於情境下的各種動力。諾那德・利比特

---

[5] 譯者註王：Quasselstrippe是德文，英譯的意思之一是chatterbox，指任何話多聒噪的人，或我們這裡說的「話匣子」。勒溫及其學生用此德語指稱他們所進行的討論聚會。

（1947，頁88）曾經這樣記載這些集會：

　　一次又一次，他明白地指出，討論氛圍是當在表達任何想法時，沒有任何人會有「自己在強出頭」的擔心，不管這個想法看起來是如何的缺乏鋪陳。在這樣的會議中，會有學生要討論他在研究發展的某個階段上所遇到的研究問題。我從未投入過像這樣不受任何批判，也不搞自我設防的團體過程，而且是這樣充滿自發性的「想說就立刻說出來」（thinking out loud）。

　　庫爾特·巴克附和這個觀點且解釋道，若是被討論的工作在被討論之前已經被完工了，那些負責人將會非常有防備心。

　　勒溫在各個他工作的地方都建立這樣的聚會，也許，他們會圍聚著他正是因為他的工作模式的優點。庫爾特·巴克推測，勒溫需要學生把他拉回來，當他「扯太遠」的時候。跟勒溫一起，任何事都是在「施工中」（in progress）。約翰·蒂伯評論說勒溫「不會認為，任何自己曾做過的事就是一件已成定案（finished）的事」。學生們會學習到目前為止已經發生的，但沒有什麼東西是「被視為神聖不可侵犯的。他就是如此的開放，因此他從未對任何批判豎起防衛之心，且歡迎大家最尖銳的批判。」蒂伯將此歸因於勒溫的「信心滿滿」。這些聚會是勒溫環境一個主要的組織門面，這個門面也曾被他的某些學生繼承及運用。他的學生們，還有這些人的學生們，在領導他們自己的研究運作時，會嘗試再去創造這類的聚會。重點在於去相互依賴地使用團體，而不是把它當作某種發表工作成品的論壇。

▌以任務為中心（Task Centeredness）

　　勒溫的個人風格包含完全不甩身分地位。問題、研究、討論——這些全都很重要，歡迎任何可以有貢獻的人都來。在他的訪談中，亞伯特·佩皮通（Albert Pepitone）說，他說當他們第一次見面時，他即被勒溫吸

引，這是其中之一的原因。要緊的不是身分地位，而是你如何跟手上的任務發生關聯。作為一個行政管理人員，這樣的個人色彩替勒溫引來了麻煩。卡特賴特在這部分把勒溫和里斯·李克特（Rensis Likert）[6]拿來相提並論。卡特賴特曾在戰爭期間和李克特一起工作。他將他們都描述成在某個程度來說都是具強勢性的，「他們的點子都是有說服力的。他們並不霸道，也就是說不會專制，而且他們不會滿腦子身分地位。他們都不太甩對於高低貴賤職位、職級、職稱或任何這類的身分。他們兩人就是對於討論都很開放。」他繼續說道，很多決策是由某個問題發生時，僅僅碰巧在左右的人們來做的，而且通常不在那當下的人們可能就會「被這事搞到不爽」了。卡特賴特覺得這種決策模式「會有助於孵育開創性，因為他們會鼓勵你去提出想法，而且兩人都不會對各種錯誤做太嚴屬的處罰，但他們會糾正。」卡特賴特補充說，和勒溫及李克特在一起，他覺得有需要提供些架構。他的角色如他所說就是去當「機器上的刹車」。勒溫缺乏身分地位意識的個人特色，加上他強烈的任務中心傾向，對他的學生有一種解放的效果。所以不意外，當時候到了，卡特賴特和其他得作出決策的那些人，他們會挑中一個相容的環境，去跟在密西根的李克特一起工作。

▌勒溫的理論

　　幾乎所有受訪的人都很小心翼翼地指出，場論正規來說並非真的是一個理論。它仍是有用的，話雖如此。根據瓊斯（Jones, 1985），勒溫本人描述這個理論為「一個方法：即一個分析因果關係和樹立科學構建的方法

6　譯者王註：里斯·李克特（Rensis Likert）是美國著名社會心理學家，其所建置的李克特量表（Likert scale）是態度研究普遍採用的一種調查方式，簡潔方便。1946年受到密西根大學之邀，成立了社會調查研究中心，之後又有團體動力研究中心等三個研究中心的加入而組成社會研究所，由李克特擔任所長直到退休為止。李克特除了態度研究外，他對領導與管理等也都深入地研究並有豐碩的研究成果。本書有交代團體動力研究中心在勒溫殘後，為何搬遷到密西根大學的緣由。

（Lewin, 1951，頁45, orig. 1943）。」卡特賴特說：「這是一種關於理論的理論。就是這個理論，還有就是與他的個性相契合，激發了各式各樣的許多想法、概念、觀點，至今都還不斷地繞樑不絕迴盪著。」蒂伯把它想成是一個概念系統，可接著提供其他創意十足的人們去「發展各種特殊的小理論，就像塔馬拉（Tamara）和西爾斯（Sears）和利昂對於抱負水準（level of aspiration）所作的，這就是一個理論，或者是像蔡加尼克（Zeigarnik）、奧維辛卡那（Ovsiankina）和後來的默里・霍維茨所應用的張力系統理論（tension system theory），這令人相當興奮。」他繼續說道：

　　他有這些可以如此好用的概念，它們被非常謹慎地定義，但它們讓人彈性地在各種情境中都可以做事、彈性地研究實務（practical）情境或給定（contributed）情境。你可以自創各種情境，這意謂你可以人工合成地（synthetically）使用它們，或者你可以分析各種情境。這影響非同凡比且我因此認為還更長遠的，相較於當你有的是某個命題式理論（propositional theory），而這理論是讓它的命題一個接一個去接受測試。勒溫所作的，你可以用它而不致於會滋生出教條上的死忠，框限於實實在在的東西所作出的命題。它的死忠給了某種風格和某種思考方法，這種風格跟方式讓許多很有創意的人一起工作而且就用他們需要用的，而且他們能透過這些共通的概念來交流。

　　這個被預先認定為理所當然的架構和共同語言，有助於創造某種令這些人至今仍然都認可的文化。在哈羅德・凱利的訪談中，他談到和約翰・蒂伯在他們1978年書中所寫的結尾文，就是為了說清楚「真正的死忠花落何處」。他們這麼做是因為有人指控說他們是赫爾的信徒（Hullians）[7]。

---

[7]　譯者註王：赫爾（Hull）為Clark Leonard Hull，一位著名的美國心理學家，受到行為學派如巴甫洛夫（Pavlov）、華生（Wason）以及桑代克（Thorndike）等人的影響，進一步提出他對於動物學習以及條件反射的看法，為行為學派做出相當大的貢獻。赫爾在耶魯大學任教期間，他的理論也達到了成熟期，他1943年出版

在勒溫的理論中工作，必須能適應及忍受模擬兩可的狀態，而模擬兩可常常不是學院學者們的認知風格的一部分。但能對這部分感到自在的人們來說，該理論的含糊性是一種資產。就如卡特賴特說的，「他是相當播種造林的，（因為）這模糊性有一部分就是你對它可以有各種天馬行空的解釋，就像讀聖經一樣。」

▌團體中的張力

每個人都提到研究中心環境的最後一個面向，就是團體中的某種張力。這個張力是源自於勒溫企圖同時將基本研究和應用結合在一起的結果。莫爾頓·多伊奇說他認為當勒溫活著時「他良性的出場讓這種緊張關係能在控制中。」「兩者在他身上能融合，即使他屬下的某些教師並沒辦法做到這種融合。」多伊奇認為這種張力對團體是有刺激性的。卡特賴特也深信這是一種「創造性張力」。

這種張力出現在教師之間，利昂·費斯廷格堅持嚴謹的科學，而諾那德·利比特在實際現場裡處理行動研究的各種問題。根據卡特賴特，問題「就會突然出現，每當計畫內同時包含有行動和研究時。」庫爾特·巴克解釋了這事，用的是對比在兩項大型的住房問題研究所發生的林林總總，其中一個研究在衛斯特給特（Westgate），是由費斯廷格來執行；另外一個則是在韋茅斯（Weymouth），這個較晚執行的研究在範圍上野心更

的《行為的原理》一書，在中國大陸亦已翻譯出版。1940、50年代勒溫師徒正處於赫爾師徒在心理學中執牛耳的年代。此處反映了勒溫師徒在當時被認為與赫爾的研究有一定的相似性，同樣都強調實驗法的檢證，也都試圖提出一種對於人類行為的公式，朝向將心理學推向數學這種純科學的高度前進，兩者也對於人類的行為動力有各自的論述，不過在赫爾的理論之中並沒有把環境以及人的知覺擺放在一個重要的位置，這是兩者之間根本上的差異。讀者也可以再閱讀「本書第52頁註釋22」有關赫爾的「假設演繹行為理論」的介紹，會更清楚赫爾的方法論立場，譯者認為赫爾是相當「唯科學的」，與勒溫強調實務與理論的整合相當不一樣。

大。就像多伊奇曾說過的：「費斯廷格的方向感是更偏向科學的。利比特
的方向感是更偏向『改變世界』，及試著去做好事，在科學的屋簷下不得
不低頭。」在勒溫歿後，維持和諧變成卡特賴特的任務，但團體最後仍然
還是循著這張力的幾股軸線分裂了。這個決裂也許從來就是不可避免的。
卡特賴特評論道當團體形成時，員工們都還非常年輕，所以他們想離開靠
自己去闖出名號是很自然的。

▌ 搬到密西根之後

　　在勒溫過世後，全部的團體動力研究中心遷移至密西根大學，他們加
入李克特的調查研究中心（Survey Research Center）而成立社會研究機構
（Institute for Social Research）。在搬到密西根之後，事情出現了變化。
在之後的幾年之間，他們剛來密西根時進駐的兩個大房間，一樣不甩身分
地位高低那套，被傳統的辦公空間所取代，話匣子變成座談會，焦點變成
是發表各種已經完工的研究。在密西根所面臨力道增強的組織性控制，這
件事被庫爾特·巴克指出，他藉由描述斯坦利·斯開特試著完成博士論文
所遭遇的問題來說明這部分。

　　庫爾特·勒溫辭世時，傑克·弗倫奇（Jack French）繼任他成為一名
麻省理工的教師。當團體移至密西根大學後，瑪麗安·拉德克仍待在東
部，而且阿爾文·贊德此時加盟他們，一位勒溫在愛荷華大學期間的同
事。所以當初那批教師就只剩下卡特賴特、利比特及費斯廷格。作為理
論上的承先啟後，卡特賴特和哈拉里（Harary）數學化（mathematize）
了場論並弄出了圖論（Graph Theory）。諾那德·利比特生出他的團體
動力學（Group Dynamics），其中有些部分後來成長並發展成訓練團體
（t-group）的事業（研究要素逐漸淡化）。卡特賴特和贊德把大部分心力
放在組織發展領域，並在其中維持某些行動研究的品質。

　　利昂·費斯廷格在密西根大學待了三年，在1951年加入在明尼蘇達
大學的斯坦利·斯開特和本·威勒曼（Ben Willerman）的行列。他在那
裡所組織的實驗室納入了某些麻省理工的環境特質，包含強烈的任務中心

取向、同僚分工協作及話匣子。在這些以外，他加上他的社會比較理論（theory of social comparison）的開發，某種精煉過的實驗法風格，某種對科學性嚴謹和審美品味的偏好。研究中心的另一位校友哈羅德‧凱利待在耶魯大學幾年之後加入他們。明尼蘇達大學因此在實踐上爲了次個世代成爲實驗社會心理學的孕育地。

　　庫爾特‧勒溫對於科學的取向，經由在明尼蘇達的這個團體被移轉，浮現爲一種對下一代社會心理學家微妙但是無孔不入的影響。

　　勒溫的名號響亮因爲他對於各種學生團體所具有的吸引力，還有對於創意工作的激發性。這裡的這些人描述了勒溫所創立的環境。除此之外，就像庫爾特‧巴克所指出的，因爲只有四位教師且勒溫多數時間都不在，學生們的論文審查委員會都一個樣。結果，每個學生都有利昂‧費斯廷格在論文審查委員會裡，然後大部分學生都提到深受費斯廷格的影響。的確，可以逐漸清楚地看到，利昂‧費斯廷格會被牽扯到這些人所展現的持續開創性。他對於科學被操作方法的視野以及對學生的要求標準——所有在麻省理工受訓的都是他的學生，都對於整個社會心理學領域有難以估計的影響。在勒溫死後的那一輩中，正是費斯廷格的各種理論貢獻以及他的實驗室實驗風格，在社會心理學中居執牛耳的地位。只有當這個原初團體的學生們描述了他們的故事，利昂‧費斯廷格在科學上的審美觀才能夠被清晰地勾勒出來。

第五章
訪談：麻省理工團隊

接下來七個訪談中有六個人是和庫爾特‧勒溫在麻省理工團體動力研究中心共事過的。然後還有一位是阿爾文‧贊德，他是勒溫在愛荷華大學的同事後來去了密西根大學，團體動力研究中心來這投奔了他[1]。

第一個訪談是多溫‧卡特賴特，他和勒溫在愛荷華大學及麻省理工共事過。當勒溫過世後，卡特賴特成爲研究中心的主管且督導中心遷移至密西根大學。他和勒溫的長時間共事加上和研究中心工作的密切聯結，讓他在關於養育這一富有創意的人群的環境條件上，有獨特及寬廣的視野。

接下來的一個訪談是和阿爾文‧贊德，他和勒溫在愛荷華大學共事讓他對於勒溫的工作方法有些洞察。他的訪談被排在第二位是因爲他能敘述在勒溫死後，研究中心遷移至密西根大學時所發生的組織性改變。

在這兩個訪談之後，訪問的是由麻省理工畢業的五位學生：約翰‧蒂伯[2]、哈羅德‧凱利、庫爾特‧巴克、亞伯特‧佩皮通及莫爾頓‧多伊奇。在這些訪談中，他們敘述成爲心理學家的理由，他們如何做了進入麻省理工的決定，該研究中心如何運作，以及他們如何被訓練。他們也討論任何和勒溫及團體的持續聯結，他們如何訓練自己的學生，且很多時候他們談論目前的工作。

---

1 譯者註王：此處原文意思爲團體動力研究中心的團隊來投奔贊德，但後面文中會談到，團體動力研究中心之所以會離開麻省理工的幾個原因，而來到密西根大學主要是因爲卡特賴特曾經與李克特共事過，且李克特的領導風格與勒溫相近，故促成團動中心搬遷到密西根大學，而贊德則是想加入勒溫團隊，但勒溫卻在此時過世，而先到了密西根大學。

2 作者註：約翰‧蒂伯在1986年2月19日辭世。他在1985年5月間接受訪談。

多溫・卡特賴特

在1935年，當多溫・卡特賴特還是斯沃斯莫爾學院（Swarthmore College）心理系的大學生時，完形心理學家沃爾夫岡・科勒從柏林移居並且加入教師的行列。「我跟科勒共事，就是這個讓我深深迷上了心理學的理念。」卡特賴特回憶道：「他真的是一位令人無法抗拒的人。」

科勒曾說服卡特賴特去唸哈佛大學的研究所，而且還幫他申請了獎學金。在哈佛的第一年年底，卡特賴特卻回來找科勒，向他抱怨對他的這一年的失望，「我告訴他這還算不錯的一年，但是我一直找不到任何令我非常興奮的東西。我很失望是因爲就像我過去在斯沃斯莫爾學院時一樣，我一直在找令我感到刺激的東西。他想了一下跟我說『你何不這個夏天出門走走然後去拜訪庫爾特・勒溫。我想你也許會覺得他很有趣。』」科勒就跟勒溫聯絡而且當卡特賴特寫信問到今夏到訪愛荷華大學時，他獲得邀請了，「所以我出門了，而且在一個星期內，他就要我跟他一起做某項實驗。」卡特賴特笑道。

卡特賴特在那個夏天所參與的研究是要測量決策時間（decision time），這是相衝突之各個力量差異的後果[3]。

勒溫有場他舉辦的討論課叫做話匣子，任何一個學生、同事或是對勒溫感興趣的人都會參加。後來，我們當中有許多人也開始搞類似的討論課，但是卻無法完全複製它，因爲他是一個很獨特的人。

讓我來舉個例，有篇期刊文章是關於判斷時間（judgment time），作者姓強森（Johnson）。強森試圖替生理心理學（psychophysical）研究中關於判斷的正確度理出些頭緒，端看一個人要有多少項目才要判斷。它完全還沒有用衝突力相互衝突的力量的字眼來加以概念化。勒溫問我是否可

---

3 譯者註王：此處所指的研究應與卡特賴特1941年（Cartwright, 1941a; Cartwright, 1941b）所發表的文章有關，他主要針對過去在心理物理學的相關實驗，難以解釋的、與預想相衝突的實驗數據，運用勒溫的拓撲學進行分析解釋，基本上他認爲決策時間與心理場中相衝突的力量有著某種關係。

以讀這篇論文然後在討論課上報告。我照辦了。整個晚上，在我報告完了這篇論文之後，勒溫說：「現在讓我們看看這個。」他就到講台上開始在板子上畫這些圖而且還有了相互衝突的力量。他就畫出這些相互衝突的力量，然後做了些結論。

這塊黑板對他來講，對這些研討會來說是很重要的。只要你一開始說了些什麼，他就會說：「好，說來聽聽！」我們所有人都能參與，很民主的。他是完全不擺架子的那種人，他強勢是因為他生出了這些各式各樣的想法。

我不斷地被驚豔，尤其在我跟他一起工作的頭一兩年。他有時會拋出某些有關張力系統的概念或者其他什麼東西，但是很像是即興的，然後我會說：「爲什麼你要做那？你不也能夠用另一種方法來做它嗎？」接著假使我對他咄咄逼人的話，他又會突然停止說：「嗯嗯，現在……」然後就開始向我大談特談關於科學的理論，還有提到以前的人怎樣討論它，然後很顯然地這不是他突然想到的點子。所以，那些你常常認爲只是些突發奇想或者無中生有的東西，大部分都來自他的學富五車。

在參訪完愛荷華大學之後的秋天，卡特賴特回到哈佛大學，接著他花了兩年完成他的研究生工作。在這兩年中的每一年，勒溫都會在春季學期到訪哈佛大學。「因爲我曾整個夏天都一直跟著他，表示在哈佛大學我跟他多多少少是有特別關係的。我幫他找了一間公寓和打點許多事情。」卡特賴特回憶道。雖然正式來說他不算是勒溫的學生，但是當勒溫在哈佛大學待著的時候，他們會花很多時間相處。

那時，寶林（Boring）是哈佛的這系[4]的主任。他在行政管理上擔任主導的人已經有好多年了。事實上，他在二十世紀初來到這裡時，那時叫

4　譯者註王：此處所謂的系指的是心理學系，哈佛大學心理學原本是隸屬於哲學之下，尚未單獨成爲一個系，在寶林的倡議之下，並且受到校方的支持後獨立成爲一個系。寶林是鐵欽納（Titchener）——實驗心理學之父馮特的博士生——的學生。

做哲學與心理學系。心理學那時是哲學的一個分支，然後寶林希望心理學能夠獨立成一個系也成功了──然後他就開始經營這個系，所以它真的就是他的秀。

寶林跟完形心理學家們的整個關係是很有意思的，也有很多人寫到這個部分。寶林對科勒一直都有種複雜矛盾的態度，但是他對勒溫則是有點好奇。他很關鍵性的讓勒溫在那兩個學期可以在哈佛待著，在某方面來說，他承認了他的重要性。勒溫在當時學術界的位置──某種創新且激勵人心──是困擾著像寶林這樣的人。

在哈佛的第三年，卡特賴特被寶林叫了過去，問他六月的時候能不能畢業。卡特賴特回答說他還沒有打算畢業。「我還在想要去跟著戈登·奧爾波特（Gordon Allport）[5]寫畢業論文（thesis）[6]。」他說。寶林說普林斯頓有一個職缺開出來了，他要推薦卡特賴特去，若他能在六月畢業的話。「我過去以來一直是他的實驗室助理和大學部講師[7]。當時正在大蕭條，工作非常稀有。」卡特賴特回憶。

5　譯者註王：戈登·奧爾波特（Gordon Allport）是一位美國知名心理學家，主要研究人格，提出人格特質論，有別於當時主流的行為學派與精神分析學派的論點。他是哈佛大學畢業的博士，並在哈佛大學任教直到1967年，卡特賴特應該當時曾經考慮找奧爾波特當他的博士指導教授。奧爾波特指導的著名學生有認知心理學家傑羅姆·布魯納（Jerome Bruner），和以電擊實驗聞名的斯坦利·米爾格拉姆（Stanley Milgram）。

6　譯者註張：在這一段的原文裡，中文的「學位論文」全部用thesis這個字，在美國一般這是指碩士畢業論文。但是查找相關資料，卡特賴特這時應該是在唸博士，之後去愛荷華做博士後研究，所以他的學位論文在美國應該是dissertation才對，而不是thesis。也許此書混用了這兩個名詞，當作是所有學位論文的通稱。本中譯本在確定的狀態下，會儘量標明是碩士論文或者博士論文，若是無法判斷或者遇到原文文義不清，那就只能含混譯為「學位論文」或「畢業論文」，以區別於一般的學術發表，paper在本書統一譯為「論文」。

7　譯者註張：這裡的原文是teaching fellow，在美國的高校裡，teaching fellow是指在大學部課程任教的研究所學生。

　　我想也許可以把我自己一直以來只是在做好玩的，關於判斷和決策時間的研究，那是我在愛荷華跟勒溫一起起頭的，變成學位論文。在那之前我未曾用那些術語來想它——只是好奇而已。寶林說：「好，帶來給我看看。」所以我把資料帶去給他看，然後看了我手頭上有什麼，他說：「我不知道爲什麼這不能當畢業論文。」然後我就要求他贊助它，然後他說他會但是他有些條件。其中一個條件就是我能用勒溫式的語言來寫這篇論文，但是我必須要有一個最後的章節是把它用大白話講[8]一次。我答應了，我不確定是不是大白話，但是的確有這最後一個章節。

　　所以卡特賴特想方設法在哈佛大學做了勒溫式的畢業論文，在寶林的贊助下，他對完形心理學的矛盾心態是眾人皆知且影響深遠。

　　在1940年的六月畢業之後，沒去普林斯頓（Princeton），卡特賴特選擇應勒溫的邀請，回到愛荷華大學去做博士後研究的工作。在愛荷華的這段期間，卡特賴特碰到了利昂・費斯廷格，他是一位剛進來的研究生。後來卡特賴特與費斯廷格弄他的論文，該論文是卡特賴特關於決策時間的學位論文的後續研究，但是選用了一種更精緻的數學模式來做。在這段時間，他各式各樣活動中的其中一項是每個禮拜跟勒溫在學校對面一間餐廳裡面茶敘。在這些會面當中，他們計畫寫一本拓撲學的練習本。

　　我會做筆記而且我們會計畫怎麼做，然後我會把這件事當成是我博士後研究工作的一部分。它從未依計畫實現，但是我們一直在做那些事。

　　「在珍珠港事件（Pearl Harbor）發生之後，」卡特賴特回憶，「很清楚事情將會有些改變。在那之後，我接到里斯・李克特邀請我到華盛頓去。在前一年夏天勒溫將卡特賴特引介給李克特。李克特在這之前就獲得資助去進行一項中央的調查研究工作，而且需要員工。」卡特賴特描述李克特在很多方面都很像勒溫——特別是在行政管理的風格上。他相信李克

8　譯者註張：原文是all in English，對美國人來說講大白話就是講英文。

特親手挑了勒溫的員工，想說他會找到能一拍即合的人們，跟他一起完成他想要完成的。所以1942年的二月，卡特賴特搬到華盛頓，在那裡，他在大戰期間的時間大多花在研究通貨膨脹控制與戰爭債券的販售。

我一開始做的是嚴格的勒溫式目標路徑分析，就是說假使你要某個人去買債券，你要設計什麼路徑可以達成目標所以有這種關聯，而且我引用了直白的拓撲學分析。它對於設計訪談問題還有跟人們問些相干的東西是很有幫助的。我們一開始時，我對調查的事幾乎沒有任何了解。

雖然李克特不像勒溫那樣熱衷理論的建立，卡特賴特描述了他們兩個人的相似處。就他們都是「亂糟糟的（chaotic）」他回憶。

他們都是強勢的人，因為他們所想的以及他們的點子都是有說服力的。他們無疑都是各自秀場的主角，但是他們並不霸道，就是說不會專制，而且他們不會滿腦子身分地位。他們都不會甩高低貴賤、職等或職稱或任何這類的東西。他們兩人就是都只是對於討論相當開放。無論勒溫突然想到什麼事情，他都會馬上討論它然後做個決定，而剛好不在現場的人就會被它搞到不爽。

李克特正在將他的運作從一個大約八或九人的團體，擴張成掌管一個雙周一次的全國性調查。就像勒溫一樣，當問題出現時，他都會跟任何在辦公室的人一起做出決定。這會有點難搞但是的確會給人感覺到你很重要，而且你會覺得有責任感。他們兩個都是這樣，這會有助於孵育開創性，因為他們會鼓勵你去提出想法，而且兩人都不會對各種錯誤太嚴厲，但他們會糾正。勒溫在這一點上極端明顯。有好多次當我正在跟他一起做事情的時候，都會有人帶著某個學位論文的某個點子或者有的沒的進來，然後他們就會開始討論了起來。勒溫會變得很興奮說：「喔！那真的是個非常好的點子！」等等。一個小時過後，那個人會帶著某個煥然一新的論文主題而離去。他們兩人都是這樣子，我想這的確創造出一個良好的環境，但是我覺得在那個場景裡，有必要搞得有些條理，跟勒溫或李克特在一起都一樣。

在華盛頓跟李克特，安格斯・坎貝爾（Angus Campbell）和我都把我們自己看成這機器的兩個煞車。跟勒溫，我是唯一一個踩煞車的。他總習慣說：「博士大大[9]，我從沒聽過別人跟你一樣說不行。」勒溫會開始計畫某些課程或者某些事情，而我總會是那個提各種質疑的人，像是他們要如何找到金援，誰來做它還有諸如此類的。他對此很感激，而且我對此也沒感覺到不舒服，這就是我很自然的樣子。我深信這對於一個創造性的環境來說是重要的，你不能只有亂糟糟和自由自在而已。

根據卡特賴特，由他們兩位所建立起來的環境的另一個重要特色是任務導向。他說李克特和勒溫兩人，「對他們正在進行的都是親力親為，而且不在乎你是什麼地位的人，而只在乎你跟這個工作可以怎麼聯結——而勒溫永遠都是這個樣子。他總會跟某個人一起投入做某件事而不是只跟那人瞎混。他不會只是坐在那裡聊天，這總是在談某些問題。」

這裡很有意思的是他對你各種點子的接納還有熱情支持，還有就是他接著會給你些蠻有洞悉力或解決某些問題的點子。例如，當我因為對於自己在哈佛所學到的心理學非常挫折而出走愛荷華時，他讓我全然如癡如醉——這還是只有一個夏天而已[10]。但是僅只是一場很隨性接觸也一直有巨大的影響。

他有種本事，想方設法讓某個人印象深刻，在短暫的接觸中用有趣的方法改變某人的一生，我知道很多這樣的故事。其中一個例子是一位叫做埃里克・特里斯特（Eric Trist）的英國人，在1933年時他是劍橋大學的研究生，在那裡勒溫先在待了一年，在他移民到美國去之前。

9　譯者註張：這邊用的是Doc而不是Doctor，是一種表示親切的稱呼方式，中文不太有辦法直接翻譯。

10　譯者註張：在英語裡all steamed up有兩個意思：(1)被惹毛了；(2)喝得很醉。從上下文判斷，勒溫不太可能把卡特賴特惹毛，不然就沒有後面的發展了，所以應該是第二個意思，但是我們也看不出來他們有任何喝酒的情節，讓卡特賴特醉了的是勒溫的風采跟學識。

特里斯特被找去帶勒溫逛校園然後在某場會議之前把他帶回來。他照辦了。這就是他跟勒溫的接觸——一個帶勒溫到處逛的學生。在戰爭結束後，特里斯特和在團體動力研究中心的我們聯絡上了，然後我們一起贊助了一個期刊。他是一位熱血的勒溫派——而這全都是因為跟勒溫短短兩個小時或不到的接觸。阿爾弗雷德·梅洛（Alfred Marrow），他曾撰寫勒溫的傳記，曾為了他的學位論文出訪勒溫。本來打算花一下午的時間然後晚上就回家去。他待了整晚，發展出一種終生的通力合作。嗯嗯，這種故事真的是不勝枚舉。

▍團體動力

1930年代中期，在卡特賴特造訪愛荷華的第一個夏天之前的那一年，諾那德·利比特已經到那裡而且獲聘在兒童福利研究站（Child Welfare Research Station），在當時，他認定自己是發展心理學家，剛從歐洲跟皮亞傑（Piaget）學習回來。恰巧，利比特被派給勒溫當被指導生（advisee）。問起利比特的背景，勒溫發現原來在跟著皮亞傑學習之前，利比特曾經唸過麻薩諸塞州（Massachusetts）的斯普林菲爾德學院（Springfield College），主修團體工作。勒溫來到美國才幾年的時間，而且在當時他對德國和美國的文化差異感到好奇。

利比特開始談論孩子跟老師如何互動等等，而且從這個討論中，他們生出了要做某種實驗的想法，會讓小孩被用不同的方式來帶。在這種實驗中，第一種方式本質上是德國的專制方式，另外一種是用美國的民主方式。我想就開始來說那算是相當高明了。

因此利比特為了一篇碩士論文弄了兩個團體，而且這似乎很有發展潛力，所以他們決定繼續下去。培訓民主式的帶領員去用這方式帶這些小孩，部分是因為這樣，他們對於什麼是民主式領導沒有共識，這開始很明白。那迫使他們離開這種放任不管的風格——沒有帶領，就某個程度上來說。那真是出乎意料之外的發現，在某種程度上，這創造了一個對於三種

帶領風格的主要研究設計——利比特的博士論文。

　　我總認爲對「民主式帶領」與「沒有帶領」的區分是最重要的發現。之後當我們參加貝索（Bethel）工作坊訓練帶領員時，我曾發現有這麼多人曾有這種想法，覺得去當民主式的帶領者的方法就是什麼事情都不做。

　　根據卡特賴特，「利比特的影響再怎樣被過度強調也不爲過。他的角色是非常重要的。利比特對勒溫有不容小覰的影響，特別是讓他對團體產生興趣。」在此之前，對於團體的研究都著重在團體的問題解決和社會助長（social facilitation）的這些主題上[11]。「這些都不算是團體因爲它們都沒有從團體的各種組織特性或帶領方式或有的沒的來被審視。它們是針對人們的各種聚合所進行的實驗，這些真的就只是彼此不相識的個人的大雜燴而已。」卡特賴特接著說：「把一個團體看成是一個整體，這樣的觀念是非常有衝擊力的。」卡特賴特相信勒溫對團體的興趣是跟偏見這件事綁在一起的，他有興趣的那些團體種類是種族和族群團體——特別是猶太族群。「勒溫是一位熱血的錫安主義者（Zionist）[12]。」卡特賴特回想道。在他辭世的那個當下，勒溫正要開始募資，想在希伯來（Hebrew）大學成立團體動力研究中心（Research Center for Group Dynamics），在一個不久後改叫以色列的地方。

　　另一個對勒溫思想的進化，因而促成團體動力研究中心成立的重要影響是亞歷克斯・巴弗拉斯（Alex Bavels）。當卡特賴特在1940年回到愛荷華來跟勒溫進行博士後研究時，巴弗拉斯是那邊的研究生。像利比特一樣，他也是先在斯普林菲爾德學院受訓於團體工作然後轉進愛荷華。「他

11　譯者註張：社會助長是研究人們在完成任務時有無旁人在場觀看的影響。當任務簡單或熟練時，如果有觀察者在場將會激發起人們優於獨處時的表現。但是對於複雜任務或不熟練任務，則結果則相反。

12　譯者註王：錫安主義者（Zionist）即支持錫安主義（Zionism）的人，一般中文翻譯爲「猶太復國主義」，是猶太人所發起的一種民族主義政治運動，旨在支持或認同在現今以色列地帶重建「猶太家園」的行爲，可說是建基於宗教思想與傳統並與土地聯繫的一種意識形態。

在做團體工作上就是個天才，」卡特賴特說道。

勒溫會叫巴弗拉斯帶團體——孩童團體，在單面鏡後所以其他人可以觀察他。勒溫會站著那裡然後看他，然後變得非常興奮然後說：「看他正在做的！看他正在做的！」然後巴弗拉斯會出來，而且勒溫會告訴他他方才都做了些什麼，然後巴弗拉斯會說：「這我不知道耶。」

巴弗拉斯做了一個非常精采的研究。這研究從沒有被發表，而且唯一的記錄就是他們拍攝的影片。有一個專為小孩子的社區中心，有幾位大人當帶領員，由WPA給薪。開這中心的這些人不一定在專業上被訓練得很好，而且有那麼一點士氣低落。巴弗拉斯跟那個社區中心談好了，讓一半的員工訓練成有民主式帶領的技巧，另一半則沒有，然後來觀察他們。這有點像利比特研究的現場測試。這個研究是被設計來看看是否能夠訓練民主式的帶領員。不幸的是主要的資料就是這影片，而且都弄丟了。

在促使康乃狄克（Connecticut）和貝索帶領訓練工作坊成立的這個進化上，這個研究就是下一步。

勒溫常常會把正在做的工作拍成影片。「他是很視覺的，」卡特賴特回想。在德國他常常會拍小孩子們的影片，用來舉例說明他的力場（force field）的觀念。

有一個影片是有一個小孩子想要抓海灘上的鴨子，還有對於海浪的懼怕，還有那鴨子的吸引力。你會看到這猶豫不決來來去去。它們是動人的影片。勒溫在三零年代初到訪美國時曾展示過它們。他會放這影片而且這是大部分人所能了解的全部。這只是他對於資料和問題的不墨守成規的取徑的一個例子——他的心胸開放。他會嘗試任何事。

愛荷華大學的氛圍對勒溫來說是有點緊張的。他所在的是兒童福利研究站——不是心理系——由喬治‧斯托達德（George Stoddard）所贊助，他是心理系研究所所長以及兒童福利研究站站長。斯托達德也是一位心理學家，他「隨著勒溫翩翩起舞。他帶勒溫到愛荷華而且是勒溫強有力而且

死忠的支持者，但是有點沒太在乎在那裡的其他人的各有所圖。」卡特賴特說。

在愛荷華，就只有勒溫、德模（Demo）和來到這的學生。其中有些特別是想來跟勒溫共事的，就像費斯廷格。巴弗拉斯是另外一個要來跟勒溫共事的人的例子。利比特並不是要來跟隨勒溫，而是想要有個兒童心理學的學位。贊德稍晚才到。巴爾克（Barker）和懷特（White）在我之前到那。而其他就只是剛好在附近的人，所以他並沒有太多學生。這裡比較是一座臨時意起的孤島。

▌在麻省理工

團體動力研究中心是由勒溫還在麻省理工所創立的，正值世界大戰結束的那幾個月。一開始的員工有瑪麗安・拉德克、利昂・費斯廷格、諾那德・利比特和卡特賴特——他們都曾在愛荷華跟勒溫一起工作。卡特賴特是最後一個到的，因為在戰爭結束後，李克特派他到歐洲去幫忙協作一項對德國民心士氣的調查工作。這之後發展成一項專案，去幫助軍隊處理戰後各種循蹈規矩和民心士氣問題。當他回到麻省理工的時候，首批的學生已經被選好了。

這批人的招募是件有趣的事情。我認為一個團體的開創性完全取決於來的成員，但是是什麼吸引他們來就很關鍵——非常要緊的事情。人們來麻省理工並不只是因為這機構的名聲。就是說，你去史丹佛、哈佛或者其他的地方因為那地方大家都說好，這是一種選擇的根據。我認為，這會招募到有天份的人，但是卻不一定招募到那些會跟他們最後的落腳處合拍的人。像我在哈佛大學唸書的第一年，我是有學習，除了沒啥火花。

勒溫的話呢，有的人來是因為曾經跟他接觸過不然就是耳聞過他，或者是讀到過他再不然就是有了某種推薦，就像科勒告訴我：「你跟他會處得來的。」庫克對凱利也是依樣畫葫蘆。如此一來，招募到的都是些容易

被感悟的人，而且彼此也應該都能夠相處愉快。由於勒溫的興趣很廣泛，所以他所招募的這批人異質性很大。舉例來說，像戈登・赫恩來之前是社工背景—沒有任何心理學的訓練，而且他來這裡是要拿團體心理學的博士學位。勒溫也花了很多時間在他身上。每個星期他們都會交談等等。

卡特賴特提到員工與學生年紀很近的事情。卡特賴特自己只比大多數的學生大兩三歲而已。他說：「我在想，我幹嘛要在這裡教這些學生，他們也都跟我一樣受訓過，而且在某些事情上還更為經驗老到，我覺得我是教師而不是學生只是某種僥倖而已。」

我想這樣也會促進某種相互折衷讓步，或者是某些在一個有結構的組織中比較難得的東西。我不知道這樣的事情別人怎麼看待，但我想我們就真的很像是某種同儕、平輩。然後有了勒溫的風格，這就長出了某種通力合作。討論課比較像是來解決問題，而不是教條灌輸之類。它創造了一種你不常見的氣氛。

在勒溫突然辭世之後，卡特賴特被任命為研究中心的主任。他後來也意識到他們得離開麻省理工了。校長康普頓（Compton）跟卡特賴特挑明說麻省理工的年度預算已經大於校方基金了，而且因此重度依賴各種政府合同實在令人擔憂。假使要減編的話，麻省理工的社會科學就會有危險。

卡特賴特說他曾認為麻省理工「就身為一間大機構來說，是我所經驗過最多產的機構。」它結合了「眾望所歸的最高科學標準，和開創性與彈性。」當他一開始成為主任時他很難習慣麻省理工沒有要搞限制和界限。「我會說：『嗯嗯，我可以提一個訂購單嗎？』然後他們說：『好啊如果你真的需要它的話，我看不出來有何不可。』他笑說。技術上來說研究中心是經濟和社會科學系（Department of Economics and Social Science）轄下的一個單位。該系的主任是一位經濟學家，『人很好，但是完全不知道我們在做什麼，一點都不了解。』」

在哈佛你不可能這樣做。它是一種開放心胸的有趣組合——提出任何

點子而你絕對不會聽到別人回你不能做因為它沒有被做過──聽起來是個不著邊際的點子。他們會說：「我們聘用你是因為你是該這領域的專家，還有如果那是你想做的，沒問題！」他們會一直做新的東西。

他們有某種具彈性的結構。他們有他們所謂的各學系，跟一般沒有兩樣，但是他們會設立他們所謂的各種實驗室。一個實驗室是這樣的東西，有必要的話會有一個系上的人在裡頭。而這些實驗室主要的員工都是些被各科系上指派過來的人，還在系上掛職但是會在實驗室做項目。他們完全是任務導向而且它是臨時性的直到任務達成。任務可能是某個合同或者是由某個個人起動的[13]。

這種環境跟卡特賴特過去在大戰期間在政府工作的經驗是極端不同的，在那工作一切都要照規矩來。

當我成為主任的時候，就清楚康普頓（麻省理工的校長）曾對勒溫說：「OK！你是這個領域的專家，我們信啦，你去做吧！」然後當我繼任的時候，我說：「我可以做這事嗎？」他們會說：「好喔，是啦如果你需要的話。」我總覺得那非常非常的重要，而且很確信這就是勒溫會去那裡的部分原因。康普頓曾是麻省理工的校長而且他曾親自回應勒溫。

卡特賴特相信，麻省理工所表現出來的機構態度，使得勒溫得以創造某種環境，讓學生欣賞而且從中受益。

部分是因為它是麻省理工，部分是因為是我們是社會科學。這裡沒有各種學科的分疆封界。若我們想用人類家的身分出來講話，沒有人會殺了我們。這讓我們有種感覺是我們可以做任何我們想做的事情。另一個環境是，「OK，我們已經對社會科學發下承諾──動手吧！」而我從沒在這

---

13 譯者註張：不太確定這句話的意思，估計是說實驗室的各種任務有的是來自某個預先簽訂的合同，也有可能沒有這樣的預先指定內容，而是由某個老師自己發動的。不確定這裡講的合同有沒有包括前文提到的政府合同。

些頂尖的科學家——而他們的確是頂級的——身上嗅到任何侷限。

　　「就我了解團體動力這領域隨著它的長成是跨學科的，這也是勒溫打從一開始就這樣堅持的。」卡特賴特說。勒溫寫了本小冊子，這是「一份這個中心將要成爲什麼的宣言。」在裡頭他寫道：「團體動力研究中心是自兩個需要或必然發展而成的——一個是科學的還有一個是實務的。社會科學需要整合心理學、社會學、文化人類學，成爲一個用來研究團體生活的工具。」這全然反映了研究中心的問題導向。卡特賴特說道：「現在這從未眞正地成功，但是卻也是他的想法和他的論理。假使你看看這個領域至今的發展方式，有很多我們認爲我們在早期所做的事情——這種跨學科工作就已經以個別的方式被執行。然而在其他學科中，這早就已經開始被進行。如果你看看這國家的企管、公行、教育，某個程度上來說，在團體研究所發生的就表示跨學科工作已經被擴散，它到處都是了。」卡特賴特在密西根大學團體動力學教課，他說：「最近這八年或十年來，我的學生的絕大部分都不是心理學家。」

　　除了這個研究中心的跨學科特性外，也有理論與實務的意圖婚配。當麻省理工成立團體動力研究中心的時候，勒溫也在紐約設立了一個研究中心。這叫社群相互關係委員會（CCI，簡稱社委會），由美國猶太人大會所襄助斯圖爾特‧庫克主持。根據卡特賴特的說法：「社委會是搞實務性的，而麻省理工是搞理論性的。很清楚的，他就是希望在麻省理工的所有人去參與社委會的科學上引導。我們常常過去然後開會。他們會報告他們的計畫，而我們則要提問題。」這個「婚配」是勒溫的意圖，實踐他最出名的格言：「天下沒有比好理論更實用的東西。」卡特賴特評論說，這宣示常被理論家們用來正當化自己的所做所爲，可是根據卡特賴特，事實上在原本的脈絡裡，當時這個宣示講的是：「理論家們不應該被實務問題搞的因噎廢食。他一直說的是你必須能夠兼顧兩者。」

　　在麻省理工的團隊裡頭有些各式各樣的張力，反射出當理論和實務要被整合時所產生的那股張力。利比特代表著應用面，而費斯廷格是科學面。「當我們有了一個方案，而在該方案某某裡要兼顧行動和研究的目標時，各種張力就發生了。」卡特賴特回憶。「這張力是麻省理工環境的一

部分──毫無疑問。而且很怪的很，這個衝突的兩端都有勒溫的背書。他不想要它是一個衝突，而他不覺得它應該是一個衝突，但是他跟費斯廷格和利比特都黏在一起，我則是某種中立。」

在韋茅斯的住房問題研究當中，就出現了對現場作法上的衝突，這說明了團體中的張力。利比特正在督導團體工作者，他們正在組織各種社區計畫的。他們正在企圖藉由搞定這些計畫來提升人們對他們團體的敬重。費斯廷格負責對該方案進行研究，而且正在督導那些會去蒐集研究資料的人。他有興趣的是維持一個嚴謹的實驗設計，藉由叫團體工作者做這做那或不做這不做那，根據該研究設計。利比特曾指責費斯廷格對於在現場工作所遇到的各種困難不夠敏感。根據卡特賴特，利比特告訴費斯廷格說他在限制他們做些什麼，而且如果他繼續堅持他的標準的話，這項計畫根本無法進行下去。費斯廷格真的就這樣幹。卡特賴特相信這是一個「創造性的張力」，就算這些爭議從未被解決。

▌麻省理工之後

即使團體中存在張力，還是作出決定團進團出一起離開麻省理工。卡特賴特說：「有許多依戀和承諾是對著學生們，也對著我們有一件好事正在進行這個想法，正在做的偉大事情它正在造成某種騷動，而且以某種方式繼續團抱是好的。」

大都是由於卡特賴特在大戰期間的跟李克特的完滿關係，這個團體最終得以搬遷到密西根大學，他說：「我知道我可以跟李克特做事，而且我知道他有的那種組織氣氛和管理哲學，而且我認為這些是相容的。」密西根大學出了這點子。他們提議我們把團體動力研究中心搬到密西根大學，去加入調查研究中心，這一直就是李克特的團體。調查研究中心在戰後就馬上從華盛頓遷移到密西根。這兩個研究中心將會一起組成社會研究機構，由李克特領銜。安格斯坎・貝爾（Angus Campbell），這是卡特賴特在大戰期間的同事，他將會掌管調查研究中心，在李克特升遷以後，而卡特賴特繼續當團體動力研究中心的主任。

　　這是一項新的行政管理差事，有兩個單位能進場，在一年內互動而整併成一個機構。密西根大學不願意做出一般對一個系該有的那些承諾，所以我們因而沒有終身職，這完全不靠譜。雖然如此，但是它還是有許多創新之處吸引著我們，對李克特的團體和我們都是。

　　我們較資深的員工是跟某些系合聘的共聘崗位，而且已經談好了我們會有的學校裡的職等，雖然沒有終身職。這個機構在行政上是獨立於各系之外的，甚至是在文學院之外。李克特直接向副校長報告。我們是一個研究機構，依附在大學底下。他們提供空間和場地設備，但是並沒有給我們做研究的薪水，我們必須靠自己，雖然說我們教書大學會給我們相對報酬。我一半是教授，一半是研究人員。

　　對在新時期來的學生們來說，另一件事情很重要的事就是他們不再只是來我們中心當學生，而主要是來選讀社會心理學程，這是由紐科姆（Newcomb）以及那兒的其他人設立的。這學程是跨科系的，社會學和心理學一起，而且學生必須兼顧所有這些主修。

　　密西根大學的社會心理學學位是結合社會學和心理學的一種產物，而這樣跟我們不著邊際的意識型態（ideology）已經很接近了，所以我們很樂意同意。那是很吸引人的。

　　一道過來密西根大學的員工有卡特賴特、費斯廷格、利比特，以及傑克・弗倫奇，他在勒溫死後就已經加入他們。瑪麗安・拉德克是唯一一個沒有跟著過來的員工成員，有些學生在完成學位之後也各自紛飛，但是唯一一個走的教師是費斯廷格，他在1951年到明尼蘇達大學去跟隨斯坦利・斯開特。其他的教師仍然待在密西根大學，可是事情有了變化。

　　一個問題是這些員工在他們很年輕的時候就被勒溫集結在一起。就是在他們拿到學位後很短的時間內，在他們建立自己的個人名聲之前，他們都願意成為勒溫的下屬，同甘共苦到某個程度。但是當到了要去思考你自己的生涯、你自己的學生、你自己的計畫的時候，你就得離開不跟其他人抱團。

　　我不可能把自己抬的高於費斯廷格或利比特，我們過去可一直都是同

事。這樣意味著他們必須某個程度是獨立自主的。我試著想創造一個支持性夠，也夠寬鬆的環境以便他們可以如此，但是這實在很難。然後我想這應該是會這樣，如果勒溫還在世的話。我只是不認爲基本上他還可以把原班人馬搞在一起。我懷疑我是否有意願一直無止盡地那樣下去。

▌後續工作——與勒溫的聯結和通力合作

在勒溫死後，當團體還在麻省理工的時候，卡特賴特「收養」（inherited）了亞歷克斯·巴弗拉斯這位學生。巴弗拉斯原本是愛荷華的研究生，後來他沒有完成學位就離開那裡到麻省理工，在大戰結束後他一直待在麻省理工，勒溫過世的當下他正在跟著勒溫想做完他的論文。

勒溫有一度曾建議，把生活空間（life space）用生理學中的細胞來作比擬，這種談法應該是說得通的——去談細胞及細胞的分疆封界和聯結。所以他就開始想辦法弄它，再加上這個問題，你要如何概念化他無法在拓撲學裡好好概念化的各種路徑（paths）。他最後搞了些小小的細胞還有些線把它們連在一起，還管這叫路徑學（hodology[14]）。

巴弗拉斯把它發揚光大並且發展了些概念。他基本上替它寫一篇數學論文，這我收養的。我很爲難，不知道這算不算一篇學位論文，所以我去找麻省理工的一些數學家來瞧瞧它，看看從數學的角度來説，這篇論文是不是瞎扯淡。他們説，不，這不是一篇數學學位論文，但是它有原創性而且講得通。

這促發了些溝通（communication）網絡的研究[15]。當我們從麻省理工到密西根的時候，我覺得有件事情我要確認，就是我希望中心能夠

---

14 譯者註張：hodo在希臘文裡就是「路徑」，所以hodology就是研究各種路徑的學問。除了被用在勒溫的心理學外，它也被用在神經科學、哲學跟地理學等等不同的領域。

15 譯者註張：communication也可以譯爲傳播。

試著更進一步追求這種勒溫的拓撲學——數學上的興趣，看看它會走到哪去。所以費斯廷格和我起草了篇研究提案，然後去洛克菲勒基金會（Rockefeller Foundation）弄些錢來申請，這樣我們就最起碼能以兼職員工的方式聘僱一位密西根大學數學系的數學家並且對它下功夫。

所以利昂[16]和我找到一位數學家，叫做哈拉里，然後給他看巴弗拉斯的論文。哈拉里說：「嗯嗯，你們這些傢伙已經自己發現了些在數學中叫做圖論（graph theory）的東西。」接著我說：「嗯嗯，哎呀！為什麼麻省理工的數學家沒有告訴我這些。」結果發現在這個領域中第一本發行的書，它只有在戰爭前曾在德國出版過，而且直到最近才可以在美國買得到。這是真有趣，勒溫和巴弗拉斯已經獨立自主地發現或發明了一種現在才剛浮出檯面的數學分支。

哈拉里和我後來又跟另一位數學家——諾曼（Norman）對這下功夫。我們出一本有關圖論的書。在替各種網路（network）構想奠定數學基礎這件事上，我們不是唯一的影響，但是我想我們的書的確做了許多，而許多人是比較直觀甚或是臨床地發展出這些構想的。

社會網路的概念我看，不完全是團體動力的直系後代，但有各種關聯，而且某些對網路下了不少功夫的人很清楚地是勒溫派——弗倫奇在這是舉足輕重的。

卡特賴特說他「被這問題完全弄矇了，就是在這領域勒溫現在的角色是什麼。」

我一直碰到各式各樣的溢美之詞但那些就不是真的。我想這是某種漫不經心的致敬。但是另一方面我想，毫無疑問地對在這個領域所發生的一切，他一直比起任何人更有影響性，但不是直接地。

---

16 譯者註王：本書中，人名的稱呼有幾種可能，以利昂・費斯廷格為例，有些地方以全名，有些則用利昂，有些則用費斯廷格，這幾種形式以稱呼利昂時最為親密，為了貼近作者原意，於是保留原著中所使用的語言。

　　總的來說，卡特賴特相信勒溫的理論觀念早就成為該領域如此重要的一部分，以至於他從它們身上再也撈不到任何功勞。他說：「有一個我常常引用的，勒溫問：『什麼是場論？』然後回答說它不是一個理論，而是一個取向——一種關於理論的理論。就是這個理論，還有就是他的個性，激發了各式各樣的想法、概念、觀點，至今都還不斷地繞樑不絕。他是相當播種造林的，這模糊性有一部分就是你對它可以有各種天馬行空的解釋，就像閱讀聖經一樣。」

阿爾文・贊德

阿爾文・贊德在密西根大學的時候主修科學概論，然後接著攻讀公共衛生碩士學位。他了解到：「在那個時候許多傳染病，大體上而言是各種社會心理問題，因爲人們不做他們應該要做的。」他說：「在那時候沒有什麼人在教社會心理學。」所以他就去修了教育心理學的一些課。在芝加哥大學拿獎學金念了一年之後，他回到密西根大學然後在教育心理學拿到博士學位。

當贊德在念研究所的時候，他在大學的一項成人社區教育計畫中當社區組織者。

我的工作是在某州內的一些小鎮上主持社區委員會（community councils）[17]，這是那裡某人出的鬼點子，他相信人們可以最好地學習他們想知道的，如果他們幫助自己社區繁榮的話。

我幫忙組織了60個社區委員會，而且在星期六中午的時候還會有個廣播節目，向會員們報告各個城鎮都正在做些什麼。這就是我爲何對團體感到興趣——這些團體怎麼開始的，以及爲什麼有些團體會成功有些則失敗。在這份工作進行到一半時，諾那德・利比特的碩士論文被出版了然後我聽到了庫爾特・勒溫。

贊德對利比特的論文很感興趣到開車去愛荷華找勒溫。勒溫不只跟他談話，還邀請他到家裡吃晚飯。贊德說：「我在一月完成我的學位然後勒溫給我一份在愛荷華的工作。」

庫爾特[18]已經有了洛克菲勒機構的基礎教育委員會（The General

---

17 譯者註張：在美國的脈絡，社區委員會是指某個由地方人士所組成的，非官方、非盈利、自願、自治協會，由居民、業主、企業主和其他實體的代表構成。針對地方政府的各項施政，社區委員會可以對議會起著諮詢作用。

18 譯者註王：即勒溫。

Education Board）給的一個人的一年人事費。卡特賴特博士原本已經是在
這個位子的，但是他已經去華盛頓跟里斯・李克特和安格斯・坎貝爾共
事。所以庫爾特就把這職缺開出來了。

到了這時第二次世界大戰即將開打，而勒溫正在對飲食習慣下功夫，
這個主題贊德並沒有特別感興趣，所以他只待到緊接下來的秋天。利比特
已經到美國童子軍（Boy Scouts of America）的研究服務單位工作並邀請
贊德去共事。所以之後兩年半的時間贊德去了童子軍機構做了研究工作。

越來越明朗，徵兵委員會就快要找上我了，所以諾・利比特[19]和我都
報名了美國公共健康服務中心（the United States Public Health Service），
然後一夕之間我們變成了臨床心理學家。

在那個機構，他也教海軍士官們（petty officers）領導以及心理急救
（psychological first aid）方面的課程。

在戰後，贊德在斯普林菲爾德學院教了一段時間。就是在斯普林菲爾
德這間，他常常到麻省理工的團體動力研究中心，而且是全國培訓實驗室
（National Training Laboratories，簡稱國培室，NTL）的創辦人之一，在
1947年成立於緬因州（Maine）的貝索。當他覺得自己已經準備好要離開
的時候，他寫信到麻省理工和密西根找工作。他說「那時庫爾特已經死
了，在麻省理工的那個團體已經清楚將要離開那裡，所以去麻省理工沒啥
道理。取而代之，我去了密西根。」他最先是進入教育學院，而且當團體
動力研究中心從麻省理工搬到密西根時，他加入了他們。他們是在1948年
九月抵達密西根的。

---

19 譯者註王：諾・利比特即諾那德・利比特，反映出贊德與利比特有一定交情。

▌在密西根

　　這個團體搬遷到一棟新的商學院大樓地下室。跟李克特的調查研究中心一起，他們形成一個叫社會研究機構（ISR，以下簡稱社研所）的單位。在機構裡的資深研究員在各個系裡也都有崗位，贊德教他們教育學和心理學。

　　在社研所，我們有一職位階層。最低層是研究助理（research assistant），由研究生擔任，然後是副研究員（research associate），也是由研究生擔任，但卻要負較大的責任。接著，是助理計畫主持人或是副計畫主持人（assistant or associate program director），我們都跟他們說：「我們想要任命你為正式的計畫主持人（這是最資深的職務）。我們會給你二到三年的時間去證明你可以真的做計畫主持人，並且可以執行嚴謹的研究。」我們要看他們是否能自己募款、雇用研究助理、執行好他們自己的研究、準時完成報告，而且做好所有計畫主持人必須做的事情。

　　當團體搬到密西根大學的時候，他們被安頓到兩個大房間──大概是五十呎乘以七十五呎，根據贊德：「所以桌子跟桌子中間有點距離。」

　　當我抵達這裡時，中心已有一個計畫主持人們所組成的行政委員會。後來，研究生們說他們也想要知道在那些會中都發生什麼，所以他們也選出兩位代表，一位是研究助理，另一位是副研究員。

　　副研究員是研究生或新博士，某些人會在安娜堡（Ann Arbor）[20] 待上好幾年，因為他們跟我們一起幹得不錯，而且他們喜歡做研究，所以很難讓他們離開這老巢。

---

20 譯者註王：安娜堡（Ann Arbor）為美國密西根州沃什特瑙郡的一個城市，為該郡的郡政府所在地，是底特律都會區的一部分，屬於底特律的衛星城市。安娜堡也是密西根大學總校區所在地，可說是一座大學城。

贊德跟傑克・弗倫奇、諾那德・利比特、斯坦利・斯開特、庫爾特・巴克、艾美・佩皮托內（Emmy Pepitone）、亞伯特・佩皮通以及一位祕書共用一間工作室。另外一間大辦公室則是多溫・卡特賴特、哈羅德・凱利、約翰・蒂伯、伯特・雷門（Burt Raven）、利昂・費斯廷格和卡特賴特的祕書所使用的。贊德說：「我總覺得中心的團隊有非常高竿的研究生來加入。」

之後，當團體動力中心從這裡搬到較傳統的辦公室時，計畫主持人和他們的助理被安頓成一個單位。主持人們有一個單獨的辦公室，而跟著計畫的研究生已經被安排在一個或以上的某四人辦公室裡。

打從一開始我們每個禮拜二晚上都有個研討課。庫爾特・勒溫是最先弄的。他們在麻省理工和在密西根就有我們已有的東西，叫做話匣子；早期在密西根時的星期二聚會，我們會嘗試理論發展。努力想要把勒溫式的拓撲學用在各種團體上。參加的人十二到二十個不等，團體動力中心的成員幾乎全員到齊。每一次聚會都會有不同的人負責。

教師和學生都直呼其名。贊德指出第一屆學生與教師幾乎是一樣的年紀。早年在團體動力研究中心時，聚會是用來報告在進行中的研究，但是之後，根據贊德：「這些會變得大到學生不太敢張嘴了，年紀較長講了大部分的話。結果，我們只好從校園裡其他角落邀請講者。學生也開始有他們自己的星期四午間團體。」教師也被邀請參加這個會議，而且有些教師也去了。「大約有十到二十個學生參加，通常他們是報告自己的研究，關於他們進行到哪裡等等的訊息。我想是鮑勃・札約克（Bob Zajonc）發動它的。」

作為一個研究機構，社研所的結構是些研究生得跟著計畫主持人做後者的方案。他說：「假使他們想做其他的，那麼他們就必須去別的地方因為他們必須得到支持。大部分跟著我做博士論文 (disssetation)的學生也是我的研究助理，他們就需要從我整個研究計畫當中割出一部分他們要的主題。」討論到他共事的研究生，他說：「他們變得很親，就像是你的小孩一樣。」他說雖然有些學生已經失去聯絡，但是大部分的學生他都知道在

哪裡。

　　在整個研究過程當中，贊德最喜歡的部分是策畫研究以及做第一次前導研究（pilot study）。他說：「我常常會寫一篇長長的文章，說說我們將要做什麼以及為什麼我們要做，否則你真的會忘記那些事情。」他相信做實驗室實驗需要某種天分，並不是每一個人都能夠將這件事情做好。他認為主要的要素是：「熱情——可以讓參與者們引起興趣的某個人。亞歷克斯·巴弗拉斯得到了很少人可以得到結果，因為他是個使人著魔的人，有些實驗者可以讓受試者更加投入實驗任務，所以能夠得到強大的結果。」

　　贊德指出在這幾年裡，計畫主持人裡直到了退休前幾乎都沒有人離開，除了那些找到了他們可能無法拒絕的工作的人們——「這真的是一個非常穩定的機關。我不太確定為什麼會這樣，因為用各種獎學金跟合同去支持你自己是很辛苦的。」

　　你要去找經費就必須有足夠的動力，也要對你的點子有夠強大的興趣。過程就是要有一個人寫研究計畫書然後我會看看它。如果有其他任何想看的人也可以看。我讀它在確認各種預算上的要求是否有被符合，就像一個公司一樣。然後它送到行政委員會以及這所大學的人體試驗倫理審核委員會（human subjects committee of the university）去審核，接著再往上呈給科研處後才送回。弄某個研究計畫書的某個人得要相當有條理，要能搞定它在夠短的時間內給所有的委員會看過，然後又可以在截止日期之前提案。

約翰・蒂伯

約翰・蒂伯在1939年拿到北卡羅萊納大學的哲學學士學位。「當時仍處於經濟大蕭條，所以我到俄亥俄州的鋼鐵工廠工作了一年，然後我明白我並不想要當一輩子的鋼鐵工人，所以我申請俄亥俄州州立大學的哲學研究所。」他描述了他早期的興趣集中在社會、道德和政治哲學上，尤其是盧梭、康德、黑格爾以及英國經驗主義者，這導致後來他對宗教哲學的興趣。「我也有左翼情懷，在三零年代我們很多人都是，然後我想要去當某種工人牧師（worker priest）。所以我申請柏克萊神學院（Berkeley seminary）而且被錄取了。」

但是隨著戰爭來到，蒂伯一隻耳朵聾了，想要去當志願兵但是被拒絕。後來他被徵兵，「他們在徵兵的時候沒有發現我的耳朵有啥問題所以把我編到1A，而且送我去工兵學校（enginer school）當一名工兵軍官。這樣做的根據是他們所舉行的機械能力測驗上的某種成績。我沒有任何一點點機械能力，但是我在測驗上得到高分。」當他快要從工兵學校畢業，在接受保險體檢時他被檢查出只有一耳有聽力，軍方就給他一個通融（waiver）以及一份編寫訓練手冊的差事[21]。

他被派駐到華盛頓特區附近，然後「在某個於酒吧酩酊爛醉的週末，我遇到了我以前北卡羅來納大學的老教授。我上過一兩門心理學的課然後他說：『他們需要些人待在航空心理學的項目，然後，說真的，你不是一位心理學家但是你可以很快地把它學起來。』我回答說：『好。』兩個禮拜以後我接到命令來到邁阿密海灘（Miami Beach），加入某個醫學和心理學體檢單位。」那時是1943年的秋天。「當我抵達時，負責的少校(major)，一位心理學家，很失望地發現我不僅不是工程師——他需要工程師，而且我也不是心理學家。我是一位哲學家，他們在世界上最不需要的人。」

他很努力而且盡其所能地閱讀所有心理學的東西，然後他終於在戰爭

---

21 譯者註張：在美國當兵一樣必須通過體檢，但是有些時候有些毛病是可以被通融去從軍的。

期間被移轉到舊金山。他在那裡參加了一個小型的研究單位，裡面有幾位心理學的教授。「我們並沒有忙到焦頭爛額，所以我們仍能學習。我們組織了幾場小研討課，瀏覽了些生理學、實驗心理學以及統計學上的基本教材，然後那很有幫助。那是一個由幾個非常有天份的年輕人所組成的非常小的團體，然後他們教了我心理學。至少是我在那時使盡全力所能吞下的份量。」

蒂伯1946年年初退伍，曾被接受要去到耶魯心理系就讀。「當時已經是耶魯黃金時期的尾巴了──非常傑出是在三零年代後期，當赫爾（Hull）正在發展了假設演繹行為理論（hypothetico-deductive behavior theory）[22]。這個系擁有最顯赫的一群，像馬基斯（Marquis）、希爾格德（Hilgard）、西爾斯（Sears）、懷特（Whiting）──有這麼多偉大的人物在這裡。」他說道。

蒂伯的計畫一夕生變，就在他回到北卡羅萊納的老家之後。在1946年秋天，蒂伯進到麻省理工去跟庫爾特・勒溫學習，反而沒去耶魯。

我回到教堂山（Chapel Hill）原本只是想待在那裡直到秋天，而且想去找我的老朋友弗雷德・達希爾（Fred Dashiell）──他是心理系系主任，上些心理學的課。他真的是一位非常偉大的心理學家，一位總論實驗心理學家（general experimental psychologist）[23]卻也是一位天主教虔誠信

---

22 譯者註王：假設演繹行為理論（hypothetico-deductive behavior theory）為赫爾所創建，因赫爾深受行為學派的影響，認為行為可以由基本的制約原則來解釋，並將人視為一部機器一樣，在此世界觀中，赫爾認為可以對行為的學習歸納背後遵循的原理原則，並依此推導、演繹出假設，再透過實驗來驗證，因此這個名詞涵容了赫爾的方法論立場。關於赫爾的介紹可參閱本書第23頁註釋7。

23 譯者註王：總論實驗心理學家（general experimental psychologist）亦可稱為實驗心理學家，運用科學的方法來探究人類和動物的行為，在美國有所謂總論實驗心理學（general experimental psychology）學程或者碩士課程。這個專有名詞也反映心理學學科實驗法在方法當中的絕對高度，呈顯心理學擠身於科學領域的司馬昭之心。

徒。然後他跟我說：「說眞的，你去跟這位剛剛冒出頭的勒溫會比跟赫爾好。」從達希爾嘴中會說出這樣的話是非常奇怪的事情，因爲他是一位非常傳統的實驗家，非常行爲學派取向。但是他也有某種直覺，知道我的興趣在哪裡，然後，既然已經聽到了勒溫的名號，所以呢，我聽話了。我先從圖書館借些勒溫的東西出來，立刻爲他所折服，所以我就去申請而被接受要去麻省理工就讀，就在1946年的秋天。

▌在麻省理工

當蒂伯到達麻省理工的時候，有十一或十二位的研究生以及五或六位教師。他回憶說道：「這些老師除了我們之外就不用管其他任何人了。他們也沒有教大學部的責任，所以這跟現在的任何研究所課程都不太一樣。」教師們全都在那裡，除了勒溫他自己以外，他負責出去找錢。

那裡的課程是這樣安排的，第一年所有的學生都要學一整年扎扎實實的課程，把基本的勒溫式概念學會，這些課不是由勒溫本人親自來上，而是由瑪麗安・拉德克・亞羅（Marian Radke Yarrow）來教，她在戰前就在愛荷華跟勒溫完成她的博士後。沒有教科書，但他們必須讀「各式各樣被東拼西湊在一起的東西。」蒂伯對拉德克帶領團體的方式印象非常深刻。

我們全都是，你看，可能比她年長或者至少是跟她同一個年紀，而且又有四、五年的軍旅經驗。我想我們都是世故的、二十多歲後段班的人，都鬥性十足，並且，在那段那麼長的失學後，都渴望回到學術工作。我們都眞的求知若渴。我們想要一切如實地知道，而且我們很批判、很鬥性十足，然後她勇敢面對它，從容不迫地。我的意思是，我們確實讓她非常不好過。

瑪麗安會讓我們都讀過了最基本的，像由麥格勞希爾（Mcgraw Hill）出版社的那兩冊非常難的技術性素材（Lewin, 1935, 1936），以及由杜克大學（Duke）的那本專著《概念再現暨各種心理力道之測量》（*Conceptual Repressention and the Measurement of Psychological*

Forces）。那是勒溫至高無上的技術作品，然後我們被叫去流利地駕馭這些概念並且用它們來設計研究計畫，這些計畫會以勒溫式術語來分析各種情境。這是一種強制執行的紀律，加諸在我們身上，讓我們用這種語言來思考每一件事而且變得流利。

除了這一套他們所學的共同語言外，還有一種興奮和迫不及待的感覺。這裡有某種劃時代的感覺。

這個計畫真的不錯的，有一部分是，除了這個大課外，其他每件事情都是一對一。它一部分是這個，（但是）它還有一部分是點醒了我們，大發現就迫在眼前。我們認為我們一直瀕臨某個前線。我們都是社會心理學即將降臨的未來的先鋒，而且它就是這樣的信念和興奮。這種狀況是有點類似某些革命家感受到的，馬克思主義裡說的新時代會降臨的必然性。歷史是跟我們站在同一邊的。我們和有影響性、命之所繫的各種運動結盟，這些運動將不斷帶著我們走，所以動力是無限大的。這種樂觀，即相信這是有未來的能力，相信它將會走向某處，它是第二件事。然後我還認為，它也是我們所學的語言。你知道的，場論——與它一直被呈現的方式相反的——並不是一個真的理論，它是一組高度分化但互相關聯的概念。就是這組概念可以讓你在分析方面有彈性，對於你想要研究的任何情境——幾乎是任何。每個星期三的中午都有一場研究聚會——話匣子。事情只要一開始就只有天知道它們何時會結束。它們會結束的，當人們都累到再也站不起來去到黑板的時候。用圖形再現在某個東西上，能鼓勵大家投入和參與。那就是得搶著要去寫黑板這件事。

但是不只是這種共享語言。除此之外，勒溫的理論是彈性十足的理論，允許別人在這裡面建立各種有用的小理論。

我認為這些話匣子是難以置信地刺激，然後會讓人們去投入還有去參與。幾乎沒有任何人可以坐著不動。有些赫爾、史金納（Skinner）或其他人的追隨者一直都是熱情的參與者——比較是某種人不親土

親地（partriartically）死忠於這意識形態。這些追隨者是從眾之輩（conformists）。對於勒溫的團體來說，它不真的是這樣，一部分是因為他未曾有與之相仿的理論。

他沒有命題式理論，也就是某個擁有某些公理（axioms）、公設（postulate）和由假設演繹所得出的命題的理論。它並沒有實質性的各種命題。他只有某個概念系統，發展各種特殊的小理論，就像塔馬拉和西爾斯和利昂對於處理抱負水準所作的，這就是一個理論，或者是像稱蔡加尼克、奧維辛卡那和後來的默里·霍維茨所應用的張力系統理論，這令人相當興奮。

另外一個例子是庫爾特的，關於內心裡地（intra-personally）相互依賴的概念，有著各色張力系統互相聯繫著，有的比較中心有的比較邊緣——裡面一點或外面一點。這接著使巴弗拉斯去應用它到人們之間的各種溝通網絡。

他有這些可以如此好用的概念，它們被非常謹慎地定義，但它們讓人彈性地在各種情境中都可以做事、去彈性地研究實務情境或提供好的被給定情境。你可以自創各種情境，這意謂著你可以人工合成地運用它們，或者你可以分析各種情境。這影響是非同凡比，而且我因此認為還更長遠的，相較於當你有的是某個命題式理論，而這理論是讓它的命題一個接一個去接受測試。由於目前心理科學的不成熟狀態，它們都是持續不了多久的，因為即使它們被驗證了，它們也一面倒的沒有太大意義因為早晚會被更全面和更廣的概念來取代。

勒溫所作的，你可以用它而不致於會滋生出教條上的斷言及堅持死忠於各種只是針對實實在在的東西所作出的命題。它的死忠給了某種風格和思考方法，這種風格跟方式可以讓許多很有創意的人一起工作而且就用他們需要用的，而且他們能透過這些共通的概念來交流。

蒂伯相信，學習如何在某種精確語言，即這一整組概念的紀律下工作，然後去分析性地使用這些概念，是非常非常重要的。

▌跟勒溫共事

　　蒂伯在麻省理工是少數直接跟勒溫共事的研究生之一。他把這歸結到一件事，那就是勒溫重視他的哲學背景。勒溫死前的那一天，他曾請人代筆寫一封信給約翰・蒂伯和本・威勒曼，說他收他們爲博士論文指導學生，但是蒂伯從一開始就是他的研究助理。

　　勒溫的工作方式是相互倚賴和走路運動的那種。

　　不是每天但是每當他想要的時候，他會跟我一起沿著查理斯河去散個步——走過橋或者沿著河。在他死後才刊登在《人類關係》最前面兩期的點子，就是他在那時候正在下功夫（這些文章分別是〈團體動力的前線：在社會科學中的概念、方法與眞實；社會平衡與社會改變〉（The Frontiers of Group Dynamics: Concept, Method and Reality in Social Science; Social Equilibria and Social Change）[24]（Lewin, 1947b），以及〈團體動力學的前線：II團體生活的渠道；社會計畫和行動研究〉（Frontiers in Group Dynamics: II. Channels of Group Life; Social Planning and Action Research）（Lewin, 1947c））。

　　他正在思考的事情就像是他的準靜態平衡以及那一類的東西。他會說而我會聽，然後當然我沒辦法抄筆記，我們一直在走，他一直在講。但是他當時正在很吃力地想，要如何進到社會領域——團體領域這個問題，這時他有點被卡住了，被他先前關於語言的決定，因爲它使用的是本於現象學（phenomenological）的語言，他正在掙扎如何修正它然後它可以理解社會領域。

　　那些就是他所講的東西，然後我的工作就是回到位於某個改裝的電子實驗室裡的某個小辦公室，然後寫點什麼下來然後拿去給祕書溫妮（Winnie），

---

24 譯者註王：原文中「The Frontiers of Group Dynamics;」是用「;」分號，易讓人誤讀有不同的文章，經檢查後，此爲勒溫1947年在《人際關係》發表的一篇文章，分號爲冒號，原英文應爲「The Frontiers of Group Dynamics: Concept, Method and Reality in Social Science; Social Equilibria and Social Change」。

她會把這個草稿拿給他。他會改一改然後再給我，而我會，我真的無能為力再做些什麼了，所以我只是看看，挑些編輯上方面的毛病。

跟勒溫共事的再一個層面是，學生會立即被捲入研究。蒂伯和本・威勒曼就被指派了任務，去研究某個小成衣廠的運作——波士頓的哥倫比亞成衣公司（The Columbia Coat Company in Boston）。他們是去研究各種小工作團體的內聚力，以及這內聚力對生產力指標的效果。第二件功課是去研究，在工作團體內部，種族對工作群體內聚力的效果。他們每個禮拜要向勒溫做報告。

利昂・費斯廷格教一門共兩學期的統計課。這是在所有研究所課程裡第二個正式課程。蒂伯描述這堂課的狀況，「沒啥教科書材料，比較是利昂的直接督導，每個禮拜都會丟給我們某些問題。」他們從機率理論（probability theory）開始，然後從那轉到變異數分析（analysis of variance），參雜了一點點相關（correlation）和回歸（regression）。

有某個討論課是勒溫自己親自教的，但是並不是所有的學生都有上這門課。在那課上蒂伯記得勒溫「大大地」強調要如何跟數字的序列（pattern of numbers）活在一起。他相信學生現在會了非常複雜統計標準程序還有邏輯和計算機技術，但是他們並沒有學會去跟數字活在一起，還有問它們各種問題，就像他被勒溫教導的那樣：「我的意思是要對這些數字有某種沉迷，要真的滿腦子都是。甚至在現在，我會拿著一整頁的各種運算然後試著把它們留我的腦袋瓜裡，然後在睡前也要想想它們等等。我被教導說要去弄到平均數表（table of means），但還別焦慮去弄到那個序列然後跟它活在一起，然後想想它然後反覆思考它，看看它表示什麼。」

這團體年紀較大並渴望到學術界工作，除此之外蒂伯認為，勒溫會吸引到的「人們就是那種能做出回應的人們」。

他只是從來不滿足，他不會認為，任何自己曾做過的事就是已成定案。所有的事情都在施工中，所以你所學的不會有什麼已經系統化的東西。你會學習到目前為止已經發生的，但是那不會被視為神聖不可侵犯的。他就是如此的開放，因此他從未對任何批判豎起防衛之心，且歡迎大

家最尖銳的批判。他信心滿滿。

　　勒溫的信心要麼是吸引到了一群信心滿滿的學生，要不然就是它有感
染力。蒂伯回想起觸身式橄欖球（touch football）的多場賽事裡，陣容看
來就像是社會心理學名人錄[25]。「我們以前會對戰哈佛的社會關係系的人
然後把他們修理得很慘，這就是相較之下，我們的課程（讓我們）對各式
各樣的事情都更鬥性十足地有信心，所以就算是運動能力比較差，我們把
他們修理得很慘。」

　　與哈佛那群的另一個較量，是戈登·奧爾波特和庫爾特·勒溫之間的
「某一種的辯論」，蒂伯仍覺得是他們的團體贏得勝利。

　　它是在哈佛舉行然後我們都去了——全體研究生。我們被社會關係
系在人數上大大地蓋過去了。奧爾波特先開口然後他講話很有智慧、
很漂亮而且很優雅。他的關係社會行為之人格理論是一種清晰有力的
（eloquent）陳述。庫爾特佔了上風。我的意思是，全場無異議。庫爾特
講話，當然帶著濃濃的鄉音然後不是滔滔不絕地，實在難以令人置信——
以各種大膽的（courageous）陳述，發人深省而且刺激多了。一個是打磨
拋光過而且定案的然後有教養，另外一個沒這麼有教養，沒這麼學富五車
反而是用一種簡單粗曠的方式，更但強而有力。這是比在足球賽贏更爽。

　　他記得勒溫曾建議：「不要只讀心理學，讀哲學或歷史或科學、詩詞
歌賦、小說、傳記文學——那些是你靈感的源泉。心理學在這個節骨眼
上，它會扼殺你的想像。」

---

25 譯者註張：Football在此指的是美式足球（或者美式橄欖球），而不是一般指的
　　足球，這在美國叫soccer，而一般的橄欖球就叫做rugby。觸身式美式足球是美式
　　足球的一種變形。

麻省理工之後

在勒溫死後，傑克・弗倫奇取他而代之變成蒂伯的論文指導。搬到密西根大之後，蒂伯仍然在替他的博士論文下功夫，去研究，在團際設定（intergroup settings）下，各種弱勢團體的內聚力（Thibaut, 1950），勒溫的另一個學生，本・威勒曼，當時則搬過去到調查研究中心。

在密西根大學，團體動力研究中心被安頓到兩間大房間。

在這地下室的各種條件只能說是簡陋，我的位置旁邊是利昂，再來還有哈・凱利（Hal Kelley）[26]、卡特賴特以及祕書。另外一間房間有諾・利比特以及其他人等，默里・霍維茨、亞伯特・佩皮通以及斯坦利・斯開特。

他們沒有根據誰是老師誰是學生來被安頓，大家都是同事。「我們全都是同事。溝通非常非常地順暢——而且我們直呼他們博士大大、利昂之類的。」蒂伯回憶道。

蒂伯在麻省理工的時候就一直在蒐集他的資料，然後在1949年一月從那拿到他的學位。然後他花兩年在哈佛當講師並兼副研究員。他的研究團隊裡有亨利・雷肯（Henry Reicken）[27]，他曾在社會關係系足球隊對戰過團體動力中心，之後跟費斯廷格及斯開特在明尼蘇達共事。然後還有一位研究生叫做內德・瓊斯（Ned Jones）[28]。傑克・布雷姆，他去跟了費斯廷格做研究然後後來在杜克大學成為瓊斯的同事，是他們的大學生助理。

---

26 譯者註王：哈・凱利（Hal Kelley）即哈羅德・凱利。

27 譯者註王：亨利・雷肯（Henry Reicken, 1917～2012年），1949年取得哈佛大學社會關係系的博士，後來到明尼蘇達大學任教，跟費斯廷格、斯開特、凱利等人共事過。

28 譯者註王：內德・瓊斯（Ned Jones）即為本書後面所訪談的愛德華・埃爾斯沃思・瓊斯，此處簡單交代蒂伯因曾在哈佛大學當講師並兼副研究員的關係，和瓊斯建立了良好的關係。

蒂伯和瓊斯建立了某種特別親近的關係——「就像鐵哥們」，根據蒂伯所說。

就在這個時期裡，他說：「我發現了海德[29]這個人，他還沒有發刊多少，但是有一篇小文章發表在《社會心理學期刊》（Journal of Social Psychology）裡面，談論現象面的因果性（phenomenal causality）（Heider, 1946）。」蒂伯接著也引起瓊斯的興趣，他對這些想法感到很刺激。

蒂伯在1953年春天離開哈佛然後回到北卡羅萊納大學待著。幾個月之後，瓊斯來到杜克大學，只有幾哩之遙。「而且當他初來乍到的時候，在這裡沒有社會心理學，在杜克大學也沒有。」蒂伯回憶道。為了改善這種狀況，他們在北卡大成立了組織研究團體（Organizational Research Group, ORG，簡稱組研團），但是一些來自杜克的人也會來參加。這個研究團體很自覺地是在學話匣子。

我們在學程中仍然有它，我們把它叫做組研團，而且每年一開始，我們都會從頭到尾走一次勒溫的作品。我們會重申在柏林是如何如何，在那你絕對不會將已經定案的研究帶進來，你只能帶進來尚在施工中的東西然後你請求幫助。

組織研究團體這個名稱之所以會被選用，是因為一開始時有兩個社會學家、一位政治科學家以及蒂伯和瓊斯。所打的算盤是，想要有積極做研究的人們，在他們需要幫助的時候進來然後使用這團體來得到幫助。三不五時，會有某人帶著東西進來，已經定案了的可是卻「以某種令人費解的詭異方式出現結果。」然後他會想要利用這團體來幫忙詮釋這些結果。但

---

29 譯者註王：海德，即弗里茨‧海德（Fritz Heider）（1896～1988年），海德是社會心理學中歸因理論的奠基者，促使後人對歸因的關注與後續的研究。他出生於奧匈帝國統治下的維也納，在亞歷克修斯‧邁農的指導下，於1920年拿到奧地利格拉茨大學的哲學博士，1927年受聘於漢堡大學。1930年移居美國，任教於麻塞諸塞州北安普敦的史密斯學院。海德是勒溫在柏林大學的同事。

是這團隊總是比較在處理「施工中的作品」而不是已經完工的作品的結果。

▌後續工作——與勒溫的聯結和通力合作

蒂伯著墨在兩個領域，程序正義（procedural justice）還有他和哈羅德・凱利所稱的相互依賴理論（interdependence theory）。他指出，在麻省理工有一位學生同儕莫爾頓・多伊奇「一直專攻分配正義（distributive justice）（而）我專攻程序正義。我們有很好的分工。」

凱利和我已發展一種語言，我們想勒溫一定也會喜歡的。他一定也會朝那東西移動如果他活的再久一點。它的內容是同一個模子出來的，因為它不是某種理論而是一組相關聯的概念，可以被拿來用，然後讓人可以從一些概念裡去聯結到，或生出另一個然後諸如此類的。

我想，學習如何在某一組概念的紀律下工作，然後分析性地使用這些概念，這樣你就可以研究各種情境，並且開始對各種情境發展某種分門別類以便於處理全局，這是很有用的。

勒溫一開始就研究的那情境是個人性的心理，來自他的發展導向。凱利和我傾向改變它，就用他想要的，針對某個社會情境，某種人際情境或甚至是某個團體情境，做出改變的方式。但我們堅信，而且試著在我們第二本書（Kelley & Thibaut, 1978）的結語中記錄下來——我們都屬於勒溫派這傳統。

在北卡的學生都要受過相互依賴理論訓練。蒂伯相信這個理論是一個很好的途徑，可以「把團體帶回來」，相信它才是真正社會性的東西。他說：「這是庫爾特看得非常清楚想要而且談過的，這團體之所以被組成，並不出於物以類聚（similarity），也不是出於黨同伐異（categorization），而是因為命中注定的（of fate）相互依賴[30]。」

---

30 譯者註張：我沒有太懂在這裡他為何要「of fate」這兩個字，跟「命運」有什麼

　　要弄相互倚賴的東西真的更難。沒有任何既有技術。對全部，或者幾乎每一樣叫作社會心理學的東西，已經有了成套的技術，大家都通用的標準規格個人性的實驗板模：失調理論（dissonance theory）、反感論（reactance）、承諾理論（commitment theory）、歸因理論（attribution theory）──這些都是個人跟某種受控於實驗者的，固定的社會刺激物的關係。不管那是什麼東西，無法被解釋的變數作用在受試者身上的效果，只能稱之為爛實驗。我想直到現在人們還一直不敢面對，我想我們正在開始面對它，這鋪天蓋地的重要性，視而不見將相互依賴關係只當作純社會性關係來研究的技術上困難。其他一切都不能真的算是社會心理學，只算是沾點邊。它是有某個社會設定的個體心理學（individual psychology in a social setting）[31]。

　　有不少線索將蒂伯的後續學術工作跟他的早期訓練連接在一起。首先，他指出相互依賴理論，與他的博士論文，研究團際設定下的弱勢團體內聚力，有某種直接關聯。另一個跟他的訓練的關聯是語言的重要性，用它來交流手頭上的一些概念。第三，在訓練他自己的學生時，他鼓勵他們使用任何方法，只管是不是最適合拿去試試看然後回答某個問題，雖然他說：「我個人只是覺得實驗室實驗比較讓我安心。不知怎麼的，我不會相信某個東西除非我在實驗室做出它來，不過這只是我個人。」

　　將他的職業生涯跟它在麻省理工的源頭編織在一起的最後一條線索，

關係？我猜是「命運」共同體的概念：(1)你我他會綁在一起，在這裡考慮相互倚賴這件事，一切是命運過去的安排，同在一條船上常常不是出於你我他個人的選擇，而是因為各種機緣就是如此，但是我們可以考慮接下來要不要相互倚賴這件事，有互相倚賴就有團體，沒有相互倚賴就不成團體；(2)你我他的未來命運還是掌握在我們自己手上，我們自己得下決定。命中注定我們被送作堆，但是要不要黏堆、搞團體，這我們可以做決定看看。

31 譯者註張：在本書中原則上所有的individual這個字都直接被翻成「個人」，但其實在英文裡它更接近「個體」這個字，因為可以指人或東西。但是為顧及中文閱讀的順暢性，本譯本選擇只有在相當少數的狀況裡會翻成「個體」。

就是與哈羅德·凱利的通力合作。雖然他們是一起在麻省理工當研究生，但直到兩人爲1954年版的《社會心理學手冊》（Handbook of Social Psychology）合寫一個章節的時，他們的工作關係才眞的開始。他們已經合作超過三十年了。

蒂伯相信，他們的相互依賴矩陣（matrix），也許是勒溫已經想到，可以用來解決在他死時，他正在處理的問題，交疊的生命空間的問題。根據蒂伯，在貝索的原先工作被設計成是研究這個問題的實驗室，然後是「不成熟的」。

我想眞的，甚至是對庫爾特來説，直到你眞的有了某個理論做導引，要去嘗試在實際上這麼有效，它眞的言之過早。而且他基本上是關乎個體的理論沒有辦法做到它。「沒有比好的理論更實際的東西」，但是你起碼必須有一個理論可以適合某些你要做的東西，生命空間的那個概念化，並不足以對付他眞正有興趣，然後想要處理的這些種社會性的東西。

哈羅德・凱利

　　哈羅德・凱利第一次接觸到庫爾特・勒溫的作品是在第二次世界大戰時期，當時他還在軍隊服役，他回憶說道：「約翰・拉希（John Lacy）[32]，這位傑出的心理生理學家（psychophysiologist），是包括我在內的一群入伍的人的領導。我們本來打算要讀勒溫的作品，然後想想有沒有什麼可以在領導風格範疇上做的。我們只在它身上花了很短的時間，但是至少我的確變得比較熟悉愛荷華在那時間點的成果[33]。在那之前我從來沒有聽說過它。對我來說，社會心理學真的就只是態度、偏見和那類的東西。」

　　在戰時在航空心理學單位工作時，凱利遇見了斯圖爾特・庫克。就是庫克告訴他有關勒溫在麻省理工成立團體動力課程的，然後說服他應該去申請。凱利在戰前已經從柏克萊大學拿到碩士學位，然後認為假如沒有遇到庫克，他很有可能會再回去那。「我很確定如果沒有庫克的催促，我不會去麻省理工學院，我真的不知道我淌了啥混水。我不知道接下來會變成怎樣。」他說。

　　讓我印象如此深刻的是，你生命當中那些小小的轉折點，以及它們造成多大的差別[34]。這對我來說當然是非常重要的轉折點，另外一轉折點是一開始入伍。我被徵召了然後有可能去到某處從軍，但是有這麼一個人，

---

32 譯者註王：約翰・拉希（John Lacy, 1915～2004），界定了心理生理學這個領域，結合了心理學、醫學、生理學、工程學等學門。基於他的傑出研究之下，在生理測量與心理功能之間的關聯性，做出了開創性的成果，此處提及在二戰時期約翰・拉希在軍中領導著哈羅德・凱利等人閱讀了勒溫的文章。請參閱Jennings, J. R., & Coles, M. G. H. (2006). John I. Lacey (1915-2004). Biographical memoirs. Washington, DC: National Academy of Sciences. (Vol. 88, pp. 229-245)。

33 譯者註王：此處愛荷華指的是勒溫在愛荷華大學時的研究成果。

34 譯者註張：看不出來這裡的你到底是在指誰，根據上下文應該不是指任何特定的人，只是被訪問者語病。

布朗（C. W. Brown），我曾經在柏克萊讓他留下印象，而且他進了航空隊。他在某處寫了某些信，所以當我到了蒙特雷（Monterey）的徵兵站的時候，我被指派到聖安娜（Santa Ana）的研究單位。誰會知道什麼在操弄那個轉折點。

在戰爭期間他的工作是要去建構各種測驗項目，以協助甄選飛行員、導航員以及轟炸手。「我交到許多好朋友，而且可能多學到了一些關於研究或方法學的東西。大部分是在做施測以及因素分析的工作。」他回憶道。

回憶過往他說：「在柏克萊大學，那些我們認為的社會心理學家的，基本上都是人格心理學家（personality psychologists），而且那是那地方的焦點。權威人格研究就是一個例子，我講的就是這意思。而我想要進社會心理學。」

▌在麻省理工

在1946年春天凱利退役並且抵達麻省理工學院。他記得被甄選進來這個學程的這一群研究生異質性很高。

從我們像是什麼，試著從這開始回想的話，對我來說它幾乎是被刻意地弄成有異質性的，就興趣來說，就興趣來說可能如此，而就背景來說必然如此。我想，我們都有還不錯的推薦信函——來自可能是勒溫認識且／或敬重的人們。

凱利曾半開玩笑的說，只有善男信女才會申請「這樣奇怪的學程」，但他最後還是否定了這種論點，轉而偏好推薦信的理論。他指出，讓麻省理工學程「降低風險」的一件事，就是它跟哈佛的密切關係。這兩所學校的研究生都自由地參加這任何一邊的研討課。凱利說庫克把這部分當作重要論點說服他去申請。

　　凱利是第四位到達的學生——在莫爾頓・多伊奇、戈登・赫恩以及戴夫・埃默里之後。他是在春季班的時候開始上課，他們的課程包含了利昂・費斯廷格所上的無母數統計法（nonparametric statistics）[35]，以及一堂由瑪麗安・拉德克教的勒溫理論。他記得她的課「教得非常好」。

　　我們瀏覽了柏林時期（的勒溫）作品，以及需求系統（need system）和張力系統（tension systems），還有蔡加尼克和奧維辛卡那的研究報告[36]，那一整套相對優質作品的邏輯。它是一套品質很高的作品，而且她也以高品質的方式來呈現它，然後我們也以高品質、有系統的方法來博覽它。

　　「我不認為我在那邊曾經做過研究。」他笑說，「我記得被派出去採買一些老戲院用的簾幕或者類似的地東西，用來分割一個一個準備當成觀察室的大房間。他們沒有單面鏡。在愛荷華，我猜，他們就曾使用某種簾幕，一種覆蓋整個牆面的內襯布，這樣觀察者可以躲在後面然後透過網眼看出去。」他還想起曾幫忙發展測量（工具），這是要給在康乃狄克（Connecticut）的某個領導力訓練工作坊——貝索工作坊的前身，的參與者用的。

　　凱利在麻省理工學院有一部分的經歷是去擔任助教。「那是個有趣

---

35 譯者註王：無母數統計法是統計學的一個分支，適用在當母群體分布未知或不為常態分布時，或者是樣本數不夠大的時候。這種適用性是無母數統計法的最大優點，而缺點為僅使用資料的分類與排序等特性，浪費了資料之集中趨勢、分散性及分布所提供的資訊。

36 譯者註王：此處所謂柏林時期的作品是指勒溫尚在德國柏林大學教書時，帶的幾位博士生的畢業論文，後續都發表在期刊上，可以從這些文章中了解到勒溫的學術觀點、拓撲心理學的諸多概念，他當時即在柏林大學組織了研究團隊，在當時有一位叫做蔡加尼克的女博士生，後來返回俄國，並與維果斯基共事。此處所提到的幾篇作品讀者可以再參閱本書第11頁註釋3，以一窺一二。

的東西叫做益康四十（Econ 40）[37]。」他說，「類似給機械系的學生上的人類關係導論，這是由道格·麥格雷戈（Doug McGregor）[38]和歐文·尼克博克（Irving Knickerbocker）[39]所設計、發明的，由梅森·海爾（Mason Haire）[40]主持。它是一個不可思議的課程，莫（多伊奇）[41]的論文就是研究這個課的班級的團體。」那是一個大的課程，分成數個段落，由教學助理各自負責，「它看似無關痛癢但卻花去很多時間。」他回憶道。

　　凱利記不得跟勒溫有什麼接觸，而且相信這就是大多數學生的普遍經驗。「我們的確會參加他所主持的定期聚會，但是我不記得這其中是否是某個正式課程或者話閘子，但是它們讓人感覺都沒有啥結構。」那兒也有一個獨立的「大課」，是所有的教職員都要參加的，「關於那堂課我記得

---

37 譯者註王：原文為Econ 40，應是一種簡稱，故以音譯之，依下文推想是由麻省理工管理學院所開設的課程，編號四十，施特勞斯（Strauss, 1991）文中曾提及，該學院經濟學教師，包括歐文·尼克博克（Irving Knickerbocker）、亞歷克斯·巴弗拉斯（Alex Bavelas，團體動力研究中心博士生）、梅森·海爾（Mason Haire）以及道格拉斯·麥格雷戈（Douglas McGregor）組成了人際關係小組，並表示他曾上過麥格雷戈的研討會（Ec 95），名為人際關係，該研討會中會針對工作中的人際關係進行角色扮演，並研討管理相關議題。

38 譯者註王：道格·麥格雷戈（Doug McGregor）應為道格拉斯·麥格雷戈（Douglas McGregor, 1906～1964），哈佛大學心理學博士，短暫待過哈佛大學之後到麻省理工管理學院任教，在管理學界非常有名，基於馬斯洛的需求動機理論提出X-Y理論，1960年出版的《企業的人性面》（McGregor, 1960）享有盛名，讀者可以進一步參閱。

39 譯者註王：歐文·尼克博克（Irving Knickerbocker）1941年至1948年在麻省理工的經濟和社會科學系擔任心理學的助理教授。相關資料請參閱https://reurl.cc/WXA19y。

40 譯者註王：梅森·海爾（Mason Haire）哈佛大學心理學博士，曾任職於麻省理工，1949年以後任教於加州大學柏克萊分校，可說是致力將心理學應用在管理問題的先驅。

41 譯者註王：莫（多伊奇）指的就是莫爾頓·多伊奇。

的事情很少很少。就我記憶所及，沒有什麼書要唸的。」他笑著說道。

　　我們其實讀了很多瘋狂的東西，我們讀貝特森（Bateson），我們也讀亞歷山大・萊頓（Alexander Layton）的《人類的治理》(The Governing of Man)。這些讀物都跟社會組織有關。它並非全部都聚焦在小團體上。對我來說，它聚焦在介於社區組織和團體這層級之間的某處。就像這些計畫也是，如衛斯特給特計畫和在韋茅斯執行的住房問題研究計畫，都是某種團際（intergroup）——社區組織研究，他們雇用社工員作為關鍵人。凱利對庫爾特・勒溫的印象是：

　　我曾有這種非常強烈的感覺是他可以對某個問題變得多麼興致勃勃，然後他也可以將這種興致勃勃傳達給正在琢磨它的人，然後真的就讓事情看起來很要緊、很迫切，還有很刺激。但是我的確也記得，你沒有辦法真的完全回想起非常多它的內容，在一陣子之後。他所做的有一些就是拿起某個問題然後用他的詞彙轉譯它，而他有一個非常豐富的詞彙庫藏可以供他使用。不只各種浴缸，有各種空間還有各種力場等等。[42]

　　很難想像某人會有勒溫全部的特質：有魅力、興趣廣泛、嚴謹，以及

---

42 譯者註張：勒溫曾經用兩個小孩在一個「浴缸」（bathtub）裡搶「地盤」
　　（region，另一個勒溫字眼）的例子，來說明他所謂的「生活空間」的概念，也
　　就是人跟環境的關係，原圖如下：

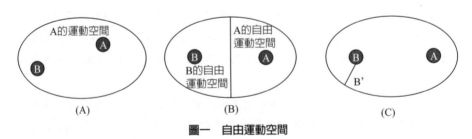

圖一　自由運動空間

(A)A和B的運動空間尚未分離；(B)他們分離開來；(C)見106頁的文本

請參考1.Lewin, K. (1936). *Principles of Topological Psychology*. New York: McGraw., pp.42-3 and p.104-106。2.中譯本：勒溫著，竺培梁譯。拓撲心理學原理，北京大學出版社，2011。

對於嚴謹的興趣但又不至於難以抗拒——還有就是對系統化的渴望。有對於可應用的、具重要影響力的作品的渴望。有各色元件，讓我們每個人都可以多少拿些什麼出來，並且為我們所用。

　　雖然凱利相信他受到「費斯廷格的影響遠大於勒溫」，但是他和他最親密的合作夥伴約翰・蒂伯，已經逐漸意識到他們都是屬於勒溫派這一路數的。他們在麻省理工的課程中都廣泛地暴露在勒溫的理論性作品下。他們對這點感受很強烈，以至於他們在他們新書中（Kelley和Thibaut, 1978）的後記中直白地講到了這個話題：

　　我們曾寫到了一個叫「歷史備忘錄」（Historical Notes）章節，然後我們真的就寫到了「我們都是勒溫派嗎？」這個點。所以我們試著把我們的想法聯結上我們覺得是從勒溫來的一些概念，那個取向的一些層面。有一部分是，我們被一個人給氣壞了，他寫了一本關於交換理論的書，詳細摘述了蒂伯和凱利等等人，而且拿來跟霍曼斯（Homans）[43]和布勞（Blau）[44]類比。他列出了好幾點，說我們有多麼行為主義，並且還在某個點上暗示了我們對於赫爾派的理論有某些追根究柢的死忠，這些講法也很難說它劃錯重點，如果真的要扯的這麼寬的話[45]。總之，就只是想

---

43 譯者註王：此處的霍曼斯（Homans）應指喬治・霍曼斯（George Homans, 1910～1989年），哈佛大學博士，是美國社會學家，行為社會學的建基者。在哈佛大學念書時獲選為學者學會（Society of Fellows）一員，史金納（Skinner）也是該學會的成員之一，兩者教學相長，霍曼斯後來成為哈佛大學教師，教授社會學，所提出的交換理論，部分的基本命題以史金納的行為主義為基礎。

44 譯者註王：布勞（Blau）應指彼得・布勞（Peter Blau, 1918～2002年），生於維也納，猶太人，17歲時曾因寫文批判當時歐洲法西斯主義壯大脈絡下的政府，遭到下獄監禁十年，後來因社會主義政黨上台而被釋放，三年後德國納粹併吞奧地利，他試圖逃亡，並不順利，後來成功逃往法國而後再移居到美國。他在哥倫比亞大學攻讀博士，34歲時獲得學位，因受到霍曼斯的影響，成為結構主義交換論的代表人物之一。

45 譯者註張：不太確定他是不是這個意思，原文是which couldn't miss the point by a

表達一下對這種針對我們的看法或評價的不爽，去說清楚真正的死忠花
落何處，我們真的只是寫給自己看的，所以它可能就只是做做表面文章
（window dressing），我無法確定這些事有沒有效。但有幾點我自己算自
在，其中一點是我們整個目標一直都是要分析人們之間的相互依賴；這毫
無疑問的是得自勒溫的重要方針。現在那是一個模糊的概念，然後他讓相
互依賴在許多層次和在許多特定脈絡中運作，但是人們之間在朝向各種目
標發展之際的相互依賴這個概念，這個基本的東西，莫已拿來發展自己的
論文，還有其他有的沒的。正是它，還有或多或少能去更彈性地運用它，
相較於當初他在使用那些概念時。這對我來說，似乎就是我們本來就試著
想要做的事的精髓，而且某種程度來說，覺得已經做到了。

　　凱利說：「我跟勒溫根本沒有太多一對一的接觸，但是那些觀點的確
有用。它們是某種視覺的、拓撲學的，在蒂伯和我的書裡頭，那些都被
一一反思了。我是個非常視覺系的人，那也就是我如何學會這些東西是什
麼（的方式）。」他相信在勒溫的場論中，「是某些要去建構某種宏大、
嚴謹、條理清楚的內聚力理論的渴望」，而且相信費斯廷格對勒溫作品的
這個層面心有共鳴。

　　他對麻省理工歲月的回憶全部都被兩個事件所影響，一個就是凱利跟
家人是遠離老家的，還有就是他們除要適應寒冷還有這「荒草淒淒的生存
環境」，這挺艱辛的。他們最後在衛斯特給特那一帶找到一間公寓，還跟
威勒曼一家子成為很好的朋友。

　　多溫・卡特賴特是他的論文指導老師，但是凱利並不記得在寫論文時
曾被強力督導過，「我一定已經多多少少給他看過了。」他笑了。

　　我要嘛一定已經鬥豔爭芳，不然就是已經讓他們在心裡種草[46]，亦或
是他們已經看上了我，我猜，我並沒有充分地意識到這一點，直到多年
後。，我那時候非常缺乏自信，他們無論對我送上什麼秋波，表達的方式

---

wider margin imaginable.

46 譯者註張：原文是bloom（開花了），跟impress（讓他們印象深刻）。

都不足以改變那回事。這花了很多時間才慢慢鏤心銘骨。當我從那裡畢業，我想要去聖地牙哥的一個工作，但是博士大人說不好。從這件事——或者是從他們聘用我這件事，我就應該要知道了。再一次，讓我印象如此深刻的是，你生命當中那些小小的轉折點，以及它們造成多大的差別。

▌麻省理工之後

凱利在1948年完成他的學位，在團體搬到密西根之前。當團體搬過去的時候，他就跟去並隨著利昂‧費斯廷格作博士後。在當時研究團隊包含費斯廷格、斯坦利‧斯開特、庫爾特‧巴克、約翰‧蒂伯和凱利。

他描述當團體搬到密西根時，勒溫的想法的持續影響力：

早期的那個工作做的一切，關於齊一性（uniformity）的諸般壓力的那一套最初始的概念——衛斯特給特住房問題研究（Festinger、Schachter和Back, 1950）、斯開特的學位論文（Schachter, 1951）、巴克的學位論文（Back, 1951），以及蒂伯和我為費斯廷格所作的工作的一部分——這工作的一切，裡面都有內聚力的諸般概念，齊一性的諸般壓力，還有處理不同意見者的諸般過程，以及其他有的沒的。這一大塊工作是各種基礎團體動力。我的學位論文完全不是針對團體動力，它是針對社會知覺（social perception）的（Kelley, 1950）。它仍然非常個體心理學。

談到費斯廷格，凱利說：「他大大地影響了我思考問題的方式，還有做為一個銳利的評論者，他是一個會被你內化，然後當你在寫作時會想起的某人，你不知道他會怎麼想，你會跟著高標走的。」

凱利記得在密西根的時候，曾經跟諾那德‧利比特一起教方法學的課程，然後還提到只有先進場者才能獨享的自由度和機會。「在任何領域，初期研究都是某種方法論上的急就章，通常是為了要提出某個主張而不是找出真相。」但是凱利說，在他對他的工作的思索裡，方法學從不曾是主要角色，「方法學上的討論我只要一下子就覺得很無聊。」

　　這東西我知道在許多研究所課程裡頭是很凸顯的，是課程的核心。方法這個東西你能教。這個部分是被標準化的，然後你可以教到某個水準。但是其他你所做的、你如何發展想法、想法要搞多大、你是否要試著系統化、建造各種理論或框架亦或者什麼都不要，或是要挑小一點的東西然後追根究柢還有一切的一切，各式各樣的模式我們這裡有整整一拖拉庫，而且可能有各種真正的歧見，關於各種原則還有關於怎樣進行操作，至少在短期內是這樣。

　　他繼續說：「我一直是個彆腳實驗者。我愛死理論工作，我愛死有人可以帶來而我可以搞懂的整組資料。所以說，我愛死資料的事後（ex post facto）解讀。」

▌後續工作——與勒溫的聯結和通力合作

　　凱利在離開密西根之後去了耶魯，然後也受到卡爾・霍夫蘭[47]的影響。「我和大人物們有過很多接觸。」他笑說，「利昂算一個。」他指出自己也曾受到多溫・卡特賴特的影響，他同樣一直在追求系統化或建構理論的目標。「對我來說，這會是另一個仿效的對象，會說『只思考理論觀念是可以的。』而我不確定很多人能有某些東西可以讓他們自由發揮。」他解釋說。

　　「無疑地，約翰・蒂伯在我生命中一直是最具影響力的人，特別是在我的知識份子生涯上。」凱利說。

---

47 譯者註王：卡爾・霍夫蘭（Carl Iver Hovland, 1912～1961），美國實驗心理學家，也是傳播學的奠基人之一，在耶魯大學拿到博士學位後，就一直待在耶魯大學心理系任教，對於態度以及說服等課題進行了詳細的研究，提出了許多有著影響力的理論，並因此被稱之為耶魯學派。他在擔任耶魯大學心理系主任時，招聘耶魯溝通與說服小組的教師，聘用了幾位剛從密西根大學畢業的博士生，卡特賴特等人都在密西根任教，這就是霍夫蘭與勒溫群體的關聯性。

當我在耶魯的時候，加德納・林德澤（Gardner Lindzey）[48]邀請我爲手冊寫有關團體的章節[49]，而且他建議邀請伊爾夫・賈尼斯（Irv Janis）一起合寫。我問過伊爾夫而且很剛好伊爾夫說不，然後我就問了約翰。我們一直都是好朋友，然後就是，就是我們擦出了火花。我們可以自得其樂，「天啊！這太速配了」或「點子來嘍」然後就把東西搞出來。而且那一直是超級有回報的事情。它一直非常令人振奮，有一種感覺是，我們正在累積地打造的一些東西不會隨時間流逝。

　　這合作持續了超過三十年，即便他們分居這國家的（東西）兩岸。當他們之前即將開始寫某本書的時候，「我們幾乎可以就交給我們兩個其中任何一個人，」他說，「但是在達到這地步的過程中，我們會扮演了不同的角色，我比較像是某個進行系統化的人，而他比較像是提出某個重要觀念的人——通常是取自他廣泛的閱讀和廣博的哲學知識。」他們會輪流當他們諸多合著的第一作者，當作是他們的實實在在的相互依賴的一種銘記。

　　凱利的目標是在退休前利用幾年時間整出幾大塊的工作，他說：「我要試著搞懂這三大塊領域的東西：第一，人們發現他們自己身處各式各樣的情境之中，即身處某種問題的結構或問題的類型；第二，對那些問題來說相當要緊的，各種類型的個人特性或性情（dispositions）；第三，當性情迥異的兩個人陷進這個問題並且又要圍繞著這問題互動，這會產生不同類型的過程。我試著要一次搞懂這三個東西。」透過他的分析，他希望在各式各樣文獻資料裡搞清楚各種過程模式（patterns of processes），文獻像是自我揭露、各種對話中循序講話（turn taking）的

---

48 譯者註王：加德納・林德澤（Gardner Lindzey, 1920～2008），美國心理學家，曾任美國心理學會（APA）的主席，於哈佛大學拿到博士學位，之後在幾所大學的心理系任教，曾與艾略特・阿倫森共事過，最爲著名的是主編了社會心理學手冊（Handbook of Social Psychology）。

49 譯者註張：這裡的手冊是指Handbook of Social Psychology（社會心理學手冊）

規範（regularity）[50]，以及其他相關領域。他相信，相互依賴分析，這是他和蒂伯一直以來在下功夫的，會形塑某個潛藏其下的結構，來支持這些過程。

　　我正試著搞懂人際過程中的這些規範，一方面靠著解釋說，各種規範導致我們發現自己所身處的各種潛藏其下的情境。而另一方面，性情——不管你要用什麼字眼，我們要帶進去這些情境之內看看會派上什麼用場。所以它一部分是去搞懂飄來飄去的人／情境問題。我對歸因的興趣也在那派上用場，因為它是這些過程中非常重要的部分——打量情境。

　　現在，所有這一切都很勒溫派，各種情境類型這概念——舉例來說，各種衝突類型（types of conflict），這裡面會有雙趨（approach-approach），不然就是有趨避（approach-avoidance）。這真的是一種各色情境的分類學。另一個對我們來說非常重要的概念是，人們再概念化或者轉換或者思考各色情境的方式，這是他們的性情被表現出來的方式。

　　凱利覺得這理論需要進一步的發展，這樣他才會準備好要去訓練學生，並且送學生出去訓練別人，以茲發揮影響力。目前還沒發展到已經準備好接受應用測試的地步。

　　蒂伯以外，凱利的知識份子社群包含了他在加大洛杉磯（UCLA）一起工作的人們[51]。他提到卡特賴特是：「一個我會想到送論文給他或者試著跟他討論論文的人。」他也提到在社會心理學的「親密關係領域」的其他人，例如埃倫・貝爾謝德（Ellen Berscheid）[52]。「約翰・蒂伯會是

---

50 譯者註張：在對話分析（conversation analysis）的脈絡中，turn-taking這個術語是指「有秩序的對話通常發生的方式」。這個術語顧名思義，是指在交談中人們「輪流發言」的概念。

51 譯者註張：UCLA即University of California, Los Angeles（加州大學洛杉磯分校），本譯本簡稱「加大洛杉磯」。

52 譯者註王：埃倫・貝爾謝德（Ellen Berscheid）為美國著名社會心理學家，1936年生，明尼蘇達大學心理學博士，其指導教授為阿倫森，主要研究興趣在於人際

個讓我想：『好喔，現在我寫了些東西，裡面有什麼給約翰瞧瞧的**新把戲**。』」

回顧他的職場生涯，他說：「溫室型態眞的對我管用。部分是因爲跟蒂伯的關係一直提供一種溫室，激發東西出來，給予某種溫暖。」

凱利討論到麻省理工團體於1978年春天在哥倫比亞舉辦的重逢會。這個聚會是在他的鼓吹之下舉辦。「我那時將要到紐約去，而且這也是我們離開麻省理工的三十週年，而且這看來確實是個好點子。我寫信給斯坦和莫，而且他們也馬上就贊同。然後當我們聚會的時候，我有點特意說我們大家都要輪流講講然後斯坦認爲這眞的沒法度。他不認爲我們能夠坐在那裡並且互相傾聽。」凱利笑道，「是這樣，我們還蠻開心的。我想我們確實對彼此都有很多不錯的感覺。」

他說對他來講，有許多友誼眞的都是在離開那團體之後才發展起來的。跟蒂伯的密切合作關係是在之後才開始，而且「利昂在這些年裡幫了我很多——寫信給某人或者什麼的。」他表達出一種感覺，自己是某個「內團體」（inner-group）的一份子。

我覺得更重要，已經來到麻省理工，最重要的東西就是變成那團體中的一員，這代表有許多非常好的密切關係，會被經年累月地珍視。同樣重要的，是一種知識份子的參照團體，那些我在寫東西的時候會想到的人們，我希望他們能夠理解它而且能夠同理，但到底是誰我也說不清：「他們會怎麼看它？」所以，這一整組人，他們的意見和評價，即便我未曾耳聞，都對我非常重要。

關係以及親密關係，曾獲得許多獎項，如美國心理學會（APA）頒發的傑出科學獎，以及實驗社會心理學會頒發的傑出職業獎。

庫爾特・巴克

　　即使庫爾特・巴克在念研究所時是從法學開始的，但是他說他最終還是變成一位心理學家，因爲他是維也納人，「所以那是自然而然的。」他笑說他媽媽懷他的時候曾經上過佛洛依德的幾門課，所以他「打從娘胎就被決定了」。繼承父志去學法律之後，巴克發現，到了他完成學業的那個時候，他對心理學比較心儀，而不是法律。

　　歐洲的法學課程非常奇怪，有很多課都是無關緊要的，然後你又必須在大考之前上補習班。每件事情都算數，然後你才算完成。所以有一年的時間你不能做點什麼，然後有一學期死記硬背。所以在那一年當中每個人都會學點別的東西，而我去學了心理學。

　　在三零年代末期的時候，「歷史被干擾了」[53]他說。到了那時候，「我認定既然法律無法作爲我接下來的職業出路，我就去做我想要做的好了。」當他待在瑞士準備移民美國時，他去日內瓦（Geneva）大學念了一學期。等他來到美國之後，「我就決定學心理學。」

　　巴克以大三生的身分進入紐約大學（New York University, NYU），「帶著模糊的想法，認爲心理學不能讓我賺什麼錢，所以我必須搞應用心理學，而且我想到廣告。那就是我怎麼想社會心理學的。」他在社會心理學第一門課程的老師叫做道格拉斯・坎貝爾（Douglas Campbell）。在勒溫1932年初到訪史丹佛大學的時候，他曾經跟勒溫工作過。坎貝爾在史丹佛的工作就是在語言上協助勒溫，巴克講起坎貝爾說過：「勒溫——他的方式，他會大聲地講出他的想法，而且就這樣而有影響力。」這個課堂上所使用的課本是布朗（J. F. Brown）的《心理學和社會次序》（*Psychology and the Social Order*, 1936），它將勒溫的想法結合了馬克思主義和心理分析。這是唯一使用的教科書，而且巴克回憶當時認爲：「它

---

53 這裡應該是指一連串的歷史事件，最後在1938年3月，奧地利終於跟納粹德國「合體」（*Anschluß*）。

是一本爛書，它全部都這麼政治，它講了布朗的政治觀。」但是，他在這堂課學習到的確是拓撲學，「我們沒有學其他的心理學。」他說道。

從紐大畢業之後，巴克進入加大洛杉磯的研究所就讀，印象中他認為這個研究所是：「相當保守——在政治上和心理學上都是。」但也有「某種勒溫派地下組織存在研究生當中。」這讓他對勒溫有了更進一步的興趣，而且他考慮去愛荷華大學唸書。他有一位同學還真的在夏季班的時候去了愛荷華大學，而且回來的時候還很興致勃勃地談起他的經驗。

到了那時候已經是1942年，然後巴克被徵召入伍。

他們有個計畫，要在戰爭時期保住知識份子。他們並沒有這樣到處講，但是他們有一個叫做軍中專家訓練計畫（Army Specialist Training Program，簡稱ASTP）[54]的東西。他們將高智商的人，或者是受過某些種訓練的人，拉回學校去，我也是因為這樣被拉走的。當然，一般來說要做的事是去學語言，但是他們在心理學還有名額未滿，所以我就去了那。結果是我被送去了愛荷華。

在愛荷華大學，巴克被安排去上利昂‧費斯廷格所教的統計課，當時費斯廷格才剛剛跟勒溫完成他的學位。這個計畫的執行者是肯尼士‧斯賓斯（Kenneth Spence）[55]，他了解被指派到這個單位的人都是進階程度的學生（advanced students），而且沒有興趣上普通心理學的課程，「我們

---

54 譯者註王：軍中專家訓練計畫（Army Specialist Training Program）是美國陸軍在二戰時期，一方面因募兵年齡下修至18歲，將衝擊到大學入學的情形，另一方面又須培訓戰時所需之具有技術能力的初階軍官與士兵，因此特別設立的計畫，由簽約的大學進行培訓，學校負責學術訓練，而陸軍則指派軍官進行軍事訓練與生活管理，該計畫於1943年春季開始執行。

55 譯者註王：肯尼士‧斯賓斯（Kenneth Spence, 1907～1967年）為美國著名心理學家，耶魯大學心理學博士，受到赫爾的影響，在學習理論方面有顯著的成果，1938年進入到愛荷華大學任教，1942年任心理系主任，在巴克因軍中專家訓練計劃被分派到愛荷華大學受訓時，推測因主任的身分負責這個計畫的執行。

很無聊。」巴克說。

　　我們想要忙點，我們討價還價說要有討論課，斯賓斯給我們一門。勒溫則給我們另一門，因為戰爭他沒有任何學生，所以我們五個人裡面有四個參加他的討論課。費斯廷格以及其他還在附近的人，大部分的女生，也都參加。這個單位在那裡兩學期。

　　到了戰爭要結束的時候，巴克知道他想要繼續研讀社會心理學。他當時特別有興趣做調查研究。「最後就是在耶魯和麻省理工之間的抉擇，在那時我沒想到它會對我的生命產生這麼大的不同，」他說。「麻省理工是很挑的，但我還是進去了，我一點都不認為勒溫記得我。但是當費斯廷格要挑他的研究助理群時，他選了我。」

▌在麻省理工

　　巴克在1946年秋天進到麻省理工，而且立刻就跟著費斯廷格進行衛斯特給特住房問題的研究（Festinger、Schachter和Back, 1950）。他進來的這個團體是在勒溫過世前幾個月才成立的，而且跟他很少有直接接觸的機會。這個團體被要求上的那幾門課程，正好巴克在愛荷華大學的時候都已經上過，「取而代之，我去參加勒溫的討論課，所以我才有那樣多的接觸。」這個討論課是開給二年級學生的。「第二學期他打算要再開一次。然後我們通通被集中到第一個討論課，正當我們發現他死訊時。」

　　他記得在利昂·費斯廷格與諾那德·利比特之間的張力，而且他相信勒溫死後這個團體是由卡特賴特所維繫住的，「他是一個好的行政管理者。」先前，勒溫維繫這個團體的方式是「靠著魅力還有比別人更聰明⋯利昂也變聰明的，但是是另一個方式。」巴克將勒溫的風格和費斯廷格的作一個對照。

　　跟勒溫的時候，你可以給他一個想法，然後如果他喜歡它，他會愈扯

愈遠，他真的需要他的學生把他拉回來。有辦法跟他一起工作的人都要這樣。費斯廷格不是這樣。

　　如果你瞧一瞧他的各種理論，好好地對費斯廷格的工作研究一下，它們就是要試著將每一件事情兜起來，理性地好好組織起來。所有的想法都必須要妥當地鑲嵌在一起。那就像失調理論（dissonance theory）所說的，每個人都會試著把所有想法放進一個前後一致的架構中[56]。我不知道是不是對所有人都是這樣，但是對費斯廷格確實是。

　　這樣的對照可以清楚地從這個研究中心所執行的兩大住房問題研究中發現。在衛斯特給特住房問題研究中（Festinger等人，1950），他們從訪談開始進行，然後終於「剝絲抽繭到某種非常特定的一對一可以歸結的理論，而且我們還做了實驗。」巴克回憶。

　　這個研究的成果之一是了解到衛斯特給特的原居戶，所有麻省理工學生和家屬，也許已創造一個獨特的情境。

　　這研究有一個部分，是真的去問一問，住在該開發區的社會地位——其他人有什麼特權。而有個東西是我們從沒研究的，就是衛斯特給特能成功是因為大家都在同一條船上。他們全都是中上階級的小孩。這裡的女人都是造反者，因為一般來說你不會去嫁給一個學生——某個顯然不可能撫養你的人。有些女性在訪談中坦承，她們的母親都非常難過，然後會看看他們住在啥地方而且哭了，或者諸如此類。當同條船上有了其他雙雙對對在，活得低於過往水平而且被爸媽嚴詞抨擊，這給了衛斯特給特的雙雙對對們有了某種共同的感覺。我們今天會說：一個團體會有內聚力是因為有一個外在敵人當作參考座標，而此刻說的就是他們的爸媽以及爸媽的朋友們。然後會有個想法是：「好吧，我們有件寶貝可以用來毫無保留地彰顯

---

56 譯者註張：這裡指的應該是「認知失調理論」（Cognitive Dissonance Theory）。在心理學上，簡言之，認知失調指的是涉及相互衝突的態度的各種狀態。這種衝突會產生了一種心理上的不適感，導致相互衝突的態度其中一種的改變，以減少不適感並恢復平衡。

社會地位：一間破房子。」

　　他們開始第二個住房問題研究，是坐落在韋茅斯，這是在波士頓南部的一個計畫區。這才戰後不久，住房很緊張，然後人們很難找到地方住。在韋茅斯的原住戶許多都是造船廠工人。巴克說：「這是一種向下流動，而且沒有人覺得喜歡跟當一個造船工人的左鄰右舍，所以他們痛恨這個地方。他們想要把它弄成一個社區全體的行動研究。社區工作者進來了，然後它變成這麼個龐大研究的草創版，這後來可能也會真的很了不起，只是勒溫那時卻過世了。」

　　勒溫非常投入在韋茅斯的研究當中。它原本將會是「了不起的研究。」巴克說。勒溫在那個時候對自我恨意（self-hate）的概念很感興趣，而且把這概念看成是探索一個擁有負向團體感（negative group feeling）的團體的方法。根據巴克的說法：「這個概念是要去改變他們，讓他們變成有內聚力的團體——去讓他們相信團體，去相信『我們的計畫很棒，我們有棒的人，我們能做事，我們會溝通。』」這個概念其實是要去研究「有什麼是你能夠跟別人一起做的——那原本將會成為勒溫的巨著。它也原本將會變成六零年代社區工作者的聖經。」他說道。

　　勒溫過世的時候，在韋茅斯的研究工作已經執行完成了，但是資料還沒有被分析。在搬到密西根之後，利昂・費斯廷格以及哈羅德・凱利了把它接手下來了，然後巴克說：「它又再次以那些沒有太大變化的單變項被載入。」

　　他們從它而得出最棒的東西，就是我們差點被踢出去，因為大家都說我們是共產黨。然後他們還寫了篇文章闢謠。

　　巴克相信在愛荷華大學的時候，費斯廷格的角色原本是向勒溫介紹統計學。

　　假如你仔細看較早的論文，它們都是逐件完成的。你做了某個實驗，你就是要看一下這資料，你要找出它是什麼意思——這整件事表示什麼，

然後你不要重複它。你接著使用這個實驗所得出來的想法，並且做一個不一樣的實驗。你一步接一步進行，而且這就是他們怎麼做的——你跟他[57]一起做。他們討論每一個實驗。你花一天做一個實驗，而且你會花一整個禮拜討論它——然後做下一個，不會是同一個的實驗。但是你沒法這樣得出各種平均數和標準差。

巴克憶起在麻省理工，「要搞定一篇在科學上站得住腳的好博士論文，到頭來你還是必須去找費斯廷格，尋求他的幫助。在這個系有四人，每一個的口試委員們都一樣。」

▋勒溫的風格

巴克對話閘子的記憶是跟他們在衛斯特給特的工作有關的。團體進入話閘子兩次，一次是在早期階段尋求幫助，另外一次是在最後，他們手上有資料但是在解釋上出現困難。

我們在一年裡進來討論了兩次。第一次我們得到的想法是，有一個不太一樣的法子、有各種不太一樣的想法，還有各種不一樣的溝通，諸如此類[58]。在討論中，大家得到的想法是，也許你就進行一次溝通實驗，而且用這來把它搞清楚。我們就是那樣開始的，我們有一個非常模糊的想法，就是在有的地方人們會彼此交談，但是在其他地方就不會。那你要如何證明這一點？我們是在各種訪談告一段落時進去那裡的，然後沒啥想法——我們不曾說：「那些資料顯示出人們不講話。」然後一些人有了要進行一

---

[57] 譯者註王：這裡的他，從上下文比較難看出來指的人是誰？從巴克曾經擔任過費斯廷格的研究助理，應該指的是費斯廷格。

[58] 譯者註張：這一段原文支離破碎，在翻譯上非常困難。這甚至不是一個完整的英文句子：「The first time we had the idea that a different course and different ideas and different communication and like that.」我猜這裡的course應該不是指「課程」吧？除非它是指話閘子，但是我也有可能理解錯誤。

個溝通實驗的想法。

第二次討論是這個研究幾乎完成了，而且我們已經讓每件事都解釋了，我們有一個完美的假設而且萬事俱備──除了在衛斯特給特西邊的兩個樓層的五戶公寓。焦點人士總是非常受歡迎，這個跟理論的任何部分都不合。我們只能去然後說：「嗯，這裡有數據資料，為什麼是這樣子呢？」因為再次，我們不是要去佐證其他理論，我們真的想得到一個答案。

從這個研究衍生出的研究計畫有關於順從、異常以及溝通。這些研究計畫是被研究生以寫博士論文的方式執行的。

在話閘子中，勒溫會坐在一旁，大家會想要聽到他的意見。但他們並不會擔心在這些聚會裡頂撞到他。

我沒有在韋茅斯的研究中，但是我在附近而且曾跟參與的學生講過話。一年級的學生都很驚訝而且甚至憂心重重，怎會有人對勒溫這樣沒禮貌。舉例來說，勒溫有個想法，要那就是這計畫區的經理會多多少少將他對於原居住者的負向感覺，傳達給這個計畫區的居民，讓他們對彼此感到敵意。其他的團隊成員、學生和工作人員則一起批評勒溫，說他的想法太「天外飛來一筆」，直到他收回他的想法。基本上他會堅持他的各種概括性的想法信念，但是在許多特定的點上他不會堅持。

▋費斯廷格的風格

在衛斯特給特研究中，研究團隊一個禮拜會面一次，討論怎麼企劃。巴克回憶到：「首先第一年我們就是執行工作；第二年我們會約見面，我們都是他的學生而且我們每個禮拜到他家一次；第三年在密西根大學，而且那邊有些人真的都是對溝通（這議題）有興趣的，如蒂伯、凱利……」。費斯廷格開會的方式是「他會說：『嗯，到目前為止，你有任何問題嗎？或是到目前為止，你需要幫忙嗎？』或者其他類似的說法。」

麻省理工之外

正如稍早前提到的，當勒溫過世後，失落的情緒在個人層面和組織層面都能被察覺到。多溫‧卡特賴特一接管後，他就變得警覺到麻省理工想要縮編「辛苦錢」。學生間就開始聽到教職員在跟其他大學協商的耳語。因為他們打算把整個研究中心都搬走，包含學生，全部打包一起，沒幾個大學感興趣。這想法太詭異了，還有人謠言說，系裡的老師都已經在不同的地方找到教授職了，所以他們會去而不管學生了，另外也有人傳說團體也會去，但是他們會根據傳統學院界線，被分派到不同的系去。巴克回憶說道「他們在春天做了決定要怎麼辦，而且也替學生獲得一些保證。」在那時有四個老師：卡特賴特、費斯廷格、利比特和傑克‧弗倫奇，弗倫奇是在勒溫死後進來的。不願離開的是瑪麗安‧拉德克以及她的學生，莫爾頓‧多伊奇和戈登‧赫恩，都已經完成學位了。哈羅德‧凱利雖已完成學位但最後還是跟來繼續做博士後研究。

巴克認為會搬遷到密西根可能出於兩個理由。第一，卡特賴特在大戰時期曾跟里斯‧李克特一起工作，而且跟他有良好的關係。李克特在前一年已經將他的調查研究團體從華盛頓搬到密西根去，然後這是第二個理由，說明密西根是一個可能的出路，已經有一個有組織的單位搬進去的前例了。當團體動力研究中心搬過去時，他們和李克特的調查研究中心就整合成了社會研究機構。

說到研究中心的各種活動，密西根在組織上並不像麻省理工一樣鬆散。

我記得斯坦利‧斯開特就發生一些困擾。口試委員們裡有些密西根的人覺得欺騙是不道德的，而且不想讓他做他的研究。這就是他開了那些社團的研究——「強尼羅可」（Johnny Rocco）研究，斯開特的博士論文（Schachter, 1951）。最後的妥協是，任何人只要真的想待在社團裡就可以，而且他必須要經營社團一學期。

我替他做了幾次觀察，他所做的就是，他用了團體壓力，這跟他在研

究中所用的是一樣的。在簡報後，他宣布，只要有人想要，他就願意讓社團開下去，但是他誘導出某種團體潛動力（group norm），說不堅持社團要繼續、不堅持守住。然後就沒人要留了。但是他還是必須做出那個妥協，才能夠跟密西根和平共處。那就是我們跟密西根的關係。

斯開特只有在實驗進行期間需要這個社團，但是卻必須要答應一個條件，才會得到允許去進行研究，就是只要還有成員想要繼續，他就要繼續讓它們開著。這是一個機構環境上的改變的例子，學生一搬到密西根後就發現到了。在麻省理工，他們一直是「相當自主」，而且沒有人會對他們管東管西的。

跟著到密西根的學生可以選擇他們要得到哪一所學校的學位，巴克選擇了麻省理工的學位，他說：「嘿，我不相信承諾，我不想冒必須接受考試的險。」

▌後續工作──跟勒溫的聯結和通力合作

巴克在1949年獲得學位。他視自己為研究者，然後在接下來的十年的大部分時間裡，他都連續在幾個研究工作位置上。「我想我是一個調查研究的人，所以我去了戶口調查局（census bureau）工作。」他說。他在那待了兩年，然後去了德國為哥倫比亞大學做一個調查研究。

我去了波多黎各（Puerto Rico）和牙買加（Jamaica），在那裡我變成了一個團體動力的專家；我進行了一個大型的實驗研究，我很天真的就照著教科書建了幾個對照組，是4×4設計，以及每一種不同的技術和內容[59]。它非常漂亮。它是這麼的複雜，所以當我們把它寫進來後，它變成

---

59 譯者註張：在這裡4x4指的應該是在實驗時常常會用到矩陣（matrix），這個設計是用來呈現所有變項（factors）之間的相互作用關係。下列表格是巴克所做的另一個實驗矩陣設計，目的是探討不同的變項如何影響溝通的內聚力（即，想要有

了這類實驗類型的標竿，因為沒有人有膽子再複製一遍。

　　他從事各種應用研究──有關住房和公共衛生。在這些工作結束之後，他才「決定要停下來，而轉進學術生涯。」有幾個理由促成這個決定。在這些理由之一，就是身為一個研究者必須每幾年就要去找新的工作。「而且，假使你有一些概括的想法，可是你卻沒有學生可以跟著一起緊密工作。」他解釋。

　　巴克從1959年之後就一直待在杜克大學的社會學系。他說他現在帶的學生比以前還少，而且他還指出這有一部分是因為杜克大學的社會心理學課程「當機了」。他回想起內德‧瓊斯、傑克‧布雷姆（Jack Brehm）[60]和達溫‧林德（Darwyn Linder）[61]都還是社會心理學的老師的那個年代。布雷姆是瓊斯在哈佛的學生之一，那時約翰‧蒂伯也在。巴克說：「瓊斯

團體歸屬感的慾望）。這是一個3×3矩陣，參考Festinger, L., Back, K., Schachter, S., Kelley, H. H., & Thibaut, J. (1950). Theory and experiment in social communication. Ann Arbor: Research Center for Dynamics, Institute for Social Research, University of Michigan, 第29頁。

表1（Table 1）　討論的模式（Patterns of Discussion）

	放棄模式	積極模式	無法分類
低內聚力的配對（數量＝30）	19	7	4
高內聚力的配對（數量＝30）	11	16	3
「負向」的配對（數量＝10）	4	6	0

60 譯者註王：傑克‧布雷姆（Jack Brehm）（1928～2009年）是費斯廷格的博士生，明尼蘇達大學心理學博士，博士論文是首篇認知失調的研究，曾在杜克大學任教過，與內德‧瓊斯共事，1975年他加入堪薩斯大學的心理學系，致力研究情感過程，並提出了他的動機強度理論。

61 譯者註王：達溫‧林德（Darwyn Linder）在阿倫森的指導下於明尼蘇達大學獲得了社會心理學博士學位。1965至1972年在杜克大學任教，之後到亞利桑那州立大學擔任心理學教授，並擔任社會心理學研究生訓練學程的首任主任，專注於人際吸引力和小群體行為的研究。2005年從亞利桑那州立大學退休。

認爲布雷姆聰明的要命，應該要去跟費斯廷格才是。」

談到組織研究團體，這包括從杜克的老師和附近的北卡羅萊納的老師[62]。巴克說：「布雷姆把這個團體叫做『探求者（The Seekers）』。」這個團體的發起者們打從一開始，很清楚地就是要模仿勒溫的話閘子。他繼續說道：

我認爲要緊的事是它動得起來，你會搶著要去講、去發表。不管是誰，只要出面組織它的人要到處打廣告找人參加，這樣你就已經輸了。

是大家需要團體來解決自己的問題。首先這意味著，假如你必須告訴別人説，你的研究已經有多好多棒，你已經全部搞定了，那麼只要有人問説：「好吧，什麼是……」，你就會變得非常防衛，然後，就算了吧。

巴克的研究工作一直是非常多元化的，他說：「綜觀我的職業生涯，我一直從理論的、方法學的、應用的以及文化的觀點，在這領域工作。」然而，他並不認爲他是一個非常好的實驗者，因爲「一個好的實驗者就是一個舞台導演」，他相信他對學生的影響力已經偏離了作實驗本身。

我們不會教他們説，研究就是實驗再實驗，還有我們不會説，從實驗得到的唯一東西，就是有了下一個實驗的想法。這也許一部分是自我辯解，但我另一部分反對是因爲，只有當你知道怎麼做，你才能叫得動人家去做事。你應該學到的是去做某個實驗，然後而且是去研究你正在做它的方式。

他目前的工作方式鮮少留什麼給學生做。他正在寫青少年懷孕，當這工作完成了，他計畫要寫一本書，探討在英國和美國內部的人口數量控制運動。偶爾當他跟學生一起工作的時候，他會「把我的想法寫下來，最前

---

[62] 譯者註張：這個單位應該就是前文說的Organizational Research Group，但此處它用的是organization 這個字，無法確認哪一個才是對的，目前搜尋不到相關資料。本書原文有相當多的拼字錯誤。

面跟最後面，然後讓他們去找證據，讓他們寫中間的部分。用這方式他們就可以學習，而且用這方式我們能把東西湊在一起。」

巴克「對各種方法和各種想法的開放態度，這也讓我很難抗拒大潮流。」，他相信從這點看出勒溫對他的職業上的影響。有一件事情他很想要完成的，就是「寫好一本有關方法的書」。

有三種不同檢視人類生活的方式。一種是實驗的、一種是社會的，就是說看個性與社會的交集，還有一種是真實的互動。然後你必須有方法整合這三種──真的才能說我們正在看人類生活，而且我們正在用各種方法，數學的、實驗的，甚至是政治史的。

回頭看他在麻省理工的經驗，那裡是個很有生產力的環境，他說：

我在這裡當系主任有一段時間了，我感興趣的是你如何建立研究生的學程。我們所做的就是把系分成兩個學程。這樣我們就有了架構，而且每個團體都有討論課和諸如此類的。但你仍然必須要聘請勒溫才能讓它動起來。

亞伯特・佩皮通

世界大戰即將結束之際，亞伯特・佩皮通被調到一個由斯圖爾特・庫克所領導的心理學研究單位，地處維吉尼亞州的蘭利（Langley）機場。佩皮通在服役之前已獲得耶魯大學的碩士學位，後來他在1946年初從空軍退役時，原想要回到耶魯大學，大約是當年春夏之際，他接受了斯圖爾特・庫克的邀請，來到紐約市的社群相互關係委員會（社委會）工作。這個社委會是由庫克所領導的，從事許多研究計畫，為對抗種族偏見和反猶太人主義盡一份心力。當佩皮通在《心理學報》（*Psychology Bulletin*）上發表了一篇探討有關測量偏見和歧視方法上的論文時，就在那裡[63]，他遇到了庫爾特・勒溫。

勒溫是社群相互關係委員會的創始人和首席顧問，常常從麻省理工下來到紐約，討論研究計畫。當時[64]是在勒溫成立麻省理工的團體動力研究中心之前。

那年春天我讀到介紹這個研究中心的小冊子，我也得知他在七月時會下來進行諮詢訪問。我跟庫克提到我想要跟勒溫聊聊麻省理工的這個研究中心，以及我想回到研究所的計畫。

勒溫到這辦公室時顯得十分興奮，我早已得知他是非常有動能的，而且大多時候都在趕路中，從一個會議趕往下個會議，進城出城，永無休止的行事曆。他走近我的桌子說：「佩皮朋（Pettibone）」（即使他跟我熟識之後偶爾還是會口誤），我想要跟你講話，但是這裡太熱，讓我們去找杯冰咖啡喝。」我們下樓，站在百老匯的內迪克（Nedick）櫃檯前以及五十街上，長談兩個小時，講述許多主題，我講了一些關於自己的事——我過

---

63 譯者註王：那裡指的是佩皮通當時工作的地點，紐約的社群相互關係委員會。

64 譯者註王：原文是說在勒溫成立團體動力研究中心「之前」，但佩皮通1946年從軍中退伍，而勒溫成立團動研究中心是在1945年，因此推想此處可能是作者誤植，應為「之後」，此處先保留原文原意，但在此處將譯者的疑問提出，預估應該是1946年後，最快應該是1946年夏天，七月左右。

去在空軍心理研究中心做過幾個關於軍事人員的甄選和訓練的研究計畫，念耶魯大學實驗心理學的碩士班，同時從高中開始也是一位音樂家——編曲者和木蕭演奏者。但大多數的談話也可以編碼為「不同團體成員之間的社會關係」、「政治觀點如何透過報紙閱讀得到支持和表達」等等。

我留下幾個非常深刻的印象：他興趣的廣泛、跨領域和跨層次的論述能力，以及他溫暖的親和力。雖然大多時候是他在講話，但我覺得我能適度地參與對話，通常沒有因不同地位和權威性而產生隔閡。普遍不強調階級差異，以及同時強調任務及其要求是麻省理工研究中心的兩個特點。

這次跟勒溫的會面，以及在社群相互關係委員會工作的經驗，讓佩皮通重新考慮他回耶魯大學的計畫。勒溫已經跟他描述過這個研究中心的情況，佩皮通清楚了解到這不是一個心理研究所，而裡面的教師們是麻省理工的一部分，能夠授予博士學位。此外，「我已經知道那裡某些人的研究工作，相信這個中心是將興趣和能力獨特且跨學科的結合在一起。」戰前在耶魯大學的這個心理學學程一直是實驗心理學的執牛耳者，且一直在刺激—反應的學習理論框架中進行研究。在空軍待過數個心理研究單位以及在紐約研究團體間關係的經驗，讓佩皮通開始認為行為主義在處理人的社會行為是非常有侷限性的，只有基於社會環境分析的社會心理學，才能夠徹底做到。他記得：「就是這種新取向的結合性，即社會心理學，以及有這麼一位非常容易親近且熱情援助的領導者，讓我轉念做了去麻省理工的決定。」

佩皮通後來在那年夏天寫信給勒溫，而且被邀請到麻省理工學院與多溫・卡特賴特、諾那德・利比特和利昂・費斯廷格等人會面。勒溫在他到訪時不在城裡，印象中他在這些會面中就被錄取了。

除了勒溫的平易近人以及不在意位階差異之外，還有他對研究生的熱情支持的態度，助長了這個研究中心的高昂士氣和旺盛的生產力。

就好像打從一開始，他們就已決定要讓每個人發揮所長。是的，有考試，但回首過往我沒有被測試的感覺，我的能力尚待考量，所以這是很令人驚訝的事情。

▌在麻省理工

他在1946年的秋天進到麻省理工，而且跟研究所同學莫爾頓·多伊奇和斯坦利·斯開特同寢室，住在橫跨波士頓查理斯河的一棟公寓裡。他記得：

從第一天開始，我們就一起參與人類關係工作坊的學習，以及關於團際關係的研究計畫。我們見到許多研究者和田野工作者投入在這些活動之中，而且開始辨認分析從各方匯聚到這個研究中心的各種資料，這成爲各組成員參加冗長會議的焦點所在。然而基本的研究生學程，包含了研討會和研究參與，而前述這些活動全都不屬於其中。有幾個研討會幾乎每個人都會參加——一個是研究方法、一個是場論（包含了勒溫在柏林和愛荷華的成果）。

他說這個研討會是小型規模的，學生可以充分發言，跟老師有自然良好的互動。

我認爲我們大部分的人都花了很多時間在準備資格考試，但即便我現在回想起來，在這群還沒通過的研究生身上幾乎看不出有什麼焦慮。

佩皮通回憶除了這種「內部」的研討會，許多學生還會定期參加哈佛的研討會，他記得傑羅姆·布魯納（Jerome Bruner）[65]那場關於知覺的綜合性研討會，也跟亨利·莫瑞臨床中心（Henry Murray Clinic）[66]和

---

65 譯者註王：傑羅姆·布魯納（1915～2016年）爲戈登·奧爾波特的博士生，美國非常著名的認知心理學家，1941年獲得哈佛大學博士，是美國心理學認知革命中重要的引領人物之一，1960年創建哈佛大學認知研究中心。後來美國敘事研究興起，布魯納也一位重要的提倡人。

66 譯者註王：亨利·莫瑞臨床中心（Henry Murray Clinic）應指哈佛心理臨床中心（Harvard Psychological Clinic），亨利·莫瑞曾擔任此中心的主任，是著名的美

社會關係學系的研究生和教師們接觸過，包括戈登·奧爾波特（Gordon Allport）[67]、弗里德·貝爾斯（R. Freed Bales）[68]、克萊德·克魯科恩（Clyde Kluckhohn）[69]以及其他人。

除了有研討會以外，研究所的學程也包含要參與相當多的田野研究工作，從中將會獲取包括實驗室與田野工作的研究經驗。這些研究大部分是由校外的機構所襄助，研究者要寫報告給他們。作為領導力培訓的貝索工作坊即是一個巨大的事業，提供了研究助理的薪資，並且大多數學生都投入其中。

他還記得他們也參與彼此學位論文的研究，舉例來說，佩皮通幫莫爾頓·多伊奇在關於合作與競爭的研究中，確認編碼系統的信度，「每個人因有許多不同的研究經驗，且都會交流討論，而有豐富的互換性。」他們在話匣子時討論，在那裡「不同的人會發表並談論他們的研究，然後庫爾特會談論他的場論——較抽象的理論。」

有一種勒溫式的特色是明顯的，他在德國柏林帶的學生發表在《心理研究（Psychologische Forschung）》期刊的文章，到後來在愛荷華大學做的研究都是如此，他總是會透過拓撲學和力場的詞彙，或者用其他的概念工具來呈現，進而分析並有所發現，然後這種呈現方式會被其他提出的發現和非正式的觀察所挑戰，他接受這過程的評價，並不會認為自己是絕對

國人格心理學家，與克里斯蒂安娜·摩根（Christiana Morgan）共同編製主題統覺測驗（Thematic Apperception Test，簡稱TAT）。該中心對人格心理學和臨床心理學領域具有影響力，幾位著名心理學家都曾待過該中心，例如提出心理社會發展八階段論的愛利克·艾瑞克森（Erik Erikson）。

67 譯者註王：讀者可以參閱譯者註22。

68 譯者註王：弗里德·貝爾斯（R. Freed Bales, 1916～2004年）為美國社會心理學家，哈佛大學社會學博士，專門研究小組中的人際關係，並開發小組觀察的方法。

69 譯者註王：克萊德·克魯科恩（Clyde Kluckhohn, 1905～1960年）為美國人類學家，哈佛大學人類學博士，任教於哈佛大學社會關係系教授社會人類學，其妻子也是社會關係系人類學教授。

的。這些是有用的工具，能夠快捷地進行概念化和建議新的研究方向。

　　除了有各式的研究經驗外，學生也有機會教課，麻省理工的經濟和社會科學學系每個學期都會開一門人際關係的熱門課程，並被分成幾個區塊。

　　我們有一些人都教了兩個學期或兩個學期以上的社會心理學，我們能自主地按照我們想要的方式授課，唯一的限制是必須有充分的基礎來進行評分，授課教材一部分取自學生參與研究的回饋，舉例來說，他們都是多伊奇的一個關於競爭與合作的研究中的受試者，也是凱利關於人際印象實驗的受試者。

　　後來，在研究中心搬遷到密西根大學之後，佩皮通開始教利昂・費斯廷格的研究所統計學課程。

　　佩皮通也評論到這個團體中不同人在勒溫過世之後，發展出的不同方式，他回憶道：「我想利比特比較是要貼近貝索工作坊的現象面，而費斯廷格則是較實驗取向的。」

　　佩皮通的博士論文是關於社會知覺（Pepitone, 1950），利昂・費斯廷格是他的論文指導老師，而且也正因他們兩人平時的討論，這篇博士論文才得以發展。關於這個研究計畫形成與準備進行的時間點，約略是在這個團體從麻省理工搬遷到密西根去的時候，他說：「我決定在那裡做這最後的實驗，而不是在麻省理工做，我打算進入那裡的實踐場而且運用學校的設備。我們基本上可以自由選擇要得到麻省理工的學位或者密西根大學的學位。」

　　他在安娜堡（Ann Arbor）當地的一個學校，跑他論文的主實驗。

　　這個研究中心有另外一個特色是能夠輕易地將研究想法付諸實現，這也可以用來說明其研究成果之所以豐厚的部分原因，也就是說，在能獲得研究經費資助的情況下，可以在研究想法研究後不奏效再放棄，或者透過必要的控制組設計以及大樣本的受試者來檢驗。對我的實驗來說，我需要

有良好訓練的演員，可以演出或表達出不同程度的權威來訪談高中學生。這需要很多時間來訓練他們，並讓他們來訪談許許多多的受試者，但我不記得在找研究經費時遇到什麼困難。

▎離開麻省理工和密西根大學之後

佩皮通在1949年獲得他的學位之後，他在密西根大學待了兩年擔任研究計畫主任（Study Director），他投入到許多研究計畫當中，包括一個跟汽車工人聯會（United Automobile Workers union）簽訂的研究計畫，透過團體討論的方式改變偏見態度的一項研究，他也幫卡特賴特將勒溫的論文編輯成書《場論與社會科學》（*Field Theory and Social science*）（1951）。1951年，他到了賓夕法尼亞（Pennsylvania）大學之後仍繼續在做這件事情，他說：「我在五零年代早期所做的研究，大多是我當年在這研究中心時一直在探討的，以及先前在做的研究議題。到五零年代末期和六零年代大半的時間，我一直都在認知過程的研究領域當中。」

後來，他在七零年代開始去研究其他的社會科學，尋找「兼顧理論和資料聯結」。這是他持續在做而且近幾年逐漸把重心轉移到此處。他目前把自己視為一位「文化社會心理學家」，而且在研究所的課程中，教他所謂的「生物文化社會的心理學（bio-cultural-social psychology）」，在這裡頭他進一步地把社會行為的生理和文化基礎精緻化。在過去幾年裡，一直讓他煩惱的特定議題是社會評價和歸因的問題，他目前最有興趣的是人類信念系統，「我們正在做的研究是關於人的信仰的假設性功能，比如對上帝、命運、惡魔、靈魂、巫師、幸運及其他『超自然』的代理者和力量等。」他說道。

▎後續工作——跟勒溫的聯結和通力合作

佩皮通把「這群體在社會心理學上的凋零」歸因為幾個因素，第一，庫爾特‧勒溫的英年早逝讓大家失去了這位智性父親；第二個相關的因素

是研究中心的某些教師們和研究生轉變為較個人主義的觀點。他說「有一個問題是團體動力理論無法跟上研究的腳步。」而且，有關團體的研究不只昂貴且耗時。

　　總之，他說：「我相信勒溫式思考的衝擊是影響深遠的，但還尚難精確地指出是什麼，就是一種鮮少有原則限制的風格。」這風格他指出其中一種特徵是「資料與概念間的結合」，第二種特徵是勒溫將歷史性和同時性的動力概念加以區分，這也是勒溫談到存在於亞里斯多德派與伽利略派兩者之間的一種區別，最後，勒溫的風格包含了對脈絡的欣賞與敏感度——人與環境的相互影響。

　　從把個人表徵為一個人在環境中（a-person-in-the-environment）的「生活空間」，到把團體分析為動態的整體，再到團體的生態學分析，藉由「通路」和「守門人（決定了影響團體的條件和資源）」來表徵，再用「準靜態平衡（quasi-stationary）」的分析來表徵團體在社會結構和社區文化中是受到什麼動力而發展的。勒溫式取向完完全全是脈絡主義者，而且非常不同於另外一種社會心理學的取向，很理論地將個體抽離於其他身體與靈魂之外。

莫爾頓・多伊奇

　　莫爾頓・多伊奇在紐約市立學院（City College of New York）念研究所時，開始對庫爾特・勒溫的作品感興趣，他對馬克思・赫茲曼（Max Hertzman）[70]所教授的社會心理學這門課印象深刻，也被這門課的教科書——布朗（J. F. Brown, 1936）寫的《心理學與社會次序》（*Psychology and the Social Order*）——的內容所影響，這本書把庫爾特・勒溫的作品跟某些當代最令人振奮的思潮（如馬克斯主義和精神分析）結合在一起。勒溫理論中的動機部分吸引了多伊奇，因為他對臨床心理學很感興趣，「感覺勒溫接觸許多眾人皆知的心理學，並且致力於轉換成科學，而這正是非常吸引我的地方。」他回憶道。

　　在得到了賓夕法尼亞大學的臨床心理學碩士學位之後，多伊奇在第二次世界大戰期間進入空軍服役，他擔任戰鬥領航員，直到1945年的五月他除役之後，他進入一間復健醫院擔任臨床心理學家，此時多伊奇想要繼續研究工作，且要在臨床心理學和社會心理學之間找到前進的方向。

　　他也一直醉心於勒溫、利比特和懷特（1939）的團體氣氛的研究，而且也很有興趣於「團體工作的觀念和團體影響個體的方式。」

　　當我要從空軍除役時，我很幸運能夠挑選我要去的地方，而且能夠跟非常有名的人會面，像在賓夕法尼亞大學的瑟斯通（Thurstone）[71]

---

70 譯者註王：馬克思・赫茲曼（Max Hertzman）為紐約市立學院教授，費斯廷格就讀紐約市立學院大學部時，與馬克思・赫茲曼合作進行研究，並於1940年在《實驗心理學期刊》發表，本書參考書目列有本篇文章（Hertzman & Festinger, 1940）。

71 譯者註王：經查並無賓夕法尼亞大學的瑟斯通（Thurstone）教授，但有一位非常著名的路易斯・萊昂・瑟斯通（Louis Leon Thurstone, 1887～1955年），在心理計量學貢獻良多，最為著名的是瑟斯通量表的發明以及因素分析的精進，這一位瑟斯通教授畢業於芝加哥大學，1924年至1952年他任教於芝加哥大學，並無在賓夕法尼亞大學任職的經驗，研判可能曾經至賓夕法尼亞大學當過訪問學者，但不

和卡爾・羅傑斯（Carl Rogers）[72]、耶魯大學的唐・馬奎斯（Don Marquis）[73]，也和庫爾特・勒溫在紐約碰面。我有機去任何我想去的地方，我找到勒溫以及認識他新的觀念——團體工作的觀念和團體影響個體的方式非常有趣。

而且他是一個非常有個人魅力且令人興奮的人，跟他交談，他總是洋溢著某種熱情，相當迷人和吸引人的，我深受他和其觀點的觸動，所以我決定要去他那裡。我夠幸運而沒有遇到任何問題就進入，我是最早到的三個學生之一。

▌ 在麻省理工

團體動力研究中心在1945年的秋天開始運作，當多伊奇抵達的時候，有四位教師們——諾那德・利比特、多溫・卡特賴特、利昂・費斯廷格和瑪麗安・拉德克——已經在那裡了，勒溫會按照他自己的募款計畫表來來去去，起初學生很少，其他的是從軍中除役來的，直到1946年秋天的時候才有一大批學生進來。跟多伊奇一起進來的兩個研究生是從加拿大來的社會工作者，戈登・赫恩（Gordon Hearn）[74]，以及科勒的學生，戴夫・埃

排除有作者誤植或者是多伊奇口誤的問題。

72 譯者註王：卡爾・羅傑斯（Carl Rogers）為著名的美國人本心理學家，與馬斯洛開創了美國人本主義的浪潮，在心理諮商、治療領域創立了「個人中心治療」（Person-Centered Therapy），1945至1957年任教於芝加哥大學，並無在賓夕法尼亞大學任職的經驗，研判可能為作者誤植或者多伊奇口誤的問題。

73 譯者註王：耶魯大學的唐・馬奎斯（Don Marquis）應為唐納德・馬奎斯（Donald G. Marquis, 1908～1973年），耶魯大學博士，研究所時期曾在史丹佛大學就讀，後在劉易斯・特曼（Lewis Terman，請參閱本書第5頁註釋）的建議下至耶魯大學完成博士學業，主要的研究興趣在於實驗心理學，1930至1945年在耶魯大學任教，1945後至密西根大學。

74 譯者註王：戈登・赫恩（Gordon Hearn, 1914～1979）是一位有影響力的理論家和團體工作者，他將一般系統理論引入社會工作。他在伯克利（Berkeley）和波

默里（Dave Emery）。多伊奇認為麻省理工學院的環境有一個重要特徵是：「基於某些原因，學生群較為成熟，因為我們大部分的人都有碩士學位，也都經歷了大戰洗禮，而且我們也都視自己為大人。從年紀和心理上來看，教師們跟學生之間並沒有相差太多。」

這團體非常有凝聚力，「它是一個小團體，我們有很多事情需要跟其他人一起合作，且用許多不同的方式。大家都是學生，一起進行研究計畫，然後還要有些人際交流。」他記憶中，當他們到那個地方的時候，學生們就立刻被賦予許多責任。

多伊奇講了個趣事來描述這研究中心的環境所促成的創新性：

每個人都在找尋如何可以造就多產的物理學家（physicists）[75]，然後他們發現里德學院（Reed College）[76]有相當多的研究成果來自他們的研究生系統，接著他們進一步探討，發現裡頭的教師們一個準備離開，另外則有酒癮的問題，所以學生非常投入做他們自己的事情。

嗯，教師們（在麻省理工）並不是酒癮者，但從本質上說，我們被賦予了重任。作為學生，我們有責任為貝索設計研究，並積極進行創作、思考和規劃。學生和教師之間的關係並不是一個科層結構，而是一個更加平等的制度，學生很快被賦予了許多責任。

特蘭州立大學（Portland State University）的人際關係訓練領域上教授和寫作。

75 譯者註王：此處原文為物理學家（physicists），翻譯時曾經質疑為何討論的是物理學家，而非心理學家？是作者誤植，還是多伊奇有特殊的用意，例如物理學家是他們這一批學生、學者們的專業認同？還是有其他的原因，從上下文無法推敲出來。

76 譯者註王：里德學院（Reed College）是一所坐落在美國俄勒岡州波特蘭市西南的一所私立文理學院。建立於1908年的里德學院有一座學生運營的核反應爐，用於進行科學實驗，此為該校著名之處。依據維拉麥特週報（Willamette Week）的報導里德學院有縱容學生的吸毒酒癮行為的情事發生，當地政府也沒有積極處理的管制，因此推測里德學院有此風評，多伊奇述說大家曾提及此事，並說到里德學院的教師們部分也有酒癮問題，學生們得自立自強。

　　根據多伊奇的說法，這部分是勒溫的才華，「他有很多熱情和自信。他覺得我們正處於某種事物的開拓階段，他開放的態度展現於一個問題上：『爲什麼不呢？』」正是這種熱情和開拓性的氛圍，是勒溫向學生們所傳遞的，讓他們放開手去嘗試。

　　多伊奇描述了麻省理工教師之間的緊張關係。勒溫召集了一個非常多樣化的團隊，呈顯他興趣的廣泛，以及他認爲這研究中心的核心任務──兼顧基礎研究和應用研究。

　　利昂‧費斯廷格的定位較是科學研究，而利比特的定位比較是「改變世界」，以及試圖帶著對科學的敬意來行善。卡特賴特被稱爲博士大人，他拿著菸斗和比較是有點慈父般且超然的位置，他嘗試當個調解人，他用一種非常溫和的、有點放眼全局的角度，並且傾向於在爭論中不要固持己見。

　　勒溫死後，對基礎研究和應用研究的兩種取向變得更加分歧。

　　當勒溫還活著的時候，他善良的存在使這一點得以很好的控制，因爲他呈現了某種科學和實踐的整合力量，這兩者在他身上融合了，儘管在他的某些教師們身上也有，但這融合還是很難維繫。他活著的時候，這種緊張狀態並不是件壞事──其實很刺激的。

　　每個人有很多機會在團體面前提出想法，他把話匣子翻譯爲「吱吱作響的弦（winding string）[77]」，並描述爲「一個非常艱難、花費腦力的自由對辯」。

　　勒溫創造的東西之一是一種開放性，因此有一種自由，一種你可以暢所欲言的感覺，大家不必陷入任何特定的常規之中，雖然很明顯地有種

---

[77] 譯者註王：此處多伊奇提到勒溫將Quasselstripp翻譯爲winding string，意思爲吱吱作響的弦，與譯者翻譯爲話匣子，大家放聲討論，十分吵雜的狀態相似，很有意境。

脈絡在其中，即勒溫的基本取向、完形心理學和場地理論──這是種語言──假設性框架的一部分，我們在其中進行思考，它發揮了幫助作用，因爲它實際上給了我們一個共同的框架，它非常靈活，沒有很強的約束力──它非常開放。

　　由於他在臨床心理學方面的背景，多伊奇認爲他被置於「熟諳人格的人」的角色中。例如，在伯特利研究計畫中，他的工作就是研究團隊領導者的個性如何影響他們與他人的互動方式。諾‧利比特是他的論文指導老師，但多伊奇記得利比特幾乎沒有直接針對他的論文指導，這是一個關於合作和競爭對群體過程影響的研究（Deutsch, 1949），他在1948年從麻省理工獲得學位。

▌麻省理工之後

　　離開麻省理工後，多伊奇在紐約大學任教，直到50年代中期，當時他對合作和競爭的初始條件很感興趣。在紐約大學期間，他遇到了霍華德‧雷夫（Howard Raiffa）[78]，他跟鄧肯‧盧斯（Ducan Luce）[79]一起寫了一本關於博弈論的書（Luce和Raiffa, 1957）。雷夫引導他認識了囚徒困境（Prisoner's Dilemma）[80]，他在隨後的溝通與合作的研究工作中充分利用

---

[78] 譯者註王：霍華德‧雷夫（Howard Raiffa, 1924～2016年）是美國應用數學家、統計學家，是世界知名的學者，在博奕論（Game Theory）和決策分析（Decision Analysis）領域貢獻卓著。畢業於密西根大學，數學博士，後來一直任教在哈佛大學商學院。

[79] 譯者註王：鄧肯‧盧斯（Ducan Luce, 1925～2012年）是美國數學家，在數學心理學領域貢獻卓越，麻省理工博士，後來在多間大學任教。

[80] 譯者註王：囚徒困境（Prisoner's Dilemma）爲博奕論中非零和博奕具代表性的例證，非零和博奕指參與博奕者最後得益之總和並非爲零或一個常數。經典的囚徒困境可以簡單說明如下，警方逮捕到甲乙兩位嫌犯，由於證據不夠，警方將甲乙分開囚禁，並分別與兩見面，提出幾種不同的選擇，看兩位囚徒會作何抉擇。因

了這一工具。

　　他離開紐約大學後，在貝爾實驗室做了七年的技術人員，繼續他的合作和競爭研究。1963年，他轉到哥倫比亞大學教師學院（Columbia University Teachers College）擔任現職的工作。

▎ 後續工作──跟勒溫的聯結和通力合作

　　多伊奇在研究過程中最喜歡的部分是一路反覆思索研究想法，無論是在初始階段、為研究發展想法，還是在結束階段，都要努力理解那些與最初想法不太相符的資料。他的思想在社會心理學以及其他學科如社會學和政治學中都有影響，這些學科都涉及了衝突問題。在他的整個職業生涯中，他一直對平衡理論與應用感興趣。

　　多伊奇提及他受到麻省理工學院經驗的直接影響，是在訓練自己的學生時，他試圖激發一個有凝聚力的環境，在這個環境中，學生之間會有許多的互動。他說，目前他的訓練課程中的學生之所以會被選，都是因為有「堅定的意志和溫柔的心」。「我們希望他們對發展社會心理學有興趣，這樣才能對重要的社會問題產生一些實質的意義。」他們希望培訓出來的學生，是要對研究如戰爭、和平或正義等各種社會問題所產生的意涵感興趣的。他說，他一直試圖激勵和鼓勵學生在工作中採取很多主動性。

　　多伊奇喜歡與學生維持一種既是師徒又是同事的關係（apprentice-colleague relationship），他們通常會在他的研究補助經費的框架內合作。他喜歡有不是「門徒」的學生，因他們可能會在研究工作中發現一些有趣的東西。「我喜歡受到學生們的刺激，我喜歡他們提出自己的想法。」他說道，最好的學生是那些能夠接受一個想法並從中看到他忽略的東西的人，然後以一種意想不到的方式發展它。他說他的目標是：「有一個溫

徒困境的探討中，可以發現個人最好的選擇並非團體最好的選擇。或者說在團體中，個人理性的抉擇卻往往造成團體的非理性狀態，現實生活中的削價競爭或環境保護等方面，常常有類似的情況。

暖、團結、合作的工作單位。」

　　回顧這麻省理工學院的團隊，「我認為這團隊創造性的核心是，首先，有一些非常優秀的人；第二，有著共同協作的工作氛圍；第三，具有使命感、獨特感和開拓的精神，有一種非常與眾不同的感覺，有一個非常明確的規範，就是要富有成效，從發展想法、你自己的想法，然後和他們一起做出一些事情。這是一個非常強大的以工作為導向的團隊，有很多人在推動創新，能構成「這是一個特殊的群體」的重要環節是，要做一些獨特的、原創的事情，以前從未做過的事情，我們正在改變社會科學。

第六章
訪談：合作夥伴們

　　以下三段訪談是對幾位社會心理學家進行的，他們與勒溫傳統的成員都有聯繫，並且能夠對該團隊的工作風格做出評論。第一位採訪是羅伯特·克勞斯，他接受了莫爾頓·多伊奇的訓練，儘管不是在學術環境中。其他兩位採訪對象是愛德華·埃爾斯沃思·瓊斯和菲利·津巴多。瓊斯在哈佛大學和後來在北卡羅萊納大學的幾年中，與約翰·蒂伯有著密切的往來，津巴多則與勒溫傳統的幾個成員交誼匪淺。

羅伯特・克勞斯

　　羅伯特・克勞斯想進入紐約大學念研究所，跟著莫爾頓・多伊奇學習做研究，但他差點進入哈佛大學。

　　我沒有進入哈佛大學是因為我念了塔爾科特・帕森斯（Talcott Parsons）的一些東西，它令我很不高興，所以我決定我不要去了，這並不有趣，所以我去了紐約大學，每個人都說我瘋了。

　　哈佛大學可能會無形中設限我，那不是一個合適我的地方。我很幸運，大部分的孩子在那時代做決定都會選擇哈佛，且每個人都建議他們念哈佛。在某種意義上，他們可能是對的，但對我來說卻是錯誤的。

　　很不幸地，大約在克勞斯抵達紐約大學的時候，多伊奇離開紐約大學到貝爾實驗室工作。克勞斯後來就跟了默里・霍維茨（Murray Horwitz）學習。默里・霍維茨是勒溫在麻省理工學院帶的一位研究生，在當時——五零年代中——霍維茨仍在用拓撲學理論的勒溫派架構進行研究。「他仍在畫蛋及浴缸，且我真的都學會了，沒有其他人做這些。」克勞斯回憶。

　　霍維茨企圖透過諸如肌肉動作電位的生理測量，來探討張力系統的概念。「這想法是我們將對張力系統進行生理測量，這是很有趣的，因為在勒溫派的理論中，有指向性動機而形成的張力系統的概念。在肌電圖上你所測量的就稱為肌肉動作電位或肌肉張力，它們彼此沒有任何關係，且默里試著形塑出一個類比——透過測量生理系統的方式，你能找到『進入心靈的窗口』。但目前從未奏效。」克勞斯說道。「我花了兩年的時間學習肌電圖學，但卻徒勞無功。」還有其他不滿之處，「大約在霍維茨快要對這研究工作失去興趣的時候，他有點將自己從這整個工作抽離，好像他在其中沒有任何角色一樣，且他變成一位訓練團體者（t-grouper）。」另外，克勞斯覺得紐約大學沒有一流的學生，所以很難找到人和他討論想法。他說：「對我來說根本沒有智慧的養分。」

　　克勞斯厭惡地離開紐約大學，到貝爾實驗室為多伊奇工作，他們是透過霍維茨而認識的。有一次當多伊奇在紐約參加拓撲學會（Topological

Society）的會議時，他拜訪了霍維茨，霍維茨得意洋洋地給他看由克勞斯設計的一台設備，多伊奇告訴克勞斯若他需要一份工作，他們能聘用他進入貝爾實驗室。克勞斯說：「要不是那樣，我就放棄心理學了。」「雖然我從沒有眞的上過他的課，我視他爲訓練我的人。」

克勞斯說「我想我從莫爾頓身上學到的是如何從理論上來思考，如何構建一個問題，如何閱讀文獻，如何理解它並將其與其他事物聯繫起來。」克勞斯深信他由多伊奇身上「學到做一位心理學家。」

克勞斯描述當時的實驗室「就像一個沒有學生的學術部門，誰要和誰工作是非常鬆散的，所以我與莫爾（Mort，即莫爾頓・多伊奇）在化解衝突上做了點研究工作，且每個人被要求當作是自己的事情看待。」他說若人是好的且「了解正發生什麼事」，他們最終能變成某研究的共同作者，「就因爲你致力於事情的過程中貢獻良多。」他們可以自由地追求自己的利益，而不會受到美國電話電報公司（AT&T）高層的干擾，甚至這項研究具有政治意涵。多伊奇早在越戰時代就涉入反戰運動，克勞斯說：「他參加了很多會議，且使用我們做的研究來說明威嚇是不可行的」，貝爾實驗室的人不干預，「因此從這點來說，這是非常非常好的。」

我們做的工作非常令人興奮，我認爲獎勵系統有幫助。若你做得好，你就有更多話去說明你所做的。有趣的是，我們其中有六人在同一個大辦公室，且這之中有些人只是研究助理的級別，做著被指派的工作，另有些人基本上是獨立的研究者，全都坐在同一個辦公室，得到相同的薪水。

有很多事情要做，但通常會變成莫爾頓和我一起做研究並得出結果。過程中，我會說：「你知道的，我們必須去做這個，因爲它還沒弄清楚。」那他會說：「是的，我們最好那樣做。」沒有多久，我們成爲合作的夥伴，變成一個共同研究關係。

克勞斯認爲若他和其他類型的研究者合作——「如非常頑固的笨蛋，我或許可能會辭職。」他說他會離開研究所，因爲他發現沒有智力上的刺激，且深信執行別人的研究可能會「同樣無刺激，但在這裡卻從未是個問題。」

　　克勞斯最後去努力拿到學位，是因為多伊奇威脅要開除他，若他不回學校上課的話。當多伊奇在1963年離開貝爾實驗室時，克勞斯仍未完成他的學位，但如果唸完，他會被拔擢到多伊奇的位置，他仍在貝爾實驗室多待了兩年。

　　在多伊奇離開之後，克勞斯開始關注溝通的課題，並且從那以後一直在進行研究。「他們有點喜歡它，不是因為它比莫爾頓所做的更適用，而是似乎更容易對美國電話電報公司的副總裁證明這一點」他笑著。

　　用一種機會主義的策略，因為我利用他們可提供的事情。我認為若我得到這麼好的技術設備，我就能好好善用它。

　　我認為做了件明智的事情，而且它最終是世間事常是如此，我不可能預料得好好的。我真的到了我想要的地方結束，學到我想研讀的東西，雖然我花了一段時間才達到那個目的。

　　過了一段時間之後，他們決定或許社會心理學對他們來說不合適，但對我沒問題，因為我不是真的在做社會心理學，我做的是溝通，且那是沒問題的。

　　在那之後，他發現自身被認知心理學家包圍了。克勞斯描述他對「自己身處的環境非常有反應的」。對他來說，能有人激發他的想法是非常重要的，他說，「我認為能不用靠別人就能活得好好的人，要嘛是超級聰明，要不就是做著無趣的事情，而且我覺得後者較前者更多。」在貝爾實驗室這段期間，他描述與同事之間想法來回激盪的過程中，這些想法會在過程中有所改變，依據他們興趣的本質，這些想法自然就參雜著認知心理學模式在身上。他說，「他們是好人，我會花很多時間和他們交談，但我發現我的工作開始看起來像他們的，我真的不想要變成這樣。」

▎訓練學生

　　我告訴研究所學生兩件事。一個是，我說你不應該學習心理學的歷史

和體系，除非你老得足以回憶一些過往；另一個是研究所學生不應該學習科學哲學，這對他們非常不好，這讓他們學了還不太懂的原理原則，卻奉爲教條。在某人告訴他們那是什麼之前，他們應該要明白自己在做什麼。

我認爲最具破壞性的事情之一，是發生在五零年代的實證主義和行爲主義的合併，而且你回頭讀讀，當時哲學組成了一個社群用來鞭打那些不願信服的人。

學生把科學哲學說得好像當它是教條一般。換句話說，它告訴他們你該怎樣做事情，而根本不是這樣的。這是哲學家對我們所做之事的一種理解，所以他們看了我們所做的，然後說，「對，以某種抽象的方式來說，就是這樣。」之後有人做了不一樣，那他們必須改變解釋。

我的意思是，在科學界有創造力的人是誰？科學界有創造力的人——我不會提到任何名字——不是那些念了四個研究，每個研究都操弄一個變項，然後設計一個研究將四個變項全組合在一起的人，不倫不類的。爲什麼？這些研究中的每個變項都很有趣，現在你拿它們組合在一起，就以爲會有無法理解的交互作用，那是電腦做研究的方式。

做研究是一個比上述情形更有創造性的事，我不認爲藝術和科學有很大的區別，唯一不同的是訓練的層面，所謂的訓練層面我指的是遊戲的規則不同，但基本上遊戲本身是一樣，這遊戲都是嘗試系統性地去理解事情。一位畫家需嘗試系統性地去理解關於我們看到的和反應的方式——不是視覺上我們看的方式，而是用心智看的方式，以及我們看完後的反應方式。唯一不同點是科學家會說，「我的遊戲說我必須有一個與之相符的事實。」但這也同樣適用於畫家。

若你認識的人是嚴謹的藝術家，若你看過在工作中的藝術家，你就會發現他們所做的，與《梵谷傳》中的柯克·道格拉斯（Kirk Douglas）[1]相比較有過之無不及，和我做的像極了。而我做的是什麼呢？當我有了一個想法，就會掙扎於該如何做出最好的實驗測試，來了解這想法是否有意

1　譯者註王：柯克·道格拉斯（Kirk Douglas）是美國好萊塢電影演員，猶太人。曾於1956年飾演梵谷傳（譯名，原名：Lust for Life）。此處應指道格拉斯在該片飾演的梵谷時身爲一名藝術家的生命追求與狀態。

義。而藝術家也做同樣的事，他們一有想法，繪畫是一個將其呈現的方式，雖然他們的想法通常是難以清楚表述的，但那是可以說的。那是你也不能教的事情，我不知道如何做。你可以讓學生去經歷，而他們有些是精明的，有些較不精明，有些非常快地通透事情，有些則否，但當擁有一個想法且能認出是好想法的人，就是準備要去做的人。

他認為這是一種審美判斷。

克勞斯說他相信當要跟研究生合作的時候，「會有個主要的影響，但互動影響才是最重要的。」

收到最糟的學生是已經有專業定向的人——他們知道你必須一年做兩個研究，並至少出版一本書。我發現我不能和這類人做很多，因為他們會做你告訴他們的任何事情。給了他們一個研究，他們就會操作、完整地執行它，但我卻無法從那裡得到太多。

對克勞斯來說，教學的理由是讓年輕、有活力的聰明人在身邊，「有才能的他們被工作所吸引和感到興奮。」他說這件事情近年來難以維持，但當周邊環境能夠給予回饋時則會有助益。

當他和研究生一起工作時，他說：「我們來做我們的工作吧。」若可能的話，他會試著去找一個他和這些研究生興趣重疊的領域。他說，「偶爾我會有某些事情我真的想要做的，但通常我們會試著一起做出一個計畫。」他把此和斯坦利·斯開特的實驗室對照，他曾近身觀察並且描述那裡像是個「家族企業」。克勞斯說他現在相信自己「對研究所有不切實際的期待，我想我期待有人像斯坦利和利昂可以完成任務，但很少有人能做到。」

▌目前的工作及通力合作

克勞斯目前致力於研究和社會行為有關的認知心理學領域。他說，

「我真的處在社會心理學和認知心理學的邊緣上，我做的不能算是認知的社會心理學，我做的有點像語言心理學。」

在一個實驗中，他和一個學生分析手勢的功能。這個研究是一個關於語言是否是一種手勢的自然產物，這個較廣泛課題的一部分。

我們做了一個實驗，條件之間存在著大約300毫秒的差異。現在，已達0.0001的顯著水準，但有人說：「嗯，有什麼的差別……」好吧，並不是300毫秒造成差異，而是它代表處理時間的差別。告訴你關於這個問題的某些事情，那就是為什麼我要做這件事情，這是一個問題。

他說他可能比任何其他類型的心理學家，更能與認知心理學家交談，但當有人質疑他是位社會心理學家時，他會憤恨不平。他說：「真的還沒有關於語言，並具有連貫性的社會心理學——至少目前還沒有。」「現在的情況是認知心理學家才開始了解到，為了理解語言的使用，他們必須知道在語言背後的社會因素。」

▌ 通力合作

克勞斯談論到和普林斯頓大學的薩姆・格魯茨伯格（Sam Glucksberg）[2]的工作關係，他們合作超過二十年了。他說，「隨著時間的積累，我們對彼此的風格有足夠的了解，而事情也會有好的結果。在某些領域上，若我說了一些事而他不同意，但他會聽從我的，這就像一個美滿的婚姻。」

他說到和多伊奇合作的過程，最後發展到了他們一對一地一起工作的情況。

2　譯者註王：薩姆・格魯茨伯格（Sam Glucksberg, 1933年生），加拿大人，紐約大學實驗心理學博士，後來在美國新澤西州普林斯頓大學任教，以研究比喻性語言而聞名，另外他也以操作蠟燭問題的實驗而知名（Glucksberg & Weisberg, 1966）

　　在這領域我是一個資淺的人，所以在我們任何一個人的心中，對於老闆是誰沒有任何懷疑，老闆是做最後決定的人，但他對此是非常民主的。我有點性急和年輕氣盛，且經常魯莽行事，在某些方面這是好的，因為他是個思考周密且清醒的人，所以這是一個有助益的關係。

▌ 勒溫的貢獻

　　克勞斯和勒溫的聯結是透過多伊奇及格魯茨伯格，而現在是透過他的同事斯坦利・斯開特。多伊奇是一位在心理學之外有影響力的理論家，「莫爾頓的確說了很多關於勒溫的事，且很明顯地他一直很欽佩那種人的。他特別提到他的能力，把某人的觀察將之概念化，然後把它聯結至其他事情。」

　　在我念研究所期間，有種理論化的風格蔚為風潮，且直到現在都佔有主要地位——也就是默頓[3]所謂的中層理論，它們比假設大但遠比偉大的系統小。莫爾頓傾向研究較大型，但並不是像赫爾派系統或勒溫派系統，但當然也不像歸因理論一樣，這是相當高水準的東西且不追趕流行。

　　若你看他的理論，你可以用很多方式來批判它們，但你絕不會說它們有內在不一致。他的理論本身非常嚴謹且很難做，這並不只是自由聯想，它可以在抽象的層次上保持連貫性的論證。但就這抽象的層次來說，我認為在社會心理學中像利昂和斯坦利這樣的人的壓力之下，又顯得不合時宜了。

　　克勞斯和霍維茨的接觸有其影響：

3　譯者註王：中層理論係由美國社會學家羅伯特・默頓（Robert K. Merton）所提出，主要是為解決社會學理論在宏觀與微觀方面極端化發展的困境應允而生的。默頓是提出結構功能主義這種宏大理論的學者帕森斯的弟子。

　　我學到了勒溫派的全部傳說——霍維茨唯一做的事就是傳播這傳統。你會說：「某某是年齡的函數。」然後他會說：「年齡不是心理變項，那年齡意指什麼？」我說，你知道的，「一歲、二歲……。」他說：「好，那指的是什麼？那在心理意義上指的是什麼？」當然勒溫有確切地談論那個。年齡不是心理變項，你必須討論的是一歲和兩歲有什麼差異？

　　地位不是心理變項，爲什麼？因爲它是一個你貼在人身上的標籤，問題在於它如何表示一個人。如勒溫說的，當較年輕者和較年長者之間唯一的差別在於生活空間邊界的滲透性（permeability）時，我們可以創造其他使邊界可滲透的情境，然後可以讓我們認識些關於年齡的事。比如說讓某人喝醉，這是讓他們可滲透的一個方法，而這意味著退化。

　　我不認爲有人說過這，但這是很合乎邏輯的，倘若你想研究年齡，你不需得到不同年齡的人，你可找同年齡的人，然後對他們做些會改變邊界滲透性的事。好吧，若你的理論是對的，那就好。

　　因此問題在於，變項的檢驗不僅僅是檢驗理論正確性的功用，這也是理論已經被轉化爲一個變項的某種智能正發揮其功能。

　　我想勒溫眞正的貢獻是讓所謂的實驗社會心理學變成可能。勒溫說的是，若你想研究某東西，並不需要去創造那東西出來，你必須要做的是找出那是什麼，那件事情如何在心理上表現出來。所以，倘若我們要研究地位，你不需要找到他從英國來的祖先，你要做的是去發現什麼是對地位很重要的變項，然後你提煉出來。你去掉表面型的變項，然後看看什麼是基因型的變項。

　　我不認爲有人眞的看過這，但你若從頭到尾看過社會心理學的實驗——我的意思是，眞的有個轉折點。這不只是個穩定的進化，只要看看研究中心做出的許多實驗及他們研究的變項類別，那眞是個戲劇性且基進的建議。相反地如果你沒有眞的認識到基因型變項，你就會弄出一個愚蠢的實驗，而且我認爲很多愚蠢的實驗就是來自於此。

　　例如，你正在研究人際衝突，你安排一個情境，但情境不包含你試圖解釋事物裡的重要事情，你創造了在某些方面模擬它的情境，但當然這還

是它自己的一種情境。受試者進來，受試者坐下，他沒有想著你所想的情境，他正在面對這情境，就像在許多雙人博弈的情境裡（實驗），問題在於我們對受試者所面對的具體情境沒有充分的考慮——受試者建構情境的方式。斯坦利（即斯開特）是一個令人難以置信的戲劇導演，因爲他具有令人如此驚嘆的「戲胞」。

　　克勞斯評論了勒溫建立麻省理工團體動力研究中心時，美國那時所存在的條件。

　　這些人剛剛經歷了一場戰爭，那時我不在軍隊，我年紀不夠，但我確實記得有很大的世代效應（cohort effect），而我認爲那才是眞的有趣的部分。如果沒有這個，我不確信會出現像那樣的事情，這是我能記得的最能產生凝聚力的經歷。當時每個人都感覺自己做了正確的事，且就我記憶所及，利社會的感覺非常非常強大，人們自願爲戰爭貢獻心力。

　　我認爲他們所有人都曾經歷過這個經驗，像斯坦利這樣的人會說用有意義的方式塑造出他們的性格，然後勒溫會提供這樣的觀點，眞的會提出這樣的觀點，即一種處理這些被知覺爲造成這場大災難的東西的方法。他們是堅定冷靜的理想主義者。

愛德華・埃爾斯沃思・瓊斯

愛德華・埃爾斯沃思・瓊斯[4]說自己會成爲一名心理學家「眞的有點意外」。1947年[5]，他以轉學生的身分進入哈佛大學。「那是在戰爭和我服完兵役之後。我過去一直想去念哈佛，但我也想成爲一名記者，可惜他們沒有新聞學院。」他說道。在服兵役之前，他是斯沃斯莫爾學院主修歷史的學生。

作爲一名大三學生進入哈佛後，新成立的社會關係系在他看來「就像是一個藏身的好地方，它似乎有點介於純粹的人文科學和自然科學之間，我喜歡這樣。這似乎是一個很好的妥協，它似乎也滿足了我對政治和社會問題的興趣。」他接著解釋說道：「我來自一個非常自由的家庭，我媽媽總是會做一些事情，例如去溜冰場示威抗議，因爲他們不讓黑人進來。她是個編輯的常駐記者，總愛宣洩不滿等等。」他的父親是一位心理學家，但他決不會勸說兒子改變志業，但瓊斯坦承他小時候曾「從許多實習生手中接受過比奈智力測驗，也在臥室裡讓寵物鼠穿過書做成的迷宮（Jones, 1978，頁59）。」

到了哈佛大學，瓊斯說他是迅速地選定到「社會關係學系的心理學領域——即社會、人格與臨床心理學，其他領域的心理學則不在社會關係學系裡。[6]」

4　譯者註王：愛德華・埃爾斯沃思・瓊斯（1926～1993年）是美國著名的實驗社會心理學家，研究工作主要在歸因研究，他與學生基斯・戴維斯（Keith E. Davis）提出了對應推論理論（correspondent inference theory），還與理查德・尼斯貝特（Richard E. Nisbett）提出了行動者與觀察者偏誤（Actor-observer bias）。

5　譯者註王：勒溫1947年過世，那年瓊斯剛轉學到哈佛。這個時間上的參照性，顯示出瓊斯較不可能與勒溫有接觸的機會，而比較有機會與勒溫傳統第二代的人接觸。下文也會提到瓊斯與蒂伯的關係。

6　譯者註王：參閱本書第18頁註釋3，1947年哈佛大學設有心理學系和社會關係系，實驗心理學留在心理學系，而社會關係系則有社會、發展與人格等心理學，此處反映了當時的情況。

　　1947年夏天，瓊斯上了利奧・波茲曼（Leo Postman）[7]教授的一門人格學課程，傑羅姆・布魯納曾來做了一次客座演講。「布魯納是個引人入勝的演說者，他說的是動機對知覺的影響，我覺得這眞的很令人興奮，所以當我不得不找人來指導我做大學論文時，我就去找了他。」他回憶道。這是一段關係的開始，一直持續到他也在哈佛大學念臨床心理學碩士結束。

　　他的大學畢業論文是關於似動現象（apparent movement）的小研究，只找了十七位受試者，這是他在幾年後碩士學位論文完成之前，唯一進行的研究，雖然他也曾幫忙做幾個他人的研究計畫。他說：「在那時候，對研究生來說，尤其是心理學系的研究生，在學位論文發表之前都不會做研究，或者說做得非常非常少，這種狀況並不罕見。」在他讀研究所的第三年，到了要規劃他的論文時，瓊斯再次去找布魯納尋求建議，這最終促成了他轉往對人類知覺的關注。

　　布魯納是瓊斯論文的正式指導教授，但在瓊斯開始做論文研究計畫的那一年，他休假了。「他到1952年秋天才回來，而我已經設計好我的實驗，蒐集了所有的資料，並試圖搞清楚其中的意義。到那時爲止，他眞的鮮少參與，我從我的研究小組得到了很多幫助。」他解釋道。

　　瓊斯的論文是關於人類知覺的研究，結合了權威性人格（Adorno[8]、

7　譯者註王：利奧・波茲曼（Leo Postman）全名爲利奧・約瑟夫・波茲曼（Leo Joseph Postman），爲俄裔美國心理學家，以研究人類記憶而聞名，波茲曼大學與碩士畢業於紐約城市學院，而後於1946年取得哈佛大學心理學博士學位，1946至1950年在哈佛大學任教，瓊斯在1947年上過波茲曼的課程，1950年波茲曼到加州大學柏克利分校任教，直到退休。

8　譯者註王：阿多諾（Adorno）（1903～1969年）是德國社會學家，同時也是哲學家及音樂家，是法蘭克福學派的成員之一，是社會批判理論的奠基者，1924年在德國法蘭克福大學拿到哲學博士後，成爲法蘭克福大學的教師。德國納粹興起後，移居至英國牛津大學任教，之後又到了美國在幾個學校或研究單位待過，進行威權人格以及社會歧視的研究。1949年他回法蘭克福大學任教，協助霍克海姆重建社會研究所。1950年他出版了他在普林斯頓大學期間，與布倫斯維克（Brunswik）、勒溫森（Levinson）和桑福德（Sanford）等人協同進行的有關威

Frenkel-Brunswik、Levinson和Sanford, 1950）與阿施（Asch）[9]的「暖、冷」研究（Asch, 1946）。「我事先測量了受試者的權威性人格，並以我認為與威權主義相關的方式操縱實驗同謀者[10]，看權威性人格高者與低者是否會反應不同。這些結果實際上達到0.005的顯著水準，與我的預測相反。」他笑著說。

布魯納是非常重要的，但在某些方面，約翰・蒂伯更直接地參與了我的論文，並且從我碩二那時所做的事情，到我現在所做的事情，有著更直接的聯繫，他在我的人生發展中起了核心作用，因為當時的社會關係學系是相當「反勒溫的」。

人格和臨床心理學家肯定學過了衝突模型、人格動力學理論等，我們大家都已學過了這些，但實際上我們並不認識團體動力學，它被認為是追趕流行的，並不十分重要。有一種感覺，勒溫被視為是一個對「主流」心理學認識不夠和敬意不足的人，我認為這或多或少影響了這個領域的其他人。在遇到約翰・蒂伯之前，我從未聽說過費斯廷格這個名字。

約翰・蒂伯是勒溫麻省理工學院的研究生之一，以助理研究員的身分來到哈佛。蒂伯帶來了一種實驗方式，而這是勒溫所發展出來的，後來由利昂・費斯廷格把它趨於完備的。瓊斯是一個研究小組的研究生助理，這個研究小組包括漢克・瑞肯（Hank Reicken）、雷納托・塔吉恩（Renato

---

權人格和法西斯的研究。

9　譯者註王：阿施（1907～1996年）出生於俄羅斯帝國所統治的華沙，1920年移居到美國，1932年獲得哥倫比亞大學哲學博士，在斯沃斯摩學院任教19年，與完形心理學家科勒共事，受其影響而逐漸轉往社會心理學領域發展，1950年代他開展了著名的線段從眾實驗，演示了人們受到社會環境影響的一面，後來他還在哈佛大學督導米爾格拉姆（奧爾波特的博士生，可以參本書第30頁註釋5）發展出電擊實驗。

10　譯者註王：實驗同謀者為實驗者事先找來與真正的受試者一起進行實驗，同謀者了解實驗操作的過程，也清楚自己在其中自己所要扮演的角色與行為。

Tagiun）、約翰・蒂伯和羅伯特・布萊克（Robert Black）等人，他們都是從德克薩斯州（Texas）來的。瓊斯仔細觀察並記錄下該小組的各種研究方法，「蒂伯和瑞肯正在做一些相當出色的工作，」他說道。「雖然我不是合著者或其他什麼人，但我確實聽了他們討論實驗並觀察他們運作實驗。」

該小組的援助來自空軍和海軍。我是唯一的研究生，卻被當作同儕對待，這是一次美好的經歷。

我立刻愛上了蒂伯，我的意思是，他就是個非常棒的人。他自己對人類知覺和現象的因果關係很感興趣，例如，他讓我去了解海德（Heider）——我從來沒有聽說過海德，這真讓人大開眼界。

1953年春天，在我完成論文的時候，蒂伯去了北卡羅來納大學（University of North Carolina），我則去杜克大學，但這並不完全是個意外，因為約翰一直有參與一個聚會，杜克大學的董事會主席在談論聘請臨床心理學的人時，他就推薦了我。

瓊斯認為：「這只是一連串奇怪的巧合，導致我最終選擇了杜克大學。」他第一份工作機會的邀請是衛斯理大學，但他並沒有急於馬上接受這份工作，「那是個難以置信的一天——你生命中的24小時改變了你未來的歷史進程。」他說。他原本在期限的最後一天到辦公室準備要發封電報，接受衛斯理大學的職位。在那裡，他遇到了布魯納，布魯納告訴他要慢點發電報，因為他正在等待斯旺莫爾學院一個可能更適合瓊斯的工作的電話。與此同時，瓊斯打電話拒絕了匹茲堡醫學院的一份工作邀請，但還沒聯繫到他要找的人，所以他先留了個訊息。所有這些事情都讓他延遲了發給衛斯理大學的電報。那天下午，當他終於準備好要發電報時，他接到杜克大學的電話，邀請他考慮在那裡的職位。「如果我發了那封電報，而且如果我沒有在大廳裡碰到布魯納，我肯定就會答應了，這將會產生巨大的影響。」他說道。「因為當時衛斯理大學的教學負荷非常高。」

儘管瓊斯的學位是臨床心理學，但他說，在他獲得學位的時候，他也已經清楚自己想成為一名社會心理學家。

▌在杜克大學

在杜克大學，瓊斯與蒂伯的親密關係得以重建。

他讓我加入了北卡羅萊納大學的組織研究小組（Organizational Research Group，簡稱ORG）[11]，這個小組最初包括心理學家和社會學家，但最終篩選後剩我自己、蒂伯、米爾頓・羅森鮑姆（Milton Rosenbaum）[12]和社會心理學研究生。這個小組每週三晚上開一次會，我們會討論研究工作，我們會與研究生合作，我與迪克・德查姆斯（Dick DeCharms）[13]以及勞埃德・斯特里克蘭（Lloyd Strickland）[14]合作，他們都是北卡羅來納大學的研究生，我們一起做了幾項研究。這個組織只是我錯失的社會心理學這領域裡的繼續教育的一部分。

這小組對我很重要，因爲當時杜克大學沒並有社會心理學。

---

11 譯者註王：依據威利線上圖書館（Wiley Online Library）（網址爲：https://onlinelibrary.wiley.com/doi/10.1111/j.1467-6494.1960.tb01635.x）對理查德・德・查姆斯（Richard de Charms）和密爾頓・E・羅森鮑姆（Milton E. Rosenbaum）（1960）發表在人格期刊（Journal of Personality）論文的介紹，提到了這篇研究是北卡羅來納大學社會科學研究所的組織研究小組所做的，其中組織研究小組的英文爲Organization Research Group，與本文中所用Organizational一詞不同，研判此處爲作者的誤植。

12 譯者註王：從PsycNet的網站上（https://psycnet.apa.org/home），搜尋到米爾頓・羅森鮑姆（Milton Rosenbaum）35篇期刊，1980年代羅森鮑姆有兩篇關於「人際關係」、「吸引力」的文章，顯現他後期關注的焦點。

13 譯者註王：迪克・德查姆斯（Dick DeCharms）應爲理查德・德・查姆斯（Richard de Charms），迪克應爲其綽號。

14 譯者註王：勞埃德・斯特里克蘭（Lloyd Strickland）應爲勞埃德・H・斯特里克蘭（Lloyd H. Strickland），與蒂伯於1960年共同發表（Thibaut, Strickland, Mundy, & Goding, 1960），北卡羅來納大學的心理學博士，現在是加拿大卡爾頓大學的名譽教授（如網站所示：https://carleton.ca/psychology/people/lloyd-strickland/），研究興趣主要是俄國的社會心理學。

　　他在杜克大學最初的幾個博士生是臨床的學生，因爲那時沒有人會來杜克大學學習社會心理學。「後來肯・格根（Ken Gergen）[15]和基思・戴維斯（Keith Davis）[16]這二位學生來到這裡，還有被錄用的傑克・布雷姆，我們才開始有了一個勉強稱得上的社交活動。」他說。布雷姆在明尼蘇達大學跟著利昂・費斯廷格取得了學位，然後在耶魯大學花了一段時間從事態度改變的研究。瓊斯回憶說：「他進來時，滿口都是失調理論（dissonance theory）。」並補充說，他們的研究風格「相輔相成」。

　　我們在想法上有足夠的一致性，所以我們從來沒有針對做事方式，主要是關於實驗社會心理學，以及理論的重要性等等有任何爭論。另一方面，我們的研究風格完全不同，因此學生有不同的榜樣可以選擇。

　　我更直觀、更臨床，即我的實驗在某些方面更複雜、更貼近真實生活，正如阿倫森所說，更世俗、更真實。我想把我的研究與理論聯繫起來，但我的實驗變項的複雜性常常成爲問題。傑克（Jack）[17]是一個推論更嚴謹的理論家，他會操作這樣的實驗，這種實驗在理論上有其重要意義，但不一定對研究的課題有很多意義。但他可以操作由理論中嚴密推倒出來的變項，但通常很難理解跟現實世界有何關聯性，因爲這對於研究課題來說是不尋常的，也許是人爲造就的。但我認爲這兩種方法都是可行的。

---

15 譯者註王：肯・格根（Ken Gergen）即著名的肯尼斯・格根（Kenneth J. Gergen），奠定並提倡後現代建構主義理論。他是瓊斯的博士生，杜克大學心理學博士，先後任職於哈佛大學、斯沃斯摩爾學院等大學。

16 譯者註王：基思・戴維斯（Keith Davis）也是瓊斯的博士生，杜克大學心理學博士，曾在普林斯頓大學、科羅拉多大學、博爾德大學和羅格斯大學等任教，然後來到南卡羅來納大學。依據社會心理學網（https://keith-davis.socialpsychology.org/）的介紹，戴維斯的研究重點是親密關係（友誼和愛情）的發展、社會支持和健康，以及包括跟蹤在內的關係暴力等議題。

17 譯者註王：即傑克・布雷姆（Jack Brehm）。

過了一段時間後，杜克大學增加了社會心理學的師資，加入了達溫・林德，他是阿倫森的博士生。他們形成一個三人小組，各自都與利昂・費斯廷格有所聯結——瓊斯是透過哈佛大學的蒂伯，布雷姆是其直傳弟子，林德則是費斯廷格的博士生艾略特・阿倫森的學生。與費斯廷格的聯繫有另一個重要的原因：

費斯廷格有一個小組——研究生們會到他在明尼蘇達大學的家裡，之後到斯坦福大學也是如此，他們會帶啤酒，談論他們的研究。大約是1965年在杜克大學時，傑克・布雷姆來找我，他說：「你知道嗎？我們的學生不知道怎麼做研究，有些不對勁的地方。」然後他談到了費斯廷格所領導的這個小組，所以我們就說：「好！我們來籌組這樣的小組。」而我們做到了。我們把這小組稱之為「探求者」，如同那《當預言失敗後》[18]一書中世界末日教的名稱。

探求者預定每週見面一次，有時我們會推遲一週，但我們經常見面，足以發揮重要作用。它模仿了費斯廷格小組的模式——我們會在我家見面，或者在傑克家見面，或者稍後在某個研究生家見面，我們會喝啤酒，吃椒鹽卷餅，有人會負責討論他的研究計畫。一切有了開始，這是我們做過最聰明的事。

我們在普林斯頓也這樣做，只是沒有在晚上，也沒有啤酒。我認為這聚會很重要，學生的研究訓練最重要的部分可能是必須提出一個實驗的想法或設計，描述他們的指導語、招募程序、操作，然後必須在一群同儕和老師面前操作一遍，大家將會挑戰或提出質疑。我的意思是，不是惡意的，但他們會提出一些報告者從未想到的問題。每週都有這樣的事情發生，對學生來說有點緊張，但我真的認為這是他們能有所學習之處，不僅

---

18 譯者註王：《當預言失敗後》是費斯廷格、亨利・里肯（Henry Riecken）以及斯開特三人於1956年出版的書，詳述一個在芝加哥的小型幽浮（UFO）宗教，叫做探求者（the Seekers），這個宗教相信世界末日即將來臨，作者們對於這個群體在預言所稱的事件未發生後，群體內部的應對策略，反映了認知失調的一種現象，可說是一個失調的經典案例。

是他們自己的實驗，而且他們也可以聽B教授指點學生A等等。

▌後續工作和通力合作

　　約翰・蒂伯和瓊斯在哈佛的時候，跟他介紹了海德的研究工作。瓊斯在這次會面時除了講到他對人類知覺感興趣之外，還講到了他在研究所的臨床經驗。他參加了一個由波士頓州立醫院的一位分析師主持的研討會，他說這「實際上是一個團體治療研討會，實際上只有兩個重點。一個是每次都要有人做筆記，另一個則是每個人都要寫一篇學期論文，沒有別的了，不會有帶討論的領導者，也不一定會有討論的主題，所以我們坐在那裡沉默了許久，有人會焦慮起來，開始說話，這研討會就是這樣，每週一次維持一整個學期。」

　　他們都是臨床心理學的研究生。我們對彼此非常了解，同時有點競爭性和合作性，大部分都是競爭性的，會出現很多敵意和有趣的小問題，例如，「當你想成為一名臨床心理學家時，你怎麼能對他懷有敵意？你必須試著理解他的行為，但如果你理解他的行為，你怎麼會有敵意呢。」這就是我內心不斷繚繞難言的想法。這是一個令人著迷的問題：如果你真的說服自己明白行為是由多種因素決定的，是由各種各樣的事情引起的，在什麼情況下敵意才會是合法的。鑒於此，你有什麼權利對某人生氣？所以我認為這讓我對現象因果關係產生了興趣，例如，你在什麼時候截取因果序列來加以懲罰？如果有人行為不加檢點，你就不能全身而退，為了讓社會團體發揮作用，你必須有所懲罰。因此，所有的關注都可匯集為海德的現象因果關係的一般主題中。

　　當瓊斯移居杜克大學時，他遇到了一些文化差異，這促使他思考人類知覺和自我呈現（self presentation）。

　　我一直都在北方生活，最近六年是在新英格蘭相當質樸的社會環境中

度過的。我來到了這個文化中，每個人在街上遇到你，儘管他們以前從未見過你，他們都會這麼說：「回來了」，這是一種熱情洋溢的，這種禮貌般的溫暖令人印象深刻。你開始思考次文化的差異，這一切意味著什麼，以及特別難以辨別的話：「這個人說那些奉承的話到底意味著什麼？」

還有幾件事促成了他的想法的發展。一是他成為了《人格期刊（Journal of Personality）》的編輯。「你很年輕，不太成熟，你有點渴望想知道人們是否認為你做得很好，但你開始意識到你無法了解別人的想法。」他解釋說。另一件事情是他和研究生基思・戴維斯（Keith Davis）進行的實驗。

這是一個失調的實驗，我們誘導一個受試者負向評價隔壁房間的某個人，但這個人實際上只是一個錄音帶，而受試者並不知道這一點。受試者要傳達一個負向評價給這個人，有的受試者會讓他產生有選擇的錯覺，有的只是被簡單要求去做。如果他有選擇的錯覺，後來他就會不喜歡這個人了。後來我問自己：「為什麼不顛倒過來，讓受試者對隔壁房間的人說些很好聽的話，讓受試者最終會喜歡他呢？」我心裡想，「哎呀。我不這麼認為。」

瓊斯指出，如果他要進一步地組織發展自己的想法，似乎要比實際情況更有邏輯性。他說，如果他要把這想法寫下來，他可能會這樣寫：「很自然，如果你要研究人類知覺，你就必須研究它的另一面，也就是說，自我呈現發揮的決定因素是什麼。這故事是一個很好的例子，但我真的不確定這就是我開始對自我呈現課題感興趣的原因。我對自我呈現感興趣的外部決定因素有很多，也許我更為人所知的研究是歸因，但我認為會不斷地回到自我呈現的概念，我認為我有一個更獨特的視角，我覺得這更是我的生命精髓。」

▌訓練學生

瓊斯記得，當他在哈佛大學讀書時，他被心理學的方法論迷住了。他說：「每當有人談論心理計量法、平均誤差法或類似的東西時，我會相當感興趣，即使我不認為自己是一個方法論者，但對我來說，這就是我們跟新聞專業不同的地方。」

在過去的日子裡，我從來沒有寫過任何東西，或者說幾乎從來沒有寫過。我會蒐集資料並把它們放在一邊，然後我會在夏天用我那可靠的計算器沉浸在它們之中，這是在電腦發明之前的情況，但我對電腦上的資料分析仍然很緊張。我喜歡從一個實驗中獲取這些資料，然後分析這些資料，你真的要去知道每個數字是什麼意思，從哪裡來的。你可以在每一個依變項上辨認出受試者，這是出於對資料的熟悉，這樣當你在寫研究報告時，你真的感覺到那裡有什麼，並且你會感覺到你在描述一些像老朋友一樣的東西。我不再有那種感覺了，我不認為我們的研究生會這樣做。現在你可以在一兩天內對一項複雜的研究進行所有重要的分析，這些分析在過去需要三個月的時間。很自然，你沒有足夠的時間去思考研究的進展。現在你看一些成品──你進入統計套裝軟體，就會得到一個大量的列印輸出，我認為你真的錯失了一些東西，我不知道如何重新奪回它，我還是喜歡過去研究過程中的那一部分。

瓊斯說，他給學生們「很多束縛，我認為他們喜歡這樣，但在關鍵時刻我也給了他們很多幫助。」他說，他自己的研究工作是在一個夠廣大的框架下，允許學生們討論各種話題。

如果有人想研究自我設限，那太好了。我現在沒有什麼主意，但如果有人想做的話，我很樂意和他們討論這件事，也許我們可以一起想到一些想法。或者，如果有人想這樣研究自我呈現或歸因，任何一件事情，都在我的興趣和研究的總體框架內，就算有那麼多事情，都是沒問題的。

我指導過二十五名獲得學位的博士生，我不是隨便想想那個數字，去年我只是出於好奇才算出來的。他們分散在全國各地，我和他們交流，我閱讀他們的著作，基本上會保持聯繫，有些人我失聯了。其中一些人在社區衛生診所工作，他們不再發表，但其他大多數的人都是在學術圈，而且大多數都做得很好。

他說，他為自己的學生感到驕傲，並為「能夠和聰明的學生一起工作，給他們我所擁有的一切而感到驕傲，因為沒有他們，這不會有太大的意義。我真的認為我的研究工作很大程度上是與好幾屆研究生的一系列合作。」

菲利・津巴多

　　菲利・津巴多[19]在50年代初是紐約布魯克林學院（Brooklyn College）社會學專業的大學生。還是一名社會學學生時，他就對學校食堂的種族就座模式，以及對在南布朗克斯（South Bronx）[20]的波多黎各人和黑人之間的動力進行了研究，他就在那裡長大，「這些都是調查研究，但對我來說，有趣的是這兩個研究都是關於人類互動的動力。」他說。直到津巴多大四時，上了實驗心理學的課程，他才克服了大一心理學概論課得C級分數的負面影響。他在實驗課上學到的研究方法讓他很興奮，他解釋其中緣由說：「社會學家似乎能夠提出好的問題，但卻從來沒有給出答案。」因此，在他大四的時候，他轉向研究社會心理學。

　　津巴多上了一門工業心理學的課程，打算成為一名人事經理，以滿足他父親希望他唸完書後可以去工作的期望。那門課的老師鼓勵他繼續讀碩士，「在這一代的所有西西里移民中，我是唯一一個上過大學的人，更不用說唸研究所了，所以我說服父親不要讓我去上班。我只是說：『嗯，我需要碩士學位。』然後在碩士學位拿到之後，我又繼續攻讀博士學位，而他放棄我了，說：『好吧，很明顯你並不想工作。』」

　　一旦決定繼續攻讀研究所，他就開始調查各種研究所課程方案——查

---

19 譯者註王：菲利・津巴多（1933年生）最為著名的是史丹佛監獄實驗，該實驗隨機指派受試者模擬監獄中的角色，來擔任「囚犯」與「獄卒」，過程中有囚犯因獄卒嚴重虐待的傾向而提早退出，該實驗也因此必須收場，致使這個實驗備受爭議，但平心而論該實驗反映了人性某個面向而值得被認識與理解。這個實驗也常被拿來跟米爾格拉姆的電擊實驗做比較，兩人在中學時代是同窗好友。電擊實驗是1961年在耶魯大學進行的，而史丹佛監獄實驗則是1971年進行，都同樣引起許多的熱議。

20 譯者註王：南布朗克斯（South Bronx）是紐約市布朗克斯區內南部的一塊區域，20世紀初原本是一個莊園，隨著莊園主人的勢力擴張，開始有德國與愛爾蘭人的移民湧入，1930年代被視為猶太區，之後二戰造成公寓租金上漲，許多人紛紛搬走，1950年代末，該地區有三分之二的非裔美國人或西班牙裔，該區域以嘻哈文化和塗鴉聞名。

看目錄，和他人談論他可以追求興趣的地方。

　　我都準備好要去明尼蘇達州和斯坦利・斯開特學習並研究——我被錄取了，我有獎學金或是有其他的補助。我正要去寄確定入學的回覆信函時，正好接到耶魯大學的一位教授的電話，他說想隔天在紐約酒店舉行的東方心理協會的會議空檔面試我。然後我去了，他面試了我，說他想給我一個研究助理的職位。

　　嗯，你知道的，對一個來自布朗克斯的孩子來說，耶魯大學很特別。耶魯大學耶，而且離家很近。我媽媽會說那是一所「常春藤聯盟」學校，真的很知名。我想做研究，像明尼蘇達大學的社會實驗室，但如果能進去這種學校，肯定也會很興奮，但這是耶魯大學耶！除了布魯克林學院令人嚮往，還有耶魯大學和哈佛大學。

　　對我來說，耶魯是一個理想的地方。那種艱苦的實驗工作是個重要的課程，得以訓練更精確、更嚴謹地思考，從團體動力學和種族關係的大範圍的關注，到對Y迷宮[21]中有限環境的精確分析，都需要如此。

　　我最初的關注點是社會學，你問這些磨牙的問題，然後得出這些磨牙的答案，你沒有說出太多道理。耶魯大學的實驗訓練是針對更限定的問題，運用分子分析方法來找答案，它確實對我在社會心理學中學會做的精確實驗研究產生了影響。

　　津巴多是一名實驗心理學家，而且到他碩三時，「我在耶魯大學有最大的鼠群。」他說。大約在那個時候，他跟著做研究的教授去世了，津巴多做了他所描述的「第一個膽大妄為的事情」，他寫信給國家科學基金會（NSF），並要求將補助款分配給他，以繼續他們一直在進行的研究工作。「我拿到錢後，我才可以全心投入，我穿著白色的實驗服生活和睡覺。」他回憶道。

---

21 譯者註王：Y迷宮與T迷宮一樣，都是動物實驗中經典的實驗儀器，Y迷宮具有長度相同的三個「臂」，彼此各交叉為120度角，均等地向外輻射，大多做為研究老鼠的空間記憶、工作記憶。

　　在他第三年的時候，津巴多和另一個研究生做了關於性行為和毒品的研究。「我們取得了非常戲劇性的成果，」他說道，「然後我又再一次，做了膽大妄為的事情，你會如何處理戲劇性的結果呢？我們把它投到《科學》雜誌去。」憑這一點，他身為一名實驗心理學的碩三研究生，因此獲得了一項資助，並在《科學》雜誌上發表，之後他遇到了鮑勃・科恩（Bob Cohen）[22]。

　　津巴多在計算機室裡與科恩見面，當時他正在為他的《科學》論文重新分析資料，然後他選修了科恩和傑克・布雷姆共同授課的課程。課程中的一部分，他們一起閱讀過「西海岸的人寫的關於認知失調理論的新書手稿。」布雷姆過去在明尼蘇達大學是費斯廷格的學生，而科恩是從密西根大學團體動力學傳統中學成出來的。「布雷姆和科恩搭配在一起很好。」津巴多回憶道。「鮑勃更通才，問的問題也更深刻，而布雷姆較是實驗家，更嚴謹。這是一個很好的組合，鮑勃是開放的，樂於與人合作的，傑克較內斂，他們兩個就是合作地非常好。」

　　這對他來說是非常興奮的，因為他剛剛和卡爾・霍夫蘭完成了一個關於態度改變的課程，用一個全新的取向來談論這課題。

　　霍夫蘭的取向非常行為的、理性的、非常分類化的、描述性的、非理論性的，而且從某種意義上講，它與我們對老鼠所做的沒有什麼不同。你分析什麼是輸入變項，全部的輸出變項又是什麼，什麼是中介變項[23]，接

---

22 譯者註王：鮑勃・科恩（Bob Cohen）即阿瑟・R・科恩（Arthur R. Cohen, 1927～1963年），與傑克・布雷姆在耶魯大學曾經共事過，科恩36歲英年早逝，布雷姆（Brehm, 1963）曾寫文紀念他，透過他的文章大致了解他的學術履歷，1953年從密西根大學拿到博士之後，1954年進入耶魯大學擔任教職，期間他關注溝通以及態度改變的研究，之後出版了相關專書。科恩還與布雷姆共同出版了《認知失調的探索》（Brehm & Cohen, 1962）一書，足見兩人接續費斯廷格認知失調理論並進一步深化所做出的貢獻。過世當時是史丹佛大學心理學系客座副教授。

23 譯者註王：輸入變項即自變項、輸出變項為依變項、中介變項為自變項與依變項之間第三假設變項，自變項可能透過影響了中介變項而後又造成依變項的變化。

著你設計一個研究，一次改變一個或兩個變項。這是一個令人興奮的理論，它沒那麼複雜，對一致性的需要、一些假設和些許假定，突然間你就有了這些隱微的預測，這是非常令人興奮的。

　　然後他們邀請費斯廷格來參加一個學術研討會。他來了且他是一個有魅力的人，用非常富有想像力的方式，即戲劇性的方式，來測試這些理論性的想法。而且我想：『現在，這真的符合我的個人風格。』我的風格並不是穿著實驗服在地下室裡跑老鼠實驗。所以，我這種思考行為的方式以及那種戲劇性地操作實驗性的實驗室研究之間，有著類似的關聯性。

　　他演講的魅力、他的思維方式、研究及理論，我確信這就是我想合作的人，我問他是否能跟著他做博士後研究，他說：「當然可以，如果你能得到經費補助。」很遺憾，我沒有經費的補助。

　　津巴多的論文研究是關於態度的研究，比較了失調理論的預測與謝里夫（Sherif）和霍夫蘭的接受和拒絕範圍之預測[24]。

　　我所讀的失調理論提到，在適當的情況下，如果你讓某人想想一個他們曾拒絕過的不和諧的立場，你可能會讓他們產生更多的失調感，這可能會讓他們更能改變，比起一位溝通者正向提出一個稍微不一致、但他們會接受的立場。在我看來，這是理性取向與非理性取向的較量，最後非理性的取向贏了。

　　「一部分是這種做研究的方式，另一部分我是從布雷姆和科恩那裡學到的，以及部分是來自於勒溫—費斯廷格的團體動力場景取向（Lewin-

---

24 譯者註王：霍夫蘭是耶魯大學的心理學教授，認同赫爾的行為學派的理論，他與謝里夫（M. Sherif）提出社會判斷理論（Social Judgment Theory），這理論基本上認為態度結構具有一定範圍，落在範圍內的屬於接受域，反之則為拒絕域，訊息若是在接受域中，則人將朝訊息所持的態度來改變，反之則不會改變。延伸來說，接受域越寬則代表此人容易受到改變，越難改變的人往往是接受域非常狹窄。這個理論的論點無情感因素的存在，是津巴多認為的理性觀點。

Festinger Group Dynamics scenario approach）。你要社會情境的現場感。」這種研究風格包括「戲劇的特性──一種舞臺設置的特質。」他說，這對他很有吸引力。

　　我從耶魯大學學到的是嚴謹地做研究的重要性，這將讓你和其他人對你的數據有信心，這是很重要的。行爲取向的重要性是方法學必須夠嚴謹，任何實驗產生的資料都必須是讓你和其他人有信心的資料，這就意味著，要專注於精確的控制、正確的測量程序，以及關注所有的「小細節」、潛在的人爲干擾和混淆因素，沒有什麼是無關緊要的，而不值得擔心或需要解決的。

　　然後你就知道了在那個時候所謂的「密西根取向」是什麼，就是問一些重要的問題。社會學家提出的大哉問並沒有縮小一點，但仍然是重要的問題，所以這對我來說是一個美妙的祝福。我所做的研究關注的是找到正確的方法學，並將其用於回答我認爲有趣的問題。

▎費斯廷格和斯開特的風格

　　津巴多原本差點去明尼蘇達大學和斯坦利・斯開特一起學習。相反地，他去了耶魯大學，而利昂・費斯廷格的影子則可以在他身上找到。

　　我看斯開特都是從依變項開始。一開始他會說：「有些人是會附屬他人的，但有些人不會，這不是很有趣嘛！有些人是胖的，而有些人不是，這不是很有趣嘛！」於是他接著從觀察差異開始，然後他問說：「我很好奇爲什麼會有這種差異。」所以在肥胖的案例中，他會從行爲差異或形於外的差異開始，最終建立了一個理論，闡明所涉及的因果過程。

　　費斯廷格的做法正好相反，他會說：「我想知道人類的思維是如何運作的。」或者：「我想知道人類的動力是如何在一個群體中運行的。」他會從關注現象的切入影響因素開始，然後最終找出某些可以測量的依變項來預測。他們兩個整合在一起眞的是一個很好的取向。

現在我看到了第三種取向，可以作爲心理學中更具主導的地位，即實際從干預變項開始。你從一個感興趣的過程開始，例如歸因過程，但既不是從輸出處也不是從輸入點。所以我認爲費斯廷格和斯開特，跟我在整體功能分析所認爲的終點上，開始思考的方式是非常不同的。

津巴多不確定他是否能成功與費斯廷格合作，他說自己：「沒有足夠的信心。」1963年，他在史丹佛大學上暑修課時，有機會和他的研究生們一起參加費斯廷格的課程。「他從他們身上帶出來的東西，絕對是大師級的。」他說道，「但他會先從最優秀的學生開始，這是個精英觀點。他說他不在那裡訓練普通人，他在那裡是爲了帶最優秀的，而且讓他們更好，或者帶最優秀的人讓他們意識到自己有多好。也許在某種程度上，斯開特也這麼做了。」津巴多形容費斯廷格爲「一位鬥智遊戲玩家」。

他會挑戰你，如果你繼續比賽，就會延長你的比賽時間。在某個時刻，如果你的自信或自尊開始動搖，然後你想退出，他就會讓你走。另一方面，斯開特的風格則是直接地把事情說出來，「這是我認爲應該做的，我認爲這個世界就是這樣安排的。」他的學生們被鼓勵思考這個問題，然後出去蒐集資料，如果你帶回來的資料並不符合，他可能會說：「你一定有什麼地方做錯，試著去別處尋找合適的資料。」這絕不是一種硬碰硬的鬥智（如與費斯廷格的對抗），但有一個挑戰是：「這方式是我認爲這世界就是這樣運作的，如果你找不到它，那麼就一定是你的資料有什麼問題。」問題（對斯開特來說）變成：「爲什麼你找不到我認爲應該存在那裡的差異呢？」

津巴多把他在耶魯大學的經歷描述爲「善用環境的四年」，他一系列跟不同的教授一起研究他們感興趣的各種主題。

我從他們的研究風格來看他們每個人：他們是如何提問的、他們爲什麼這樣問，然後他們是如何試圖得到答案的？這是最重要的事情，即他們問了哪種問題，然後他們是如何從他們問的問題發展到測試它的方法，什

麼變成了他們的資料。我就像一個流浪漢，從這裡拿一點點，從那裡又拿一點點，說：「這一切都能有所幫助的。」

我把這些年看作是訓練，我知道我不想把一種工作方式，一種做事的方式深刻銘記於心中，從這個意義上說，我的訓練真的是屬於通才的，它使我現在能站在最廣的立場，撰寫普通心理學和教導普通心理學，它允許你從跨學科的角度觀看議題，從社會學跨到發展、認知、心理病理學，這就是我現在走到的地方。

我認為最大的影響基本上是尼爾·米勒（Neal Miller）[25]的取向對嚴謹分析的重視，設置情境來測試研究想法，以及意識到所有的偏誤因素等部分。然後，加上布雷姆和科恩「動態二重奏」（dynamic-duo）的影響，我把他們看作是更富有想像力的問題和更富有想像力的研究方式的結合體。

雖然霍夫蘭是津巴多的論文指導教授，「直到他得了癌症，」他指定鮑勃·科恩當他的導師，他說他們的關係是「友好、親密但始終互相尊重」。當時耶魯大學的環境一般有「令人難以置信的教師資源，且可以去靠近的，如果你敢靠近他們，只是會有很高水準的腦力刺激。」

在耶魯大學有著令人難以置信的豐富人才，當我進來時，有霍夫蘭，賈尼斯（Janis）[26]和凱利，然後還有布雷姆、科恩、鮑勃·阿伯森

---

25 譯者註王：尼爾·米勒（Neal Miller）（1909～2002年），美國實驗心理學家，耶魯大學心理學博士，求學期間與赫爾共同進行過研究，深受赫爾的影響，並且在赴歐洲學習精神分析後，回耶魯大學任教，並且探究赫爾學習理論與佛洛伊德的人格理論之間的聯繫。米勒另一項重要的貢獻是關於生物反饋的研究，他是重要的先驅。

26 譯者註王：賈尼斯（Janis）即歐文·詹尼斯（1918～1990年），哥倫比亞大學博士，耶魯大學心理學教授，與霍夫蘭進行關於態度改變的研究。主要以研究「團體迷思」（groupthink）而著名。

（Bob Abelson）[27]、比爾・麥奎爾（Bill McGuire）[28]，還有艾爾夫・薩諾夫（Irv Sarnoff）[29]和米爾特・羅森伯格（Milt Rosenberg）[30]，唐・坎貝爾（Don Campbell）[31]也是我第一年就在了。霍夫蘭擁有所需的捐助

---

27 譯者註王：鮑勃・阿伯森（Bob Abelson）即羅伯特・阿伯森（Robert Abelson）（1928～2005年），普林斯頓大學心理學博士，之後在耶魯大學任教，長達五十年之久，是一位心理學家和政治科學家並對於統計學和邏輯有著特殊興趣。阿伯森到達耶魯大學時正是「耶魯溝通計畫」正在進行的時候，他也投入對於溝通以及態度改變相關議題的研究。後來他與米爾特・羅森伯格（Milt Rosenberg）發展「符號式的心理邏輯」（symbolic psycho-logic）的命題，這對後來社會認知的發展非常關鍵。

28 譯者註王：比爾・麥奎爾（Bill McGuire）即威廉・J・麥奎爾（William J. McGuire）(1925～2007年)，麥奎爾年輕時參加過二戰，戰後因美國軍人權利法案而進入大學就讀，擔任坦克車駕駛員的痛苦經驗，讓他的餘生不願再擔任汽車的駕駛。後來他取得耶魯大學博士學位，期間參與了霍夫蘭的態度研究。之後曾經到明尼蘇達大學跟費斯廷格做博士後，並在幾所學校任職過，1971年到耶魯大學任教並到退休。麥奎爾被稱為「社會認知之父」，並以說服研究著名。

29 譯者註王：艾爾夫・薩諾夫（Irv Sarnoff）即歐文・薩諾夫（Irving Sarnoff）（1922年生），密西根大學哲學博士，1955至1960年在耶魯大學任教，1960年後則到紐約大學任教，1962年後成為名譽教授，一直到1992年。六十歲左右之後，與妻子蘇珊娜・薩諾夫（Suzanne Sarnoff）合寫了多本書籍，觸及人類的性愛、婚姻等親密關係議題。

30 譯者註王：米爾特・羅森伯格（Milt Rosenberg）即米爾頓・J・羅森伯格（Milton J. Rosenberg）（1925～2018年），密西根大學博士，1954至1961年在耶魯大學任教，一生中曾在多所學校任職過，最後擔任芝加哥大學的名譽博士。他也在芝加哥長期主持一個廣播節目，談論許多社會議題。研究方面他專精的部分是在認知失調與態度改變等主題。

31 譯者註王：唐・坎貝爾（Don Campbell）即唐納德・T・坎貝爾（Donald T. Campbell）（1916～1996年），柏克萊大學博士，就讀期間因二戰而進入美國海軍服役，1947年完成博士學位。坎貝爾擔任過俄亥俄州立大學、芝加哥大學、西北大學以及理海大學（Lehigh University）任教，1955年至耶魯大學擔任客座副教授。研究興趣主要在科學探究的方法學上。

款，聘用教師和客座教師。謝里夫一直待在身旁，而赫伯・凱爾曼（Herb Kelman）[32]也在，真是不可思議。

津巴多於1959年從耶魯大學獲得學位，他繼續與科恩合作，直到1963年科恩去世。他聊到他們的研究工作：

傑克・布雷姆的經典研究是，如果你讓人們在高失調的條件下，同意讓自己禁食，高選擇和低合理性，那麼他們應該會降低他們感知到的饑餓感，他們應該會說他們不餓，他們應該少吃，從生理檢查來說（他們測量的是血液中游離脂肪酸的量），也應該減少。

鮑勃・科恩和我對這種失調導致的動機控制能延伸多遠很感興趣。當他過世時，我們已經開始列舉要做的研究，所以我從1963年到1968年獨自進行了這五年的研究，做了一整套的研究。我們採用了傳統的動機和學習的實驗模型，將失調的情況納入其中，通過心理生理測量、行為測量、認知測量，我們得到了非常顯著的結果。1969年，我出版了《動機的認知控制》，對這些強而有力證據的反行為主義的涵義感到興奮——但其他人都沒有。可悲的是，當時的失調理論已經消亡，它不再是主流。

他覺得如果這本書早幾年前出版的話，它對這個領域的影響可能會更大。到1969年，這個領域已經從失調理論轉換了。

---

32 譯者註王：赫伯・凱爾曼（Herb Kelman）即赫伯特・C・凱爾曼（Herbert C. Kelman）（1927年生），1951年取得耶魯大學社會心理博士。身為一名出生於奧地利維也納的猶太人，受納粹迫害逃亡到美國，對於以阿衝突投入非常多的心力，參與政策建議以及和平倡導，學術上則致力於國際衝突。1957年左右就到哈佛大學任教，後來是哈佛大學的名譽教授。

▋訓練學生

　　津巴多告訴每個一年級的學生：「你們將會需要三封推薦信——你必須和至少三個人一起研究過，你的訓練應該盡可能廣泛：你需了解人們是如何做研究的。」然而，學生們通常會找一個人和他一起作研究，然後就繼續跟著，他認為這是不對的。

　　從一個人身上，你會得到一種怎麼提問的感覺，從另一個人身上，你會學到有一種嚴謹地進行相關測量的重要性，而從另一個人身上，你會獲得一種如何化約資料的感覺，通常你無法從任何一個人身上得到所有，而且一旦你畢業了，你就不能得到這些，因此你必須花時間去找。

　　提到他目前和研究生做研究時的風格，他說：「自從我到了史丹佛大學之後，我想我已經有十七位博士生，其中只有四位做的研究是我感興趣的主題，許多人做的是我不感興趣的研究領域。我是我們系裡獲得最多捐助經費的人，對我不滿意或不傳統的學生們都會被我吸引，我會給予他們支持、回饋、幫助他們設計實驗，但我個人沒有從中得到任何的受益，我的意思是這對我的思考和研究都沒有幫助。」這種風格不同於他60年代末在紐約大學研究動機的認知控制時。他描述了那環境：

　　這非常令人興奮，因為我們正圍繞著一個共同的主題進行一系列研究，研究正在進行中，有四、五個學生在做論文。我認為這是一個理想的系統，有一個學生在研究失調理論和口渴，有人在研究眼瞼調節和失調，我和其他幾個學生在研究疼痛和失調，我們會見面討論這些事情，互相學習——有人使用一種測量方法可以奏效，所以我們把它合併進來，有人發展了一個很好的操作選擇，我們就會一起使用這種選擇，我們都在共同努力，因為所有的研究都像是在淘選純金。這是一個令人興奮的研究氣氛，我提供了高亢的能量和熱情，身體的存在和整體看法，這是有感染力的。

　　你從優秀的研究生那裡得到的是將你的想法擴展，他們會擴展到你可

能沒有想到過的地方，因為任何一個人的想法都是有限的，而這正是你從一個好的大學生那裡得不到的（即使是我曾經合作過的那些人，比如埃比・埃比森（Ebbe Ebbeson）[33]和巴里・施瓦茲（Barry Schwartz）[34]）。一個好的大學生可以按照你希望的方式來執行你的想法，而一個好的研究生可以帶著這想法，以不同的方向來執行，而這正是讓你成長的地方。

　　津巴多在教學上也「投入鉅資」，他用教書作為一種獲得想法的方式。他的監獄研究以及他在去個人化和羞恥方面的研究工作，都源自於他在紐約大學和史丹佛大學任教的大學部課程中出現的議題。

　　每一個見多識廣、知識淵博的人都會想出一些有趣的想法，會說：「哎呀，這很有趣，我想知道如果……會發生什麼……」但他們要麼沒有受過訓練，要麼沒有能力採取下一步行動，那就是說：「我除了用邏輯術語或純粹的口頭術語之外，還能怎麼回答這個問題？」這就是我們作為心理學家所接受的訓練。

　　但是大多數心理學家不願意接受非傳統的、潛在來源的想法，比如他們自己的生活或小說，所以總是在尋找什麼可能是有趣的想法，並用可測試的方式來表達。拿到一個想法，不管是你的還是別人的，就要把它放在

---

33 譯者註王：埃比・埃比森（Ebbe Ebbeson）曾為加州大學聖地牙哥分校的名譽教授，從學校網站上（https://psychology.ucsd.edu/people/faculty.html）研判應該已經過世，目前尚無法找到關於埃比森較為系統的個人生平介紹。從文中可以了解到埃比森大學時代曾跟津巴多進行研究，並合作發表（Zimbardo & Ebbesen, 1969; Zimbardo & Ebbesen, 1970; Zimbardo, Ebbesen, & Maslach, 1977）。埃比森應為史丹佛大學博士，指導教授是沃爾特・米歇爾（Walter Mischel），依據百度百科，兩人曾合作進行「棉花糖實驗」此一經典實驗，探討兒童延遲滿足的現象。

34 譯者註王：譯者無法搜尋到巴里・施瓦茲（Barry Schwartz）與津巴多合寫的文章，且名為巴里・施瓦茲的人不只一人，但有一人為心理學家，且大學時期在紐約大學求學（1968年畢業），與津巴多在紐約大學任教時期一致（1960～1967年），此位施瓦茲目前為斯莫斯沃爾學院的名譽教授，已退休。研究興趣為決策、價值創造等等。

一個有趣的脈絡下，然後第二步是要有意思地陳述這想法，並說：「我要如何翻譯它、讓它可以研究，這樣我們就可以開始關注這原因和某些後果，也或許就關注在這兩者之間的過程。」

對我來說，我所做的研究是夠有趣的且富有戲劇性，我可以很容易地把它放回教學中。當我做研究的時候，同時我也正在想著，我一直在想我該如何把它呈現給我的班級、學術討論會，我該如何把它教給那些懷疑的人呢？

▌目前的工作

最近，津巴多一直在研究他所說的「瘋狂模式」（madness model）[35]，這是開始於好奇人們如何解釋生活中的不連續性，他認為這是勒溫研究工作中的關鍵概念——對一個人和對群體的標準或態度的不連續性之感知，他是從費斯廷格的研究中追溯到這個想法。

如果你看費斯廷格的研究，你會發現他開始於這差異——個人和群體之間的不連續性，從他非正式的社會交流中而來的，這直接來自於勒溫。然後，在社會比較理論中，下一步是你和其他人之間的不連續性，在不一致性理論中，不連續性則是在一個人內部兩種認知之間的。

津巴多正在研究人們如何向自己解釋感知到的不連續性。他一直在探索的不連續性其中一種是無法解釋的喚醒（unexplained arousal）[36]，另一個是成為妄想症源頭的一種未被發現的聽力損失。一項在英國進行的研究

---

35 譯者註王：根據社會心理學網（https://zimbardo.socialpsychology.org/）的介紹，津巴多對於瘋狂（madness）的探討，主要是出於他對那些功能正常的人是如何開始出現精神病理的症狀，且這些症狀最終可能導致精神病學的診斷，而一般會被稱為「瘋狂」的現象，於是他開始發展所謂的瘋狂模式。

36 譯者註王：所謂「無法解釋的喚醒」（unexplained arousal），津巴多指的是人突然間的焦慮、痛失所愛，以及無法做出原本做得到的事情等等。

顯示，因妄想症住院的老年人中有很大一部分是沒有發現聽力損失的。他想：

　　如果一個老年人正在逐漸聽力損失，卻不知道他們聽不到的原因是由於身體問題，那會是什麼感覺呢？看起來就像是人們在竊竊私語。然後你會問：「你們為什麼說悄悄話？」而他們會「撒謊」說：「我們沒有說悄悄話。」然後你問自己：「他們為什麼要撒謊？」然後你開始填補場景內容，當人們想要從你那裡得到什麼或者他們正在密謀反對你的時候，他們就會撒謊等等。

　　根據這一推理，他設計了實驗，其中「精神正常」的受試者被引導到類似於未被發現到聽力損失的不連續性裡。他對這項研究工作很興奮。

　　因為它結合了我許多不同的思維方式：失調研究、社會比較、歸因，而且它也具有巨大的實務意義，例如，對於老年人來說，當你第一次發現妄想症症狀時，要檢查他們的聽力，也許要提供的治療是助聽器而不是心理治療，或者你可以將最初的門診談話改為尋找時間軸上的不連續性。

▌總結

　　津巴多說，他相信當教師成熟時，他們往往會成為理論家、學者和評論家們，不再站在前線蒐集資料或與研究助理密切合作。「他們不再跑受試者，甚至不一定有學生跑受試者。但我很享受這個過程，我仍然『投入其中』」。

　　我不認為你能教導實驗社會心理學的精妙之處，除非是在學徒關係中，因為如果你離開了現場脈絡中而說出來，很多事情看起來都很膚淺。與你一起工作的人必須開始明白，思考每一個細節和一般理論是很重要的，如果要一個實驗按計畫「執行」──轉場、指導語、流程、每一個事

件的時間安排。我認為，如果你在課堂上說這些句話，與做研究的真實實務沒有關聯，這似乎有點瑣碎，你會得到：「哦，是的，這真是一個有強迫症的人。」但最重要的是要傳達對過程的熱情，這才是最關鍵的。有無數有趣的問題需要解決，我們每個人都必須選擇一塊餡餅，心理學的樂趣不僅是消化它，而且是吃它的美味過程，並把它提供給別人。

第七章

訪談：斯開特團體

接下來是訪談斯坦利・斯開特以及他的四個學生。前面四個訪談是跟斯開特的學生，有彼得・肖恩巴赫，他是斯開特在明尼蘇達大學時指導出來的第一位博士，接著是傑羅姆・辛格、李・羅斯和尼爾・葛蘭伯格。辛格是肖恩巴赫之後同在明尼蘇達大學畢業的學生，而羅斯和葛蘭伯格則是哥倫比亞大學的學生，最後則是與斯坦利・斯開特的訪談。

彼得・肖恩巴赫

　　彼得・肖恩巴赫於1949年在法蘭克福大學（University of Frankurt）修讀德國語言學、文學和歷史學，但他也對社會學有興趣，而且參加了法蘭克福大學社會研究所[1]的研討會，這個研究所是由霍克海姆（Horkheimer）和阿多諾重新建立起來的，他們戰時待在美國，戰後回到德國時重建。肖恩巴赫的研究引起了在社會研究所裡的奧斯默（Osmer）博士的注意，他建議肖恩巴赫到這裡來做研究工作。

　　當時這個法蘭克福大學的研究所是一項大型研究的德國總部，這研究案是斯坦利・斯開特所主導，且在數個歐洲國家執行。肖恩巴赫擔任這項研究的助理，而這項研究其實是斯開特的博士論文——即歧異／排斥（deviation／rejection）的研究（Schachter, 1951）的翻版。

　　當時在德國沒有人知道關於社會心理學的事情，在歐洲其他國家也都是如此，所以斯坦（Stan）必須忙亂地到處奔波，教我們怎麼做t檢定或u檢定來讓我們可以上手。某天他突然注視著我說：「彼得，你不要在這裡學這種無聊的東西，你何不去美國求學？」接著我答說好，然後他就給我一個在明尼蘇達大學研究助理的位置，讓我到美國來。利昂・費斯廷格當時也到了這裡，在看過我的簡歷之後支持這個建議，所以在1953年9月，我坐上一艘舊的自由輪從鹿特丹（Rotterdam）來到了紐約，然後又坐上了灰狗（Greyhound）巴士抵達明尼蘇達大學。

　　他們都對我很好，支援我、幫助我，所以我真的很融入其中。在這之前我從沒有學過任何有關心理學的東西，只學過一些社會學，但沒有

1　譯者註王：法蘭克福大學社會研究所成立於1924年，自霍克海姆擔任主管後，轉向以馬克思主義為思考主軸，針對20世紀的資本主義、種族主義等議題進行討論，並以此建立起批判理論，形成所謂的法蘭克福學派。希特勒上台後，該研究所曾遷往日內瓦、巴黎，甚至到美國紐約，1950年後重返德國重建研究所，著名的學者包括阿多諾（另見本書第114頁註釋8）、馬庫色（Marcuse）、霍克海默、佛洛姆（Fromm）以及伯格（Burger）、哈伯馬斯（Habermas）。

心理學，所以我是到這邊之後才開始學的。我花了一個學期的時間跟理查德·艾略特（Richard Elliot）[2]寫一篇論文，他是明尼蘇達大學一個資深教師，我寫的論文是比較赫爾、史金納和托爾曼（Tolman）[3]之間的差異，艾略特很喜歡這篇論文，他給我A的分數，而且說它是一篇很優異的論文。在第一學期上統計課我是班上第一名，他們就說：「嗯，這班有個好學生，我們將會留住他的。」所以他們就問我是否要留在這裡，攻讀博士學位，而這正是我夢寐以求的。

當肖恩巴赫剛到明尼蘇達大學的時候，斯開特還留在歐洲，所以他被分派給本·威勒曼（Ben Willerman）指導，直到斯開特回來。此外，他也常常跟利昂·費斯廷格做研究，他說：「就像會去修斯坦的課一樣，我也修了利昂（Leon）的課，而且我們還一起做汽車行銷的研究，即埃利希（Ehrlich）、古特曼（Guttman）、肖恩巴赫和米爾斯（Mills, 1957）的研究，也是利昂多個研討會中的一個成果。他也是在利昂的研討會上得到了利昂那失調油印版的書[4]，而且還跟我們一起討論。」

肖恩巴赫描述明尼蘇達大學的環境：

這裡有一群來自不同系所的資深老師，有心理學家包括利昂·費斯廷

---

2 譯者註王：理查德·艾略特（Richard Elliot，1887年～1969年），哈佛大學博士，從1919年到1951年擔任明尼蘇達大學心理學系系主任，擔任期間努力打造心理系的師資而備受讚譽，其中包括史金納也到明尼蘇達大學任教。

3 譯者註王：托爾曼（Tolman）應指愛德華·托爾曼（Edward Tolman，1886年～1959年），哈佛大學博士，以研究行為心理學著稱，與史金納相比，托爾曼並不屬於激進的行為主義，他認為值得關注動物在行為學習中所具有的心理歷程，值得一提的是在美國麥卡錫主義時期，他曾拒絕簽署忠誠誓言，而受到柏克萊加州大學解聘，他向法院提出控訴而判決所有拒絕簽署的人復職。

4 譯者註王：這裡作者摘述了肖恩巴赫口語所說的話，「利昂那失調油印版的書」應該指的是利昂·費斯廷格1957年所出版的書，Festinger, L. (1957). A Theory of Cognitive Dissonance. Stanford, CA: Stanford University Press.

格、斯坦利・斯開特和本・威勒曼，還有現為希臘總理的經濟學家帕潘德里歐（Papandreou）[5]，以及哲學家梅・布羅德貝克（May Brodbeck）[6]和赫伯・麥克洛斯基（Herb McClosky）[7]兩人，每個人也都有各自的研究助理群。

　　這裡的組織運作是非常鬆散的，我剛來的第一個月他們並沒有給我任何事情做，對此我感到非常生氣，他們給我時間去適應這個系統，然而我根本沒有遭遇任何困難——我還馬上得到A的成績，所以我是不耐煩的，最後執行祕書傑克・達利（Jack Darley）看到這個狀況，跟他們說給我工作，然後利昂就指派我當觀察員，跟德努塔・埃利希（Denuta Ehrlich）一起做賭博的研究，這就是「失調」書中提及的研究，那是失調理論中最早提到的實驗之一，而我們有幸在利昂的督導之下完成。

　　每個星期三下午都會有一個工作人員的聚會，在那裡會有人報告，利昂會坐在那裡聽上一陣子，然後就毫不留情地批判，他是非常非常尖銳而且殘酷的。你不能被這環境的自由、鬆散所誤導，就以為這裡很隨便，那麼利昂會非常快速地插手進來的。

　　我們是在福特（Ford）館的四樓工作，它是一個長方形的建築，四樓

---

5 譯者註王：帕潘德里歐（Papandreou）全名為安德莉亞斯・喬治奧・帕潘德里歐（Andreas Georgiou Papandreou），出生在希臘，其父親是希臘的政治家，大學時期因身為托洛茨基主義者（馬克思主義的一個分支），受到當時專制右傾政府監禁，逃往美國後在哈佛大學取得博士，並在哈佛大學、明尼蘇達大學等學校任教過。其父親曾1963年出任希臘總理。希臘軍政府垮台後，他則回希臘成立新政黨，叫做泛希臘社會主義運動政黨（PASOK），並於1981年贏了希臘選舉，成為第一位社會主義的總理。

6 譯者註王：梅・布羅德貝克（May Brodbeck, 1917～1983年）為美國科學哲學家，愛荷華大學哲學博士，1947年到1974年在明尼蘇達大學任教，後來回母校，愛荷華大學任教至退休。

7 譯者註王：赫伯・麥克洛斯基（Herb McClosky, 1916～2006年），美國政治科學家，出生於工人階級，後拿到明尼蘇達大學博士，並在該校任教二十年後，到加州大學柏克萊分校教書直到退休，在使用調查工具研究政治信仰、態度和意識型態等領域具有開創性的成就。

有一個寬敞的大廳，然後有一個長廊，一邊是社會學家的辦公室，長廊的尾端則有一個大的房間，幾乎佔滿了整棟大樓，那裡有兩個祕書以及所有的研究助理都在那裡，裡頭其中一邊有一間小房間是給系祕書辦公用的，第二間則是利昂的辦公室，電梯的另外一邊大概有一、二間的房間和實驗室，而且還有一個大的觀察室，其他的老師在他們系上都有自己的辦公室。我記得利昂和斯坦除了心理系有辦公室外，在福特大樓裡還有另一個辦公室。

　　每個人都會把他們辦公室的門打開，除非他們有工作要做。我們有喝咖啡的休息時間，安迪·帕潘德里歐（Andy Papandreou）[8]不喜歡他們喝的咖啡，所以他會自己做希臘研磨咖啡（Greek drip grind coffee）。

　　除了與大學保持良好關係外，在福特大樓的這個團隊也有自己「謀生的能力」，但他並不清楚經費的來源。

　　肖恩巴赫相信斯開特「並不是這麼有興趣在發展並測試某個理論，他總是對現象比較感興趣，會好奇並想要知道為什麼。」他說斯開特是「完全不會害怕發展不同的方法和方式」只求能夠探索他有興趣的東西。

　　他不會把蒐集到的資料供起來不停地膜拜著，他一直是一個有創造力、有智慧的人，會試著把這些資料結合在一起，那就是他過去常做的事情。我想這是我從斯坦身上學習到的東西，我也是這樣做的。

　　我也一直受到利昂和斯坦的鼓勵，不要被能不能顯著的事情給淹沒掉，當你注視著顯著水準的時候，也一定有其他的證據你可以列入說明，而你把它呈現出來，你注視著這資料然後說：「我已經做了好幾次了，你知道這幾乎不可能達到顯著，但我想要保留這個資料，因為…」或者你也可以說：「這看來有達到顯著，但是互相矛盾的，我會保留著，我不會忘記它的，但我必須先把它們做完，我要繼續研究的程序，我會嚴肅地做，我會做這件事，因為……」這是一種崇高的處理態度，你知道的，不要不

---

8 譯者註王：安迪·帕潘德里歐（Andy Papandreou）即上頁所介紹的安德莉亞斯·喬治奧·帕潘德里歐。

負責任，你總是必須堅持你的標準，但是，盡可能地誠實，盡可能地清楚呈現你的資料，而且最後就留給讀者來評斷，不管他是否願意同意你的結論。追根究柢，總會有某種共識在懂的人中間建立起來，誰若要說誰是懂的人，這也是需要通過某種共識來確定的。

　　但是最該做的且絕無他者——就是你要保持敏感度，這是我的基本信念，而且也是我從利昂和斯坦的身上學來的。

　　在肖恩巴赫到了明尼蘇達大學的時候，有些進階研討會的主題是費斯廷格在1950年代所提的社會比較理論（1954），以及斯開特在歧異和拒絕上的研究。雖然他在戰爭時期有學過勒溫的食物研究，但其他的部分都沒接觸過，而且在課堂中也沒有什麼勒溫式的東西在裡頭，他說：「有時斯坦利會談論有關方法學的東西以及類似的內容，他喜歡畫浴缸，有奇怪的圖樣而且看起來非常有勒溫派的味道。」

　　假使我必須猜測的話，我會認為勒溫在這團體——包括約翰・蒂伯、哈羅德・凱利、約翰・弗倫奇（John French）[9]、利昂・費斯廷格、斯坦利・斯開特，其中最大的影響是解放他們，而且培育出他們的創造力和智慧，而這些能力其實早就在這些人身上，而勒溫僅僅是為他們開道門而已，那是身為老師的最佳典範。你可以做到一些，比如說小心謹慎地聽某些人的某些問題，幫忙打開門，也許你能做到這些，但是你肯定無法把這些才能裝進他們的腦袋裡。

　　除了這些關於基礎研究的課程以外，肖恩巴赫說他總是試著去了解研

9　譯者註王：約翰・弗倫奇（John French, 1913～1995年），全名為John R. P. French，較親密的朋友也稱他為傑克・弗倫奇（Jack French）。弗倫奇是哈佛大學博士，在勒溫過世後，成為麻省理工的教師，並成為蒂伯的指導教授。他最著名的研究是與伯特倫・瑞文（Bertram Raven）進行關於社會權力的五個基礎的研究（French & Raven, 1959），還有將勒溫的場論應用於組織和工業場域中。

究的應用，許多他研究過的問題像偏見和卸責部曲（account episodes）[10]
都源自於歷史，肖恩巴赫的興趣是要做一個有用的研究「能夠超越象牙
塔」，這也造就了他在選擇研究主題和方法上使用類實驗設計，他指出社
會心理學中早期有許多研究都是這種設計。

假使你看過「齊一性的壓力」（pressures to uniformity）研究，這是
費斯廷格在1950年代的第一個研究，那是超越勒溫更上一層的成就。你也
許會說這只是基礎研究，但是你回顧超過三十年的歷史來看，你會看到這
是一個關於順從的研究，或者從合作的角度來看，你就會發現這與美國歷
史有高度相符，也從這裡就可發現它的源頭。也正因爲這麼專注研究順從
性才使得不久之後吸引了歐洲社會心理學家的評論，總是關心大多數的人
而忽略掉了少數。所以我認爲費斯廷格，跟阿施和謝里夫以及所有那些不
能獨立於其歷史背景的人都一樣。

肖恩巴赫在1956年得到博士學位，而且同年回到了他的故鄉德國。肖
恩巴赫相信正因爲斯開特企圖藉著他的幫助來建立歐洲的社會心理學，他
才會被邀請到明尼蘇達大學。肖恩巴赫在實驗社會心理學歐洲協會中非常
活躍，這個協會是藉由費斯廷格、斯開特和其他人的幫助在六零年代成立
的。

像哈羅德・凱利、約翰・蒂伯和利昂・費斯廷格等人都對我們說過，
你們這幾個人都知道我們，但是你們彼此卻沒有互相認識。我認識在奧
斯陸（Oslo）大學的某位心理學家，因爲他一直都在重複檢驗斯開特的研

---

10 譯者註王：卸責部曲（account episodes）爲肖恩巴赫關注的研究主題之一，並於
1990年出版專書（Schönbach, 1990），針對失敗事件發生後人們使用卸責的手
段，來處理人際間的衝突，不管是婚姻糾紛或者國際衝突，卸責四部曲（書中提
出有四個階段）都是時常可見的，但未必能解決，書中有進一步的探討，此處肖
恩巴赫在強調如費斯廷格一樣，他們所研究的主題是跟社會發展的歷史同源的，
反映了身處於社會歷史中的個體其行爲的共同特性。

究，然後還有非常多的人我們彼此並不認識。在六零年代時期有些聚會，現在我們已經有大約一百五十名左右的會員，而且社會心理學一直在成長，一部分也是因爲有協會和期刊以及系列論文出現的關係。

在義大利、澳洲、西班牙以及東歐國家都已經成立了協會，波蘭和匈牙利某種程度是相似的，在東德、捷克和蘇聯等國比較沒有影響力，某些國家願意部分贊助去參與東、西會議，他們可以得到許可參與，大多是西方派到東方的國家。歐洲狀況有一個大利多，就是沒有競爭，不用因爲競爭而大張旗鼓。

當肖恩巴赫回到歐洲要成立協會時，他說這花了他一些時間，「我帶著美國的博士學位回來，我是有點奇怪的人，那是非常明顯而且有意思的，但是其他人並不知道要跟我做什麼。」在德國系統中，爲了要當上大學教授，除了博士論文以外還有一些要求，他解釋說：「你必須完成第二篇論文，甚至要比第一篇花更多時間，這樣才能夠讓你成爲大學教授，然後教自己喜歡的課程。」當他回到德國時他結婚了，而且先找了一個市場調查員的工作，之後他得到一個機會回研究所擔任研究助理。

在研究所裡我是一個邊緣人物，因爲他們都是馬克思主義者，所以是非常抽象（high brow）且理論的，現在他們才開始慢慢看別人怎麼在實驗室做實徵研究，來促使理論往前進。有稍稍的自傲但謙卑的態度來面對這些經驗資料，過了一陣子後，我變成一個被認可的人，我曾作一個量化研究，分析右翼報紙中反猶太主義和共產主義，這是一個大計畫中的子計畫，阿多諾喜歡這篇研究，他看我不只是個人頭（nose counter）而已，而且我還可以作量化分析，從那之後他們就認可我，讓我做我自己的事情，我認爲我所做到的部分一定程度是擴展了我能發揮的領域界限。

現在，我是個實徵主義者，可以坐在合適的位置，做著對他們來說很有幫助的實徵工作，但是這研究所的主流，當然還是政治理論、馬克思主義傾向，這當然還是受喜愛的。然而在那裡，我，一個美國的博士，坐在這個馬克思主義傾向的研究所中，試著完成第二篇論文，主題是有關語言和態度，以便能夠當上哲學系的教授，雖然是有點困難，只能慢慢來。但

最終，在1968年，我做到了。

1963年，應前同事傑克・布雷姆的邀請，肖恩巴赫到杜克大學進行了一年的訪學，布雷姆之前是跟利昂・費斯廷格拿到他的學位，比肖恩巴赫師從斯開特拿到學位還早。

▌訓練學生

大部分跟肖恩巴赫的學生都是文憑學生（diploma students），都是選擇跟他寫論文，而不是去跟臨床心理學或者動物心理學的教授。

他在1969年的時候終於在位於西德波鴻市（Bochum）的魯爾大學（Ruhr-Universitat）拿到教授職位，這也是西德第三位社會心理學的教授。

在波鴻市的心理研究所有八位教授，以及三十位不同層級的助理，也有非科學的老師，現在我將要描述這八個工作單位其中之一，即社會心理學，那就是我加上兩名助理（每個都有博士學位），還有一個兼職秘書，另外還有一個上半天班的秘書，為那兩名助理工作，而我則是有一個全職技術助理及另外四位有薪水的學生助理，這些學生將要獲取他們的學位文憑，大致等同於碩士學位，那是我們規定的畢業標準，我們沒有學士學位，只有這種文憑學位。

他說跟他一起研究的學生，都是通過他的研討會而且很聰明及充滿動機的。「我會期待一名學生在要求研究工作之前，先進來我的研討會並帶來一些研究成果來報告。我願意花上許多時間跟他們相處，而且期望從他們那可以回饋一篇像樣的論文，跟我的理論有關或者是我正在做的必要性的實徵論文。」他解釋道。除了要很聰慧與有上進心的學生以外，他也會去尋找某類學生，「非常適合我們團體的，他們必須有幽默感，且有令人喜歡的友善個性。」他認為凡是他教過的學生都成為朋友，他說：「我們

都直接叫對方的名字，雖然這跟美國的習俗不同。」他說人家都說他是個好人、很好相處且也很好親近。「在考試的時候，我可是不這麼愚昧的，這是大家都知道的。」

回憶他自己的訓練：

我仍然覺得自己是處在一個特殊團體的感覺，即使在三十年之後，我仍然有非常栩栩如生的記憶而且仍會認定自己是利昂‧費斯廷格和斯坦利‧斯開特的學生。

傑羅姆・辛格

傑羅姆・辛格是在密西根大學展開他的大學生涯，他學的是海軍建築學（Naval Architecture），但這只念了一年，有一次製圖老師跟他說：「辛格，你不是我見過最糟的繪圖人員，但是戰爭結束之後你很容易就會變成最差的。」所以接下來辛格就花了三年的時間研讀材料和化學工程學，他記得：「這科學的部分還可以，但是我一點也不喜歡工程學的部分。」然後他消失了一年，之後「試著決定要做什麼」。後來辛格決定回到大學，他最終完成社會學和人類學的雙學位，而且他還想繼續念研究所。

他受到明尼蘇達大學的新行為科學訓練課程的吸引，那是約翰・G・達利（John G. Darley）[11]所主導的，當時利昂・費斯廷格已經離開明尼蘇達大學，去了史丹佛大學，但是斯坦利・斯開特、哈羅德・凱利和亨利・雷肯仍然在那裡，他說他的社會學背景讓他「理所當然地成為社會學家」，頭兩年的時間他都在修課還有做研究。

我們當中有三個人修衝突社會學的課程，但我們沒有做學期報告，相反地我們跟老師講，讓我們做叛教徒和異教徒的研究，還有其他在衝突社會學的其他主題。

社會學家盧・科塞（Lew Coser）剛剛發表了對喬治・齊美爾（George Simmel）的衝突理論的修訂，他認為當群體發生衝突時，你會建立起群體內的情感和群體外的厭惡。叛逆者，即從你的群體中移出並加入敵人的人，比敵人更令人厭惡。而最不喜歡的是異教徒——那些留在你的團體中但支持敵人價值觀的人。我們進行了一項研究，試圖檢驗這一點，我們發現一些結果與科瑟的不同。我們把它單獨寫成了學期論文，直到幾年後我得到了我的第一份工作，我才把它寫出來並在《社會測量學》上發表。所以那是我讀研究生的第一年——我們做了這樣的事情，我們決定寧可做一

11 譯者王註：約翰・G・達利（John G. Darley）為費斯廷格的學生約翰・達利的父親，約翰・達利的英文名為John M. Darley, M為McConnon的縮寫。

個實驗也不要只是寫篇學期論文而已。

　　第二年的時候，辛格幫一位政治科學家（political scientist）赫伯‧麥克洛斯基[12]分析一項調查資料，「在1956年的全國大會上，蒐集了一千位共和黨的菁英、一千位民主黨的菁英，還有從蓋洛普民意調查（Gallop Poll）中，隨機抽取的兩千名全國性樣本。」他說道。他也曾與漢克‧瑞肯共事過，「在我第二年年底時，瑞肯已經離開了，我也不會是政治科學家，而且我不是那麼有興趣待在社會學系。」

　　我要做更多的實驗，我發覺當社會學家是很枯燥的，所以我決定作一個改變──斯坦利‧斯開特不在，但是我決定轉向到心理學。哈羅德‧凱利在那裡而且我比較喜歡心理學課程，所以在研究所第三年的時候我申請進入心理學系，在我研究所頭兩年的時候我已經修了心理學系的三門課。

　　第三年的時候，斯坦回來了而我當了他的研究助理，我們就開始共事。斯坦問了一些他的人，他已經離開了一年，想知道新人當中有沒有優秀的，我的一些朋友則說：「選他」，斯坦就挑了我，也就是我被指派給他。不管是哈羅做我的指導教授，還是斯坦做我的指導教授，這都不重要，因為在這個瘋狂的學程裡，所有的課程都只有綱要而已。

　　所以我就開始跟斯坦一起工作，他挑選人的制度是恐怖的，我並沒有要求很多，但是我不容易被嚇壞所以我成功適應，我們成為好朋友。我開始當他的研究助理，幫他處理許多實驗，然後在兩年之後我正在做博士論文時，他休假一年到史丹佛大學。在他離開時，還堅持要我租他的房子，給我太太買塊墊子，並且幫他照顧哈樂德這隻貓。

　　明尼蘇達大學「行為科學學程」的物理環境是這樣的：「哈羅的學生和斯坦的學生以及本‧威勒曼的學生都在同一個地方，而且我們認同自己是同一個團體，包括我們的指導老師，所以我們雖然分屬不同指導教授但

---

12 譯者註王：請參閱本書第142頁註釋7。

對彼此都非常友善。」

我們一起學習做事情，因為我們會有小組會議，這意指我們會一起討論一個研究，並且一起設計這個研究，然後跟斯坦利談，大多是在下午近傍晚的時候，還一起玩紙牌，玩完換玩西洋十五子棋。

斯開特經營著一個關係緊密的實驗室。辛格描述團體動力課程時，斯開特提供：「他和利昂的作品。」因為授課內容已經列在授課目錄中，依照辛格的說法，課程一開始就是要打消「所有從教育學院過來的學生」修課的意願，因為他不可能直接叫他們離開，所以斯開特只好做了一件事情，他叫某些學生他確定會成為他學生的人，執行一個「非常有敵意、無禮對待的會面，在那時候他會對他們大吼，讓他們出醜，直到其他人退出永遠不再回頭。然後他才會繼續這個學期的課程，因為一切已經結束了。」辛格笑道。

我們都是以團體方式運作，通常是兩個或三個人，比如說在情緒研究這個案例中主要就是斯坦利、比布（Bibb）[13]和我。在《隸屬關係》（affiliation）[14]這本書中的結論這一章有個論點：人們會為了評價某些模糊不清的東西，像是內在狀態，因而而結盟起來嗎？於是斯坦利想：「如果你給人們腎上腺素，並發現他們在一起等或著沒有，這樣的狀況又作何解釋？」他所使用的情境其實就是彼得‧肖恩巴赫用來做他的食

---

13 譯者註王：比布（Bibb）即比布‧拉塔內（Bibb Latané），明尼蘇達大學博士，指導教授為斯開特，曾在哥倫比亞大學、俄亥俄州立大學、佛羅里達大西洋大學和北卡羅來納大學教堂山分校任教，著名的研究是與約翰‧達利（費斯廷格的博士生）所做的旁觀者效應。

14 譯者註王：《隸屬關係》（affiliation）一書應指的是斯開特（Schachter, 1959）出版的《隸屬關係的心理學》（The Psychology of Affiliation）一書，這本書探討了人們在情況模糊的狀態下，並有潛在威脅時，人們會將自己附屬於某個群體，並觀察對方的情緒行為反應，作為對自身情緒反應解讀的參考。

物和飢餓評估的研究，當時他是給受試者這樣一個任務：「視覺的雙重性」（visual diplocity）和「雙目冗餘」（binocular redundancy）——這兩個他們要做一個。這兩個之間的唯一差異就是一個是你要跟其他人一塊等，另外一個就是自己一個人等，然後還有兩個聽力方面的任務，是「口語的角度置換」（oral angular displacement）和「聽覺邊緣性」（auditory peripherality）。

　　我跟斯坦利的第一個任務就是去察看心理系的老舊設備儲藏室，然後在那裡找到一個可以被叫做「視覺的雙重性」（visual diplocity）的東西，然後我們一起把它組裝起來。我們玩得很快樂，那裡也有非常聰明的人，而且還很有趣，他們不只是對心理學有興趣的人。斯坦利和利昂在挑人的時候不會只挑聰明的人，反而還要能夠跟大家閒聊的人。

　　當他完成學位後，辛格在生化領域作博士後研究，他大學所學的化學和工程學經驗已經讓他得到他所需要的前置條件。

　　我們多數工作就是要在人或動物的身上注射藥物，而且我們決定——或我決定最好用其他方式做研究，比如叫受試者做些事情，然後從身上抽取並測量其賀爾蒙的量，反而不是去注射賀爾蒙之後看看受試者做了什麼。那一年中，我作博士後研究所跟的那個人，說他要把實驗室搬到史丹佛大學去，我也很樂意跟著他去。我並不想要當一個心理學家，這對某些人來說是三流的生物化學家，所以我要晚點開始找工作，我也曾經有過一個工作機會。

▋訓練學生

　　「我不是一個好的訓練學生的人。」他說。「這件事一點也不吸引我，我寧可當學生也不要當老師。」他接著說，他是「專精在訓練助理教授的人。」這是因為他是一個好同事。「我有興趣而且想聽其他人做了什麼，我對他們的工作以及我自己的工作都很好奇，我就是這樣得到終身

職。」他笑著說道。他解釋說他在賓夕法尼亞州立大學時當了幾年的助理教授，有一次在紐約參加一個學術研討會的時候，他太太打電話給他，跟他說她接到一封信是院長寄來的，她問他是否應該把信打開，「我說：『好。』然後她打開之後，跟我說信裡說他已經獲得升等了。我還不知道我已經可以升等了。」

辛格在賓夕法尼亞州立大學時的某些研究是關於馬基維利主義（Machiavellianism），這是他第一個獨立於斯開特完成的研究。他曾聽說過克利斯蒂（Christie）談論馬基維利主義量表（Machiavellianism scale）[15]，而且說：「我在他做之前，就使用過這量表並且發表了，然而他還是一直把人推給我。」因為如此，所以辛格就不再經手那個關於該量表的論著。

辛格說他最喜愛研究過程的部分就是：「編寫腳本、指導語（spiel）和事後會報（debriefing）的部分。」

事後會報不只是安撫參與者（cooling the mark），雖然某些人會這樣說。從非常實際的角度來說，尤其是在一個關於欺騙的實驗或者是一個複雜的實驗，它也是要教育受試者知道你在做的事情是什麼。在我所做過的研究中，發現許多人都會喜歡這個部分，不管有多麼粗暴或者多麼惡意欺瞞。

你當然可以叫一個受試者乖乖地直接完成一個實驗，讓他們在一間房間獨自面對一個記憶鼓[16]，花兩個小時把列表上的要求跑完，這樣就結

---

15 譯者註王：馬基維利主義（Machiavellianism）在心理學中主要指稱一種人格傾向，易於為了自己的目標透過策略來操控他人，這主要是由理查德·克里斯蒂（Richard Christie）和弗洛倫斯·L·蓋斯（Florence L. Geis）（Christie & Geis, 1970）運用到文藝復興時期義大利著名的政治學家，馬基維利，運用其著作《君王論》，以及其哲學而擷取一些陳述發展出馬基維利主義量表（Machiavellianism scale）。此處辛格所說他獨立於斯開特進行的研究，發表於1964年（Singer, 1964）。

16 譯者註王：記憶鼓是還沒發明電腦前記憶實驗所使用到的一種儀器，如下圖1。

束，而且某個人就會針對結果給出一個陳腔濫調的結論，解釋他們所做的，即便這樣的解釋是完全正確，但也無聊到爆。

　　他們來到我們的研究，他們一直都是這場戲的主角，而你研究者的目的就是不要讓他們想到研究者正在偷拍，反而要去跟他們解釋你已經做了什麼，爲什麼做以及讓他們看他們在這情境中的行爲怎樣被外在環境所侷限，而且他們在過程中也眞的能夠有所領悟。

　　辛格享受教學樂趣，他說：「我不怨恨被剝奪了做研究的時間，但我卻會怨恨要我一連教了八次普通心理學，我不喜歡當一個替死鬼（pasty）。」他僅有的要求只是希望有些課程能「些許的變化和可以更替的循環」。

　　他說有「兩種不同類型的教師，一個系不可能完全都是斯坦利們或利昂們，這是有非常充分的原因。」因爲他們跑實驗室的方式是非常緊密結合的，所以就必須有其他的人，基於自己的興趣專注在學生身上。辛格說在他待過的不同系，都會扮演這兩種角色中的一種，他目前是美軍醫學大學（Uniformed Services University of the Health Sciences）醫學心理學系的系主任，他在一班大概有十六位研究生的課程裡，教統計和方法學。

　　他說當他寫東西的時候並不在乎誰會讀，「我只是要說出來罷了，我知道誰應該會讀，只是不常讀而已。」他的主要聽眾是他的同事和他的朋友、他研究所認識的人，以及「那些前輩，像斯坦利和利昂以及那個團體的人，我現在還都跟他們很好。」

圖1　記憶鼓

圖片引自網站：https://www.mhs.ox.ac.uk/collections/imu-search-page/record-details/?thumbnails=on&irn=12804&TitInventoryNo=81083

　　他說他從來不會擔心沒有想法，「某些人會認爲學術生涯就是場零合遊戲，他們會忌妒別人，因爲想法被某個人提出來，他們能想到的就少了一個。」他相信他能夠有任何東西可以貢獻的話，他寧可讓給別人，他還會有別的想法出來。「假使我不打算去申請國家衛生研究院的撥款，那麼我就不必在意是誰做的，那不過是個吸引人的想法而已。」這態度是辛格從斯開特身上所學來的。他提到有一次跟斯開特之間的對話，那時有一個知覺心理學家將要去哥倫比亞大學訪問一年。

　　朱莉（Julie）跟斯坦利吃午飯的時候，跟他聊到自己所擔心的事情：「你知道我將會去社會心理學系，而且我的專長在知覺，而社會知覺對我來說它不是知覺。我決定我該讀你們這些人所寫的東西，好讓我可以知道這些研究是怎麼做的，以及我是否適合這個地方。我非常困惑，因爲我已經讀了你們的作品，我喜歡它，很有趣，但是我眞的很困擾，從某個角度來說它不是計畫性的，你們開啓了一個領域，跑了兩三個研究後就改做別的。」而且她還說：「你從未眞的徹底跟隨某些課題。」

　　她舉例指出斯坦利在謠言方面的一些研究，斯坦利說：「好，這是個有趣的問題，那些研究眞的很吸引人，不是嗎？」接著朱莉說：「對。」斯坦利說：「好的，既然它很吸引人，那麼必定會有人去做的，我不要管這些細節。給我另一個例子。」然後朱莉又問他別的研究，斯坦利說：「那很有意思嗎？」她回答說：「並不特別。」斯坦利接著說：「爲什麼我應該花費我的生命來做這種無趣的研究呢？」

▌與費斯廷格的共事

　　當離開賓夕法尼亞州立大學的教育測驗服務和人格研究中心之後，辛格被邀請到跨國社會心理學委員會（Transnational Social Psychology Committee）當一個臨時工作人員。根據辛格的說法，這個委員會的形成是「因爲利昂和斯坦利以及其他許多人，希望在歐洲各地的社會心理學

家不會只知道美國安娜堡市（Ann Arbor）[17]所發生的事情，而即便是個巴黎的學者，卻不知道布魯塞爾（Brussels，比利時的首都）所發生的事情，所以他們在社會科學研究會（SSRC）成立了一個委員會叫做跨國社會心理學委員會，裡面有一半的人是西歐國家的人，另一半是美國人，他們開研討會，並催生出歐洲實驗社會心理學協會（European Association for Experimental Social Psychology）。」這職缺的開出也是因為本・威勒曼的突然辭世所造成的，辛格是基於斯坦利・斯開特的引薦做這份工作的。利昂・費斯廷格是委員會的執行長，辛格回憶道：「即使我認識利昂，但是斯坦利還是試著叫我跟利昂作博士後研究，那也是我第一次看到他，而且後來跟他保持友好的關係。」

▋ 斯開特和費斯廷格

　　社會心理學在許多系所中出現被接受的困難，很大程度上與利昂和斯坦利對許多事情有不同意見有關，利昂是很明顯的，而斯坦利則較內隱的。社會心理學有兩個主要支派：一支是團體動力學，即勒溫學派者，另一個是耶魯大學的學習理論團體（The learning theory group）。學習理論團體從一開始就採用了假設演繹法，但很快就消失了。兩支後來出現了交會，哈羅德・凱利曾在耶魯待了六年，才來到明尼蘇達州，但從各方面來說，你必須在兩個群體裡選邊站。

　　利昂和斯坦利的主要貢獻之一，他們的理論不像勒溫幾何式或拓撲式的方式，而是：當你有個想法時，然後你說：「如果有這個想法且只有這個想法會有效，那麼這代表有什麼意涵？」然後你非常嚴格地說：「如果這一切都能奏效，你會預測到什麼？」然後你試著測試一下——就這點上來說，他們是非常緊密扣著理論的，一般模式不會這樣的。

　　他們是非常立足於現實世界之中的，我的意思不是現實世界，而是現

---

17 譯者註王：勒溫群體轉移到密西根大學，其所在地就是在美國安娜堡市（Ann Arbor），可參閱本書第48頁註釋20。

實世界中的現象，例如，看看《認知失調》一書的導言，他在書中談到了他是如何開始的。當時利昂正在為社會科學研究會做一個關於流言的評論，他正在回顧一篇在印度的研究發現，這其中似乎令人費解，這就是一種現實世界的現象困擾著他。從這一點他說：「也許人們開始造謠是為了證明他們感到恐懼。」後來他得出不和諧和失調的論點，並盡可能地推進這個論點，這是一個與學習理論相反的現實世界現象，從學習理論中你會說：「如果習慣的強度上升，驅動力就下降，但這兩者的產物又會產生什麼結果呢？」

當時那些沒有和利昂一起學習過的人，他們會用的方法是扣著失調理論，然後進行繁重的實驗，在實驗中他們挑選了一個特定的詞，並用另一個特定的詞進行檢驗，你從費斯廷格或斯開特的實驗絕對看不到這種方式，你將看到所有一切都與現實世界的現象有關，我們都是這樣進行訓練的——注意什麼是有趣的，然後當你對某件正在發生的事情，有了一個想法時，就去測試你的想法，並盡可能嚴格地推動它，彷彿工作中唯一的要素就是要看看隱含的意義是什麼，以及它影響力多高。所持的理由是，如果你的想法是重要的，它將掩蓋其他因素，傑克・布雷姆有時會說：「我不相信個體差異。」當然，他所說的意思是，如果你的想法有價值，它就會超越個體差異，這就是我們學會的做事方式。

辛格不認同有人把費斯廷格和斯開特視為全然執著於實驗法的看法，他指出費斯廷格的實地實驗（field experiments）和斯開特的出生序研究工作都是非實驗室研究的例子。他說：「這只是個假消息，是那些不喜歡他們工作方式的人所製造的，他們總是簡化。你如果有了一個想法，盡可能地推動它，當你改變它或使它更複雜時，它就變得盡可能的較不複雜。」

據辛格說，斯開特和費斯廷格另一件與這領域其他人不同的事情是，他們習慣只引用與手頭研究相關的著作。

引用的人之間有某種交易關係，如果兩個人在同一個領域工作，即使你不同意某人的觀點，你也會引用「以反駁此觀點，讀者可能會看到……」而且你又引用了另一個人的。人們來回往返地相互引用是為了禮

貌地承認另一個人也在這個領域工作著，利昂和斯坦利從來沒有這樣做過，他們只引用自己的著作，這意味著如果一個想法不屬於你，你無須引用別人的想法，僅僅因爲他們寫了關於這個主題的文章，而你卻思之甚少。

斯開特和費斯廷格共享的一個個人特徵是熱愛下棋──分別是雙陸棋（backgammon）和西洋棋（chess），據辛格說：「他們都非常有好勝心。」

辛格認爲，斯開特和費斯廷格在培養優秀學生方面，成功的原因部分在於選拔。他說：「他們揀選學生，不是因爲他們對學生的成長有一個理論⋯⋯他們這樣做是因爲『這是我想留在身邊的唯一一種人，我想要一個聰明、願意學習、不是無所不知的人，但我可以從中得到一些興趣和快樂。』在某種意義上，他們所尋找的學生，當師生關係（student-ship）結束時，他們可以作爲朋友繼續來往。」

他描述了斯開特對學生的態度：

如果你很好，而且有某種性格，我會喜歡和你在一起，這很好，那麼我們可以成爲朋友。如果我叫你傻子，對你和其他人大喊大叫，那只是因爲我給予了你基本的尊重，而我對不熟的人會比較有禮貌。這就像一個猶太家庭，你對彼此大喊大叫，但你當然不會對陌生人那樣做，那是很粗魯的。

問題是，你是要給那些不屬於這個模式的人蓋印章，還是選擇那些你知道適合接受訓練的人。斯坦利的成功只是與那些他覺得滿意的人合作，這意味著他想到的人是好的，雖然他也犯了一些錯誤，有些人沒有成功，他們辭職了，或者你做了什麼。他的成功在於擁有一種他稱之爲自私、固執或不願意改變的風格，這種風格不是強加給每一個進門的人，而是強加給那些他認爲符合這種風格的人。

辛格說，這個系統的關鍵是要有足夠多的人才庫進來該系，所以即使斯開特可能有個「非常狹窄的篩檢程式」，但還是有些人通過。他指出斯

開特和費斯廷格都是待過頂尖大學，這吸引了最優秀的學生開始跟著。他說：「看看利昂在哪裡！他曾在史丹佛大學教過，以最嚴格的高標準招收了國內一些最優秀的學生入學，但仍然只挑選了三到四名學生進來。」與音樂機構的學生相比，辛格說，斯開特和費斯廷格是在訓練獨奏者，而不是分部演奏者。

李‧羅斯

李‧羅斯說他「一直覺得心理學並不太難」，這也是他認為在大學時主修心理學的一個原因，接著他說，「我一直覺得這是一門很好的學科，不用真的讀書啦，就把那麼一回事寫出來就對了。」但他選擇的原因還有其他。首先，他說他發覺心理學「有無窮的吸引力；更重要的是，你真的可以在大學階段好好研讀心理學，而在其他任何領域都不能如此。」這可能因為羅斯是60年代中期多倫多大學大學生的緣故。他說：「這真的很了不起——你可以找到一批優秀的大學生導師，絕不輸給其他任何地方。有一個以專業為導向的榮譽學程，所以你可以學習大量的心理學課程，也有其他人一起參加相同的學程。」

儘管羅斯認為多倫多大學的心理系是「非常赫爾學派的」，但他還是和約翰‧阿羅伍德（John Arrowood）一起研究了認知失調。阿羅伍德曾在明尼蘇達大學與哈羅德‧凱利和斯坦利‧斯開特合作過。

我對赫爾學派心理學非常感興趣，也非常了解認知主義者和傳統學習理論家之間的長期鬥爭，我知道自己站在哪一邊。儘管我的大學老師曾諄諄教誨過，但從一開始我就站在認知主義這邊。事實上，後來我發展起來的興趣，我想大多可以根源於我日益欣賞學習理論的認知式批判。

他去哥倫比亞大學念研究所，因為他的大學導師阿羅伍德對他說：「如果我要讀研究所，我會想去哥倫比亞大學和斯坦利‧斯開特一起工作。」羅斯說，「這似乎是一個非常明智的建議，所以我只申請了一間研究所。」在阿羅伍德的幫助下，加上他贏得伍德羅威爾遜獎學金（Woodrow Wilson fellowship）[18]的事實，羅斯被錄取了，他非常喜歡斯

18 譯者註王：伍德羅‧威爾遜獎學金（Woodrow Wilson fellowship）於1945年由普林斯頓大學創立，旨在解決二戰後教師短缺的問題，資助有才華的學生就讀博士班和展開學院的教書生涯，隨著時代變遷，現在發展為支持新出現的需求，如針對學界較欠缺代表性的人群或特定領域等等。

開特的情緒研究[19]。

在我看來，這是認知社會心理學的終極目標。也就是說，為了理解情境刺激對行動者的影響，你必須理解它對行動者的意義。換言之，重點是要講赫爾心理學似乎是錯誤且令人沮喪的，即便我也曾接觸過特殊類型的赫爾心理學。

然而，到了哥倫比亞大學後，羅斯第一年的時間是和比布·拉塔內[20]一起工作。他選擇拉塔內是因為他對其正在進行的研究印象深刻，而且他對斯開特當時在進行的肥胖研究[21]並不感興趣。他還指出：「拉塔內剛剛完成了對社會病態（sociopathy）的研究，我想也許我可以和拉塔內做點什麼，拉塔內畢竟是斯坦利的學生，等於我和斯坦利做些什麼的心願完成。」但事情並沒有如他所希望的那樣發展。

與拉塔內的研究——有關旁觀者干預（bystander intervention）[22]和有

---

19 譯者註王：斯開特的情緒研究是非常著名的，由斯開特與其學生辛格於1962年發表相關論文（Schachter & Singer, 1962），提出所謂的情緒二因論，主張情緒受到兩個因素決定：「生理喚醒」（Physiological Arousal）和「認知標籤」（Cognitive Label），並認為情緒是由認知歷程、生理狀態與情境因素在大腦皮層中整合的結果。

20 譯者註王：請參閱譯註146。此處原文是Bibb Latane，經查應是作者誤植，Latané的é誤植為e。

21 譯者註王：斯開特1960年代到哥倫比亞大學教書，直到退休，他的研究主要集中於歸因過程在社會生活與自我知覺各方面上如何影響人們，研究的主題包括出生順序、犯罪行為、疼痛感知和肥胖，關於肥胖的研究斯開特發表了兩篇文章（Schachter, 1968, 1971a），和一本專書（Schachter, 1971b）。

22 譯者註王：拉塔內的旁觀者干預研究應該指的是他與達利所發表的論文與專書（如Darley & Latané, 1968; Latané & Darley, 1968, 1970），是最早提出並探討旁觀者效應的學者，後續引領了許多研究者關注這個現象。

關鼠類隸屬關係（rat affiliation）[23]——非常有趣，也非常令人滿意，但我真的很羨慕與斯開特合作過的人。原因很多，首先，當然是斯坦[24]很有魅力，以及他有能力傳達一種觀點，傳達他的研究真的「重要」——即確實處於這個領域的「前沿」。然後，還有是斯坦的學生成為了我的朋友，我發現自己和他們談論了很多關於他們的研究工作，我覺得他們的研究工作比我自己的更有趣。在某種程度上，我羨慕他們的工作風格和團隊精神，他們花了這麼多時間坐在一起思考他們的研究問題，討論可能做的實驗，我發現自己越來越感興趣。我發現內心有自己的想法和反應，會對自己說：「為什麼你要建立以某種方式控制餵養行為的動物實驗」或者，「我們怎樣才能把情境文化因素與生理心理因素梳理開來？」

有種感知，這是一個有凝聚力的群體，也有一點精英主義——感覺到最有前途的學生幾乎都在和斯坦合作。我不知道所有的原因，但我知道這不是研究主題本身，因為我實際上對肥胖不感興趣，我知道這出於某種原因或其他原因，如斯坦利正在做的其他研究，以及他對問題的設想方式讓我們想到了令人興奮的可能性，但絕不是我對肥胖主題有至死不渝的興趣——我不胖，我也不認識任何胖的人，我不在乎肥胖（儘管我確實喜歡吃）！

羅斯調換了導師，「非常痛苦和不舒服，因為斯坦不想要鼓勵比布的學生叛變。」當時斯開特的一個高年級研究生理查德·尼斯貝特（Richard Nisbett）[25]，幫忙「協調」調換的過程，他們最終成了親密的

---

23 譯者註王：隸屬關係是斯開特關注的一個焦點，拉塔內關於鼠類隸屬關係的研究與此有關，透過動物實驗來探究群體中附屬動力的現象，拉塔內發表了一系列相關論文（Latané, Nesbitt, Eckman & Rodin, 1972; Latané, Friedman, & Thomas, 1972）。

24 譯者註王：斯坦即斯坦利·斯開特。

25 譯者註王：理查德·尼斯貝特（Richard Nisbett, 1941年至今），斯開特的博士生，哥倫比亞大學博士，後與瓊斯發展行動者—觀察者偏誤，可參閱譯註101。

朋友。據羅斯說，「在迪克[26]離開後的三年裡，我們才真的成了更好的朋友。他在耶魯大學，離紐約很近，經常回來。我認為真正的秘密是我結婚了，和當時大多數哥倫比亞大學學生不同的是，我有一個『真正的家』。不管怎樣，迪克和我都非常想相互了解，最終我們成為了非常親密的朋友。但我認為，在我們成為好朋友之前，我們早就成為了相互敬重的同事。」

▌斯開特的風格

　　羅斯說，斯開特非常專心致志，對自己的工作很認真，但對他所尋求的答案卻不堅信。羅斯說：「他真的確信他有一個有趣的謎題要解開，他很興奮於發現這個謎題的答案是什麼。」他描述了斯開特如何解決一個問題的方式：

　　肥胖研究的一個有趣的方面是，它最初的動力來自一個失敗的假設。斯開特最初之所以研究肥胖主題，是因為他試圖證明，暴飲暴食和肥胖是一種特殊的錯誤標記現象的結果——即肥胖的人將許多其他情緒性事物錯誤標記為饑餓。

　　這種想法某種程度在文學中一直可見，舉例來說在精神分析文學中，希爾達‧布魯切（Hilda Bruche）[27]就曾這樣說過。我認為斯坦最初的想

---

26 譯者註王：迪克即理查德‧尼斯貝特，從「人格與社會心理學協會」（The Society for Personality and Social Psychology）官網的歷史名人牆中，可以發現許多人都稱尼斯貝特為迪克，應是其綽號、小名之類的稱呼。

27 譯者註王：希爾達‧布魯切（Hilda Bruche）可能是希爾達‧布魯赫（Hilde Bruch），因網路上查不到布魯切的相關訊息，但有一位布魯赫是精神分析學家，亦出版許多關於飲食失調和肥胖的專書（Bruch，），研判可能是這位布魯赫（1904～1984年），她出生於德國，猶太人，德國醫學博士，1934年移居美國，在兒童醫院當醫生，後來到約翰霍普金斯學習精神病學，並接受精神分析的培訓。後回到紐約開一家精神分析診所並在哥倫比亞大學任教。

法是，如果每次在你不高興的時候，例如當其他孩子不跟你玩的時候，你感到悲傷和被拒絕，這時媽媽給你一塊餅乾吃，你幾乎會把所有令人厭惡的內部狀態都與吃飯和饑餓聯繫起來。所以每當你悲傷、憤怒、焦慮、孤獨或類似狀態的時候，都會讓你說：「啊哈，我一定是餓了。」所以你出去覓食。這是斯開特正在思考中的一種臨床症狀，他想在實驗室裡展示出來。

結果讓他失望也讓他興奮，他發現不管是控制人們的焦慮感、恐懼感，甚至是透過剝奪食物的方式來控制內部狀態，似乎對肥胖的受試者沒有任何影響。然而，這些操作卻對一般受試者有影響。怎麼解釋呢？有趣的是，斯坦利當時完全改變了方向。他沒有說：「不，不，讓我們用不同的方式來做研究，讓我們得到正確的結果」，而是以某種方式理解，認為結果比他最初追求檢驗的想法更有趣，更深刻。他說：「啊哈，似乎有人（肥胖的人）對他們的內在狀態不敏感，我們就這麼做吧。」某種程度上，這讓人憶起他先前與拉塔內關於社會病態的研究，同樣的概念是，社會病態的特徵也是他們對內在狀態的不敏感，所以斯開特有點沿著這個思路來思考。

人們經常指責他至少該有個固定的假設，然後對資料做恣意的操弄——拋出受試者或其他什麼東西以使假設生效，但這並非他工作風格的本質。事實上，在他做了七到八項研究，並且非常明瞭地知道他想講的故事之後，他會非常努力地使所有的資料都符合那個更大的故事，但那是在資料都已蒐集到之後。斯開特並不是先有一個固定想法，然後進行一項研究的人，他只是想讓這項研究成為現實，這樣就可以出版了。我認為，在他所從事的每一個主要領域，斯開特最終用來整合研究結果的想法，往往不是他最初提出的想法。

羅斯認為，斯開特和費斯廷格以類似的方式訓練他們的學生。

有一個真正的傳統。一定程度來說，這就是對工藝的熱愛，如同一位優秀的藝術家認真欣賞一位優秀的畫家所應能做到的，處理窗簾、裸體人物、水中的倒影以及光影的遊戲等等。我認為這裡也有某種傳統，跟某種

工藝的展示有關，這應該會在測量、實驗腳本（cover story）以及「好實驗」的操弄中表現出來。

與斯開特和費斯廷格合作的方式很有趣，他們實際上沒有給太多的回饋，通常沒有詳細的評論、回饋和批評。而且沒有對方法論或範式的一般性討論，我們從來沒有得到過這樣的東西，基本上，我們是透過學徒制度，透過做他們正在做的事情來學習的。如果你做錯了什麼，斯坦會有點不敢相信地看著你，好像他有點受傷或失望，但主要是告訴你，你不應該浪費他的時間或你的時間，你應該是認真的。犯錯是完全可以被允許的，但是你不應該浪費他的時間，來討論如何去除阻礙以完成工作。不得不承認，總是做出正確的事情是很困難的。你應該一直工作直到你做出正確的事情，然後向「老闆」展示你的工作。

斯坦利從來沒有批評過你，當他認為你偏離了軌道時，他會覺得很無聊，他會開始顯得心不在焉，基本上傳達這樣的訊息，如果不是因為你過去所做的各種努力積累了巨大的功勞，以及他與你的整體關係，他肯定不會因為你在那胡說八道而坐立難安。一般來說，和斯坦工作的方式是，你去找他是每當你做好要進入下一步的工作時，或者若你有一個關於現象的研究想法，你很少只是為了「聊天」而找他。有時他會到你的辦公室來，找你跟他嘗試一些事情；有時你會答應他做同樣的事情。同時，他會和一個或多個學生一起吃午飯，大概一週四天，這安排是非正式的，很少有「預約」。

午餐時，談話不一定是跟正在進行的研究有關。有「很多雜七雜八的閒話，也有部分是談論政治，或世上所發生的現象。通常這是很平常的談話，雖受到心理學家在談話的影響，但這仍然是談話。」

羅斯說，他認為斯開特與研究生合作的秘密在於他「總是讓學生覺得他們可能比他聰明些，或者至少他們比他有更多的『純金』（pure g）。」

你曉得他知道一些有價值的秘笈，還有一些特殊的技能，不過他可以教給你，或者至少你可以通過觀察來學習。順藤摸瓜，遲早你將了解到他

的祕笈，以及特別的是他那不可思議的直覺，能察覺到有趣和重要的事物。再加上你的純金本質，你真的會變得更好，也許比他還要出色。至少，這是我們逐漸相信的。

　　斯開特的學生在實驗室內外都花了很多時間在一起。羅斯認爲，高年級學生在促進低年級學生的社會化中扮演了非常重要的作用，他們會幫助低年級學生，「如果有了一個想法時，預測是否真的要去跟斯坦利說，還是不說，這很重要。」

　　根據羅斯的說法，他在哥倫比亞大學唯一真正做的社會心理學，是在斯開特休假那一年，當時菲利・津巴多接替他，津巴多教授了一門關於去個人化（deindividuation）的課程，這需要一個研究計畫，羅斯渴望與津巴多合作，因爲他「是一個很有創造力的方法論者」，但他希望與其合作研究有關歸屬感與情緒的主題，這是津巴多在前幾年裡已經做了相當多的研究。

　　這是一個機會，我本來以爲我會和斯坦利一起做什麼研究，事實上，就在我來到哥倫比亞大學的時候，我有一個特別的研究浮現在我腦海裡，心裡也有了研究操作的一個版本，在一些重大的變化後，產生了某個實驗的基礎。這一研究於1969年由菲利和朱迪・羅丹（Judy Rodin）和我共同發表[28]。菲利渴望講授一門研究導向、關於去個人化的課程，但當我明確地說我很熱衷於做一個情感誤導性（emotional mislabeling）的研究時，他非常和藹可親、非常靈活，他說：「好吧，那我們就去上一門關於去個人化和情感的課程。」我們之中的一些人最終做的是關於情感的研究，而非

---

28 譯者註王：朱迪・羅丹（Judy Rodin）指的應該是朱迪思・羅丹（Judith Rodin，生於1944），哥倫比亞大學博士，她在美國高等教育界是著名的慈善家，2005年至2017年擔任洛克菲勒基金會主席。博士畢業後，在紐約大學、耶魯大學教書，1994年被任命爲賓夕法尼亞大學校長，成爲常春藤盟校的第一位常任女校長。此處所指的論文是她、羅斯與津巴多於1969年發表關於歸因治療法的論文（Ross, Rodin, & Zimbardo, 1969）。

關於去個人化的研究，這是一個很好的機會，變成領導大家設計一個研究計畫，並看到另一位優秀的實驗家（例如菲利・津巴多）是如何從事研究工作的。

羅斯在哥倫比亞大學完成學位後，他在史丹佛大學找到第一份工作，這份工作沒有面試就獲得了，他現在還在那邊。「我想現在不會有這種事情發生了。」他說。

那時有許多人的提攜幫助，有推的也有拉的，我兩者都有。菲利・津巴多在史丹佛大學，他剛剛和我完成研究工作，斯開特有點推我，所以在他們中間我的形勢很好，儘管我的出版物相對較少，至少按今天的標準來說是很少的。

到了史丹佛大學，羅斯繼續他對情緒的研究興趣。在這案例中，也就是情緒歸因（emotional attribution）和情緒錯誤歸因（emotional misattribution）的主題[29]。然而，他認為這是「一個典範，雖然其所屬年代已經剛剛過去了」，但這保持了他對歸因問題的興趣。

史丹佛大學提供了一個支持的環境。羅斯說，學校的態度是「做有意義的研究工作，廣為人知、發表出版，並對該領域產生影響；其他的我們會照顧好。」他說，環境也因教師的品質而錦上添花，某些是重要的同事，他經常與他們一起工作。另一些人則是「聰明的好同事」，對研究想法會感興趣並願意給出一些回饋，即使他們的研究領域與他自己的不太相似，也沒法產生「直接的影響」。他說，該系有「強烈的文化傳統」，以及「非常強烈反對做個妄自尊大者的道德準則」。

---

29 譯者註王：羅斯1969年獲得哥倫比亞大學博士後，到史丹佛大學任教，他在情緒歸因和情緒錯誤歸因的探討，讓其於1977年提出「基本歸因謬誤」（Ross, 1977）一詞後聲名鵲起，其文章也不斷被引用。

▌訓練學生

　　羅斯說，當研究生來到史丹佛大學時，「他們和每個老師交談，並且在那裡進行適性配對，如果他們特別感興趣想和某人一起工作，他們通常可以依照自己的意願。」但還是鼓勵學生在念書期間不只與一位老師進行研究工作。

　　羅斯提到緊縮的就業市場對研究生訓練的影響，接著也討論了這個領域。

　　首先，我認為很多學生看到他們認為很優秀的同學，沒有得到好的工作，他們會感到失望，也會感到害怕，或者另一種可能是，他們害怕的是因為得到好工作的學生是難以企及的優異且勤奮工作，以至於他們說：「哦，我明白了，只有這樣的人才能得到好的工作。」而且我認為在研究所裡有一個社會化的過程，很多人認為他們會在一個很好的地方，找到一份很好的學術工作，過著監督實驗進行和偶而教教書的人生，他們發現這樣的特權不是每個人都能達到的，這對他們之中的某些人來說是相當可怕的。

　　顯然，在出版發表方面的強調要比我剛進來的時候要多。你對研究生會有點擔心，對新來的助理教授會擔心很多，年輕人不再渴望追求費斯廷格—斯開特的傳統，例如說四處尋找些大問題，不用擔心發表的事情。在這個傳統中，如果用一年或兩年的時間來進行一項研究是可以的；事實上，如果你一年發表七篇論文，這可能是你做得太過量的一個跡象，沒有一篇論文是真的很好的。我敢打賭，即使是當年身為年輕教師的利昂・費斯廷格，也沒有辦法像如今眾多平庸的助理教授一樣，發表如此之多。事實上，這還沒有考慮到手稿在當時比現在更容易被出版。

　　當前對數量的重視是很難逃避的，如果你沒有做過大量的研究，很難對這一領域產生影響，但是如果你沒有做過任何開創性的研究工作，要對這一領域產生影響是不可能的。史丹佛大學比較重視的是品質而不是數量，但必須要理解的是僅只數量的短少並不一定是品質的證據。有些人只做些許研究工作，但都是二流的。

　　他說，學生學習的方式是待在一位「非常嚴肅的科學家」身旁而發展出來的，這些科學家透過對學生正在做的事情感不感興趣，來塑造學生行為。

　　不會有人能夠「告訴」你該怎麼當一位有創造力的科學家，而是看到有人做了什麼，看到真正的成功是什麼樣子的，以及看到有人在一系列的研究中怎麼做，並以某個方向發展。重要的是看到研究工作完成時帶有一種炫耀的野心，這意味著，「我所做的事情真的是與眾不同。」

　　每年至少有三個月（有時更久），羅斯每週在研究會議上與學生會面一次，這種會議是開放式的。他有一個核心小組，由四五名學生組成，他描述這些「顯然是我的學生」，還有另外兩到三名學生會參加會議，他們「可能會也可能不會和我做研究」，因此會議通常大約有七名學生參加。他說，有時他會讓幾個學生詳細報告他們計畫或已完成的研究，「我們通常會設法節省一些時間，讓每個人都輪流報告給大家，以快速更新他們計畫或正執行的內容，但協同合作大多是在我到他們的辦公室或他們到我的辦公室時進行討論的。」

　　我認為很多指導教授認為他們的作用是將熱情踩煞車，因為學生傾向於「過度宣稱」，高估他們想法的重要性和獨創性，而沒有考慮到所有其他可能的解釋。指導教授們認為他們的工作是讓他們的學生更加謙虛和冷靜持重。我認為斯坦利是一位很好的指導教授，我從他身上看到了另一種方式，他根本不用這種方式來看待自己。我認為，他認為自己的角色是幫助你對事情更加興奮，認識到可能值得做的事情，並教會你欣賞好的想法和解決問題的好方法。

　　我認為指導教授們要避免的一件重要事情，就是不斷地貶低學生，挫挫人的銳氣，很多指導教授會讓學生意識到他們的想法不如想像的那麼好，讓他們意識到必須對自己的主張更加謙虛，並認識到所有的可能性，鼓勵學生看待他們想法的方式是，這些也許沒有自己所想的那麼重要。我認為有很多指導教授會這麼做，還有很多指導教授覺得需要不斷證明自己

比任何學生都好。

斯坦利和其他一些我非常尊敬的業內資深人士——特別是內德‧瓊斯——堅持認爲，在你停止與學生競爭之前，很難成爲一名成功的研究生指導教授。

羅斯執行自己的研究計畫，學生們也會參與其中。如果他們有其他感興趣的，「通常會有其他人更適合與他們合作，」他說。「我的確堅持我們要在彼此相互一致的計畫上進行研究。」「我提醒勸告學生，總是有很多研究可以做，僅僅因爲你有一個聰明的想法可以進行研究，並不意味著你可以去做，這必須與我們的研究方向有關。如果一個學生眞的有一個聰明的想法，不在我們目前的研究計畫之內，我會說『無論如何，你自己去做吧。』我鼓勵我的學生和其他教授一起做研究。我也鼓勵我的學生們互相合作，做一些我甚至不知道，或知道一些只能閒扯的事情。」羅斯評論說他通常不會和他的學生成爲私人朋友，「但有一兩個人例外。」

他認爲指導教授的作用是「使學生比他們更優秀，並使他們相信自己能成爲一位重要的、有貢獻的心理學家。」他說，他對他的學生沒有特別的父愛感，「恰恰相反，我的學生可能覺得他們在很多方面照顧著我。」他笑著說。

我一直喜歡這樣一個事實，我的學生們會儘早相互教導，知道要做什麼才能和我相處，這非常有用。我會說我和他們的關係更像個哥哥姐姐，像大多數與年長兄姐的關係一樣，他們更依賴於你而不是你依賴他們，但顚倒過來也總會存在某種特定的方式。

▍實驗法

羅斯說，他並沒有把他的研究工作局限於實驗，他還指出，他在探究領域的「組織」工作已經獲得一些認可。然而，他堅持認爲自己主要是個

實驗主義者（experimentalist）[30]，他把實驗描述成寓言故事，說：「實驗的目的不是要證明一個想法是正確的；實驗的目的是要說明和解釋一個想法。如果你想展示某個東西，那麼你必須控制好它，你必須使故事正確地運作出來，下一個階段是在現實世界中找到寓言故事，並描述出你認爲正在發生的事情。」

當我展示一個實驗給你看時，應該做的是讓你明白我在引言中告訴你的是什麼。相反地，一個好的實驗應該具有令人感興趣的特性，即使你從來沒有讀過引言，也從來沒有讀過討論，在閱讀方法和結果時，你應該能夠說出：「哦！有人做了那樣的事情。」然後人們應該能夠在展示的實驗和其他現象之間建立起關聯性。

如果你必須說出一堆心理學家做過的研究，才能讓一個研究報告變得有趣，一般來說，並不總是，但一般來說，這就不是件有趣的研究報告。我不知道這是否反映了心理學的特殊地位，也不知道這是否反映了這個領域的不成熟，但我認爲對「經典研究」的考察會證明我的觀點。

心理學中重要的實驗大多都可以用這種方式來描述，即完全不用提及任何其他的研究。想想阿施實驗，我可以告訴你，可以談論現實世界和阿施實驗，但不須討論任何其他的心理學。米爾格拉姆實驗也是如此。對於費斯廷格和卡爾史密斯（Carlsmith）[31]來說，亦是如此──有很多研究都

---

30 譯者註王：一般來說，實驗主義被視爲是美國教育學家杜威版本的實用主義，杜威強調觀念必須透過實驗來鍛鍊，即接受實驗檢驗，並在實踐中解決眞實的問題，才能得出有價值的觀念，因此杜威主張實用主義更好的用語是實驗主義或工具主義。中國五四運動重要推動者胡適，一生信奉杜威，並提出「大膽假設，小心求證」的著名說法。此處羅斯表達了他對於實驗主義的看法，並強調並非要「證明」一個想法，相反地是要「操作」與「演出」一個實驗，將實驗與現象巧妙地連接起來，讓人可以充分地了解實驗者所要表達的想法。

31 譯者註王：卡爾史密斯（Carlsmith）即詹姆斯‧梅里爾‧卡爾史密斯（James Merrill Carlsmith, 1936～1984年），美國社會心理學家，攻讀碩士期間就讀史丹佛大學，正值費斯廷格在發展失調理論，參與了費斯廷格的團隊。畢業後到哈佛大學攻讀博士，並繼續與阿倫森研究失調理論，阿倫森成爲卡爾史密斯的博士生

有這樣一個特點，那就是本身就很有意思，它們可以很容易地與現實世界中的現象聯繫起來，正是這種聯繫，而不是它們與任何其他實驗之間的聯繫，才說明了它們的「經典」之處。

好的實驗是場戲，有著多幕的劇，說服你相信作者正說著某些重要的東西，不僅僅是因為引起共鳴，而是因為作者對人們將要做的事情說對了，或者至少他表明他們會按他所說的方式行事。這場戲顯示：「確實有一些人真的做了這件事，或者有一定比例的人做了這件事。」一個不做實驗的劇作家最起碼可以要求你接受這個事實，即在某些情況下，你會以特定的方式行事。

羅斯說他仍然深受社會心理學經典實驗的影響，比起理論，他更受他們的影響。他說：「當我想到一個新的想法時，我仍然把阿施實驗（Asch, 1956）、米爾格拉姆實驗（Milgram, 1963）、費斯廷格和卡爾史密斯實驗（Festinger & Carlsmith, 1959）和其他實驗看作是指南針上重要的指引方向。」

對他來說，經典實驗最非凡的一點是「不管你在什麼樣的脈絡下設想，它們都繼續存在著。」他認為阿施實驗和米爾格拉姆實驗都是關於人們試圖弄清楚在某種情況下會發生什麼，「費斯廷格和卡爾史密斯的實驗可以解釋為，受試者做出了錯誤的對應推論（correspondent inference）──他們沒有以受態度控制的方式做出反應，他們賦予新的態度或信念給自己，原先這是與自己行為不符的。這實驗並非在說，這真的是一個關於歸因謬誤的研究，也不是關於最初做這件事的人認為這是什麼的研究，反而是有許多不一樣的事情同時發生著。」「但是，」他接著說，「我對歸因謬誤很感興趣，當我看過那個研究的刹那，認為這也是一個關於歸因謬誤的研究。真正經典之聲的心理學實驗就是有這樣的特質，你可以是位角色理論家（role theorist），或者強化理論家（reinforcement theorist），或者幾乎任何一種理論家；你仍然會認為這經典實驗實際上

導師。此處所提到的費斯廷格和卡爾史密斯實驗，當時也讓卡爾史密斯於1958年獲得西格瑪希（Sigma Xi）傑出學生研究獎。

（或者至少部分地）包含了你鍾愛的理論觀點的過程和機制。」

　　羅斯認爲實驗法很重要。

　　我認爲這是我應該感謝勒溫—費斯廷格—斯開特傳統的主要原因之一。我想如果我去了別的地方，我很可能會變成一個喜歡自以爲是的人，想發展偉大的理論和宏偉的方案計畫，而從不會逼使我眞正進入和做些事情。我認爲勒溫傳統眞正偉大之處是讓人學會欣賞一個好實驗的價值，讓人欣賞做一個好實驗是多麼的困難，你眞的需要理解到某些事情才能做好一個實驗。有一種幾乎可說是工程學的技法，一個工程師要證明其所認識到的重要理論資訊，每一次他或她都會把東西眞的做出來付諸施行，我認爲一個好的心理學實驗幾乎可說是類似工程學的勝利。

　　我想這就是我從斯開特那裡得到的——那些人努力認眞思考如何做好一個實驗，思考正確地執行這個實驗的方式是什麼，以及什麼是錯誤的方式，待在這種人的身邊……這涉及到美學，而不僅僅是讓一個實驗得到顯著性的結果而已，是要講一個故事，一個寓言故事，舉例闡述某個更大的眞理。

　　那麼，要實驗執行所需的各種組件是什麼？你的受試者應該是誰？他們應該做什麼？你應該操控多少？那些是你不該操控的？你應該用行爲測量法嗎？你應該使用自陳報告的方法嗎？你想讓受試者告訴你他們爲什麼要做他們所做的事情嗎？所有這些問題，你必須事先考慮一番。你不可能靠僥倖做好一個實驗，而且沒有意外的，這個傳統中的每個人都會告訴你同樣的事情。事實上，他們有點惱火，因爲人們把他們看作是「純粹的實驗者」，僅僅是做「展示」，隱含與那些刻意測試不同解釋或相互反駁不同理論的研究者進行了比較。我敢打賭埃利奧特・阿倫森從未做過他已經四、五個月沒有去想的研究想法。任何實驗，通常牽涉到，最起碼，要考量到某種錯誤的操作方法——並且讓實驗者試著把你當作是受試者來操作，看看你會想什麼和做什麼。這是那些對僅是「展示現象」不屑一顧的人，通常難以做到的事情。

　　一直讓我震驚的是，在我看來，有多少研究看起來像是人們拿草稿來執行，他們一有這個想法，然後就進行研究，因爲他們的想法就只是這

樣，他們沒有去想他們的想法到底是什麼，鑒於這個初衷，這真有可能會是最好的研究。大多數人不會說什麼，但我學會看到其中的價值。

當我的學生在半嚴肅地討論一個想法時，我經常會問他們說：「這個研究要怎麼閱讀？」事實上，我也經常問我的學生「你會怎麼寫？」或者我會說：「把結果那章節製作圖表或者圖片出來，這樣我就可以繼續後續的研究工作。會發生什麼有趣的事情，看起來怎麼樣？」如果你無法想像這項研究會如何被閱讀，並且不能讓自己確信它會成為一個有趣的故事，那麼你就不知道該如何進行這項研究。

羅斯目前許多的研究都是在「判斷傳統」（the judgment tradition）的軸線上，並不需要許多「努力的籌劃」（heavy staging），他一直致力研究信念堅持（belief perseverance），他描述這是：「你預期世界的方式，你相信世界的方式，會影響你看待世界的方式。」當一個實驗準備好要進行時，他會讓他的學生把他當作一位受試者來操作以幫忙解決問題。大多數的想法都是從他所想演變而來的，但他說：「我不會非常強調想法的重要性，想法是廉價的，許多非常好的想法已經存在了很長一段時間沒有被使用，等於沒用。一旦你有了良好的典範或方法，這些想法就會出現，而不用去管他們是誰給的。」

▌協同合作

羅斯主要合作的對象一直是理查德‧尼斯貝特，他說他們刻意聚在一起討論心理學，他們做朋友的時間太長了，以至於當他們的書《直覺心理學家》（Nisbett & Ross, 1980）的想法出現時，他說：「我們很擔心我們所投入的這種益智遊戲，是否只是充滿互相激發瘋狂想法的樂趣，而沒有我們必須生產出作品的感覺——會失敗的感覺。」但他補充道：「當你很了解一個人時，並且你們在一起工作了很久，並且你們已經反覆討論出一些想法，那麼你們彼此就會知道另一個人寫些什麼。」這時，鮮少會擔心使另一個人感到驚訝的事情，或是因書寫材料引起的分歧而感到訝異。

　　這本書寫起來很有趣，寫作的討論更是非常有趣，想到有人在寫這本書真的是太有趣了，但是寫作本身一點也不好玩，那是件苦差事。

　　羅斯還與馬克・勒珀（Mark Lepper）[32]有著密切的合作關係，是從他們在史丹佛大學共同教授社會心理學時開始的。關於合作，他說：

　　我認爲最好的表達方法是——我認爲同樣的說法適用於我與迪克，以及和馬克的合作——我們總是重視研究生的某些經歷。我們一直都認爲有優秀的研究生很重要，因此我們認爲解決這個問題的最好辦法就是成爲彼此的研究生，以某種方式我們輪流做。每當迪克做了什麼事，他會寄給我看，就像他可能也會寄給他的指導教授一樣，反之亦然。馬克和我同樣輪流擔任彼此的指導教授和有獎學金的研究生。

　　羅斯認爲，他在斯開特的訓練中所得到的是對重大問題感興趣的承諾。

　　我們覺得我們正認眞嘗試於關節處雕刻自然[33]，找出正確的方法來分析經驗、捕捉現象。人們非常強調俗世實主義（mundane realism）[34]，換句話說就是，你要在某個脈絡或情境下產生效果，且其所處之背景雜聲

---

32 譯者註王：馬克・勒珀（Mark Lepper, 1944年生），耶魯大學博士，後到史丹佛大學任教，以歸因理論和確認偏誤（confirmation bias）的研究聞名。他與羅斯之間的合作也爲人所樂道，羅斯於1969年到史丹佛大學擔任心理學教授，而勒珀則於1971年回到他大學時代就讀的史丹佛大學，擔任助理教授，在這個發展脈絡下，此處提到兩人共同教授社會心理學課程，並開啟兩人的合作關係。

33 譯者註張：關節處雕刻自然（carve nature at the joints）語出柏拉圖，原意爲「如果你要肢解動物是很難的，但是如果你沿著關節下手則易如反掌」。意近「庖丁解牛」之意。

34 譯者註王：依據美國心理學會心理學字典（https://dictionary.apa.org/mundane-realism）顯示俗世現實主義（mundane realism）指的是：「實驗情境與現實情境或事件的相似程度。」

需具代表性反映出現實世界。堅信這是做研究的正確方法，但也知道以這種方式進行研究，會有許多事情可能使其無法奏效。如果你所尋找的效果相對於其他一切都不夠強的話，那就不會起作用了，因為仍舊有許多噪音。我來到史丹佛大學想像這樣進行研究，但我還有兩件事想要：首先，我不要再研究個體差異的變數（如肥胖），我想要從那些讓本身能被操縱的現象開始研究；第二，我想要針對廣大而真實的事情進行研究，即使這些事情不像斯開特所擅長的那樣微妙或不明顯。

　　我難以傳達的是，研究實際的結果對你與斯坦利合作所能學習到的並不是最重要的，這只是附帶而來的。這有點像如果你遇到一個很棒的人，你會想和他一起去度假。嗯！所以這種特殊的關係質地能夠展開，得歸功於你們一起去度假的過程，但歸根結柢，當然更重要的是和你一起去度假的人。你最後不會說：「哦，太好了，我想要回去了。」反而會說：「不，不，我想繼續和你在一起。」

尼爾・葛蘭伯格

　　尼爾・葛蘭伯格是史丹佛大學70年代初的一名大學預科生，攻讀醫學微生物學（medical microbiology）學位。他打算從事醫學研究，他的父親在這一領域相當知名。葛蘭伯格對心理學也很感興趣，「但我的家人顯然很失望。」他說道，他上了幾門課，其中一門課程是從極端行為主義的立場所教授的社會心理學課程，葛蘭伯格說：「完全是陳腔濫調，平淡無奇的，我發誓要永遠放棄心理學。」他繼續研讀微生物學，並為諾貝爾獎得主約書亞・萊德伯格（Joshua Lederberg）[35]在其遺傳學實驗室工作。但過了一段時間之後，他發現自己誤解了心理學。

　　葛蘭伯格和歐內斯特・希爾格德（Ernest Hilgard）[36]談一些他那時感興趣、關於催眠的研究，整個夏天他跟著希爾格德進行一項獨立研究。在接下來的兩年裡，葛蘭伯格在催眠研究實驗室和萊德伯格的遺傳學實驗室進行研究工作，但他依然迴避上心理學的課程。

　　然後有一年夏天，他在加州大學洛杉磯分校（UCLA）上了心理生物學（psychobiology）的課程。他說：「我喜歡這門課，非常棒，教課的女老師看到了我的背景，那時我已經上完所有硬科學的課程，如高等微積分、物理和化學。她打電話給我，告訴我應該學心理生物學。我從來沒有聽說過心理生物學，因為在史丹佛大學不這麼叫。」他回到史丹佛大學後，上了他們的生理心理學（physiological psychology）課程，並且很享受學習的過程。當要決定念什麼研究所的時候，他面臨著醫學院、微生物學研究所之間的選擇，他說：「我甚至在打趣地想著念心理研究所的想法。」

---

35 譯者註王：約書亞・萊德伯格（Joshua Lederberg, 1925～2008年）為美國分子生物學家，因發現細菌遺傳物質等研究成果於1958年獲得諾貝爾生物醫學獎。其專長為遺傳學、人工智能以及太空探索。

36 譯者註王：歐內斯特・希爾格德（Ernest Hilgard, 1904～2001年）是美國心理學家，耶魯大學博士，於史丹佛大學任教。1950年代以催眠的研究而聞名，另外他在行為學習方面也享有盛名，他與唐納德・馬奎斯合著《條件與學習》一書，關於馬奎斯可以參閱本書第96頁註釋73。

　　事實上，是我的妻子和約書亞・萊德伯格，他們各自強烈地鼓勵我去念心理學。我妻子基本上認為這才是我真正喜歡的課程，儘管我對其中某些課程有極端的反應，有些是積極的，有些是消極的。

　　萊德伯格基本上說：「尼爾，不要繼續鑽研微生物學。你喜歡做研究，不要上醫學院，該去的地方是心理學。未來可以將心理學、生物學和醫學結合。」當時沒人這麼說，1974或1975年才變成如此。

　　我咬緊牙關，決定去讀研究所。我和妻子都要念研究所，她研讀歷史學，我們都考上哈佛大學和哥倫比亞大學兩所大學，我們試圖在兩者之間做出決定。然後我和史丹佛大學的朋友聊，他們給了我非常強烈的建議，不要去哈佛大學，而是去哥倫比亞大學。我接受了這個建議，決定到哥倫比亞大學後，繼續學習生理心理學。

　　當他到達哥倫比亞大學時，有一套制度是由研究所所長建立的，當時是羅伯特・克勞斯[37]在任，查看了即將入學的研究生成績單，並對他們的興趣和意圖提出一些問題。在那之後，不同教師的研究興趣如果與新生的興趣重疊，就預約見面。葛蘭伯格說，他與「所有的生理心理學家，甚至是數學心理學家（mathematical psychologists）[38]」見過面，總共有四、五個人。當葛蘭伯格坐在克勞斯的辦公室裡時，他說：「我們快結束了，然後有一個男人走進辦公室，我記得很清楚，那裡很熱，夏天接近尾聲，這傢伙戴著領帶，穿了件白襯衫，皮膚曬得黝黑。他輕快地走進來，對克勞斯咕噥了幾句，然後輕快地離開了。」克勞斯接著說：「我們應該把斯坦・斯開特也列在你的名單上。」

---

37 譯者註王：羅伯特・克勞斯（全名為Robert M. Krauss）即本書所訪談的對象，接　　受過莫爾頓・多伊奇的訓練。離開貝爾實驗室後，待過幾個不同的大學，1970年　　到哥倫比亞大學任教，也擔任過心理系主任。研究專長為人類溝通、手勢和言　　語產生、身分的聲音體現等等。

38 譯者註王：數學心理學家（mathematical psychologists）即研讀數學心理學的學　　者，而數學心理學簡單來說，就是以數學視角來研究行為，通常會應用統計與數　　學公式來預測行為。這門科學隨著計算機技術和大腦成像技術而發展。

　　像任何膽小的研究生一樣，我乖乖地參加了幾個會面——教授中的四、五位——我就只好依照名單一個個去。通常我一會見教授會先說：「你好」，然後說出我的名字，教授會很客氣，知道了我是何人，並且不同教授會程度不同地檢查我過去的成績單，然後他們會坐在那裡給我十分鐘陳述他們做的研究。但他們顯然都是科學家，我開始意識到，這就是研究所的意義所在，你真的要研究些小東西。

　　我得會面完幾個教授，然後做個決定，這全部得花幾天的時間。最後，我在名單最下面看到了斯坦利‧斯開特的名字，當我發現斯開特的辦公室在社會心理學區域時，由於之前史丹福大學的修課經歷，我想「哦，不，不是社會心理學吧，不可能！」但我不想惹麻煩，所以我還是去了。

　　我到了轉角那個大辦公室後，敲了敲門，他說：「是的！？」我走進去說：「斯開特博士，我叫尼爾‧葛蘭伯格，我該和您談談。」「進來吧，孩子。」於是我進去了。我走進這間辦公室後，我確信直到今日地毯一定還是皺巴巴的，桌子堆得老高，還疊有兩、三英尺高的紙，你無法想像他在裡面能找到什麼。坐在裡面的那個人穿著西裝和領帶，我敢打賭他至今還穿著，他每天都這樣穿。於是我坐下來，他開始講中規中矩的一套說詞，他開始告訴我他做了些什麼。我聽進去一些，但我太緊張了，幾乎沒法思考。令我驚訝的是，他所說的不是社會心理學中的小問題，而是吸菸和壓力，然後我明白為什麼我被分派到那裡去了，因為我有生理學和生物學的背景。

　　他接著說了大約十分鐘的話，然後停了下來，看著我說：「我告訴過你我的研究工作。我發現了什麼？」我說，「對不起？」他重複問道：「我發現了什麼？我跟你說過這項研究，我的結果是什麼？我告訴過你這個理論……」我不知道該說什麼，我永遠忘不了，他後來拿了一個馬尼拉信封，一支二號鉛筆和一個馬尼拉信封[39]，畫了兩條垂直軸線，把鉛筆塞

39 譯者註王：依據《知乎》網站上資料顯示（https://zhuanlan.zhihu.com/p/176872672），馬尼拉信封是「一款非常耐用的咖啡色檔案信封，由於其材質中含有從菲律賓原產的香蕉中提取的堅固的馬尼拉麻，故而得名；馬尼拉信封常被誤以為是牛皮紙信封，其實它絕對不等同於牛皮紙信封，是特指東南亞特產的這款可以存儲重要檔的信封（也可以叫文件袋？），細膩光滑而耐用。」

在我手裡。「我發現了什麼，我甚至會把你的軸線都標記出來。」他寫了「尿液酸鹼值」和「吸菸」。我畫了一些東西，我甚至記不得畫了什麼，我完全像被閃電擊中般，所以我畫了些線。他注視著我，停頓了一下並說──顯然我做對了──然後他說：「那麼我接下來該做什麼？」我和他在那裡待了四十五分鐘，基於所提出的下個實驗，不斷地盤問我，問問題，問結果是什麼。

我從那裡出來，回家找我太太，我們一起去慢跑，我說：「我簡直不敢相信。我和所有人面談，但和每個人都只相處十分鐘，沒出什麼事。但和這個人一起，我花了四十五分鐘，學到了很多東西，我說我不能相信這就是社會心理學，心理學中一個我覺得微不足道的領域。我對我妻子說：「如果我能在四十五分鐘內學到那麼多，該選擇何種方式是毫無疑問的。」我有些沮喪，因為這與我原本計畫要做的完全相反。

生理學教授打電話給我，問我什麼時候可以開始做事，而這老師似乎並不在乎我的想法。哥倫比亞大學有一個匹配程序，所以教授必須同意要收你。我從和其他學生的談話中發現，至少在那些年裡，通常會有五、六個人進入社會心理學──他們都是想進社會心理學且會與斯開特面談。我進來這，他們把我當作生理學的，所以他們甚至不認為我會是個競爭對手。斯開特面談五個或六個學生，並收其中一個或兩個，所以我意識到我必須告訴他，或者徵求他的同意。隔天我去找他，我上前敲了敲門，他說：「進來吧。」我說：「斯開特博士，我見過所有的老師，我做了決定，非常想要和你一起工作。」他一直看起來很冷淡，直到那時，他突然從桌子上跳了起來，握了握我的手，說：「我很高興你進來。」我很興奮，但我不知道我做了什麼。

然後我們坐下來，我說：「嗯，還有一件事。」我說如果我為他工作，除了接受他的訓練外，我還想接受生理心理學的完整訓練。他只是說：「我都可以。」這種做法多年來一直持續著，因為他總是敞開心扉。他會說：「好吧，你可以做任何事，只要不干擾我的研究工作。」

最後這個要求反映了葛蘭伯格對心理學多元學科研究的堅定信念。在斯開特的實驗室裡，他從事動物研究、人類研究和心理生理學，「都在斯

坦的保護傘下。」他說。

　　根據葛蘭伯格的說法，斯開特和他的學生們像個集體般一起工作，每個學生都各自被分派個任務，與實驗室正在進行的總體研究工作有關。「就我所覺知的，我覺得自己也應該對其他同學所分派的負起責任，」他說。這是因為任務通常會有所交疊，因為都與同一個問題相關，「跟斯開特有關的一切都會是一個難題或者是問題導向，這是個關鍵。也就是說，他是關注追問著一個問題，而不是方法上的參數化。」葛蘭伯格說道。

　　當葛蘭伯格到哥倫比亞大學念書時，斯開特正逐步結束他的吸菸研究工作。同時，他已經開始在關注身體裡尼古丁的變化。因此，葛蘭伯格的第一個任務就是教斯開特有關肝臟的所有知識。

　　我對肝臟一無所知，但他也一樣，這是我的任務。我跑到醫學圖書館，拿出我能找到的每一本書，開始了一系列的教程，甚至到了我自己發展出內部運作的生化模型，以及與心理事件的關係。

　　我們大概一週開一次會，斯坦的每個學生都會在那裡，他會請你介紹你從圖書館和實驗室研究中學到的東西。當我在史丹佛大學的時候，還沒讀研究所之前，即我為斯坦工作之前，我覺得我有強迫症，當我到了那裡，我發現我只是剛好而已。

　　葛蘭伯格說，對於斯開特來說，「研究工作的主要重點是要有意義。」在研究會議上，斯開特會向學生提問每件事情，不會廢話太多直接提問。「他很安靜地坐在那裡，學生會報告些東西。他會說：『再重複一遍，現在你要怎麼做……』學生會回應且他會說：『為什麼？』跟著斯坦，總有一些問題會讓你頭疼，其中一個問題是，『所以？』『那又怎樣？』這是個大問題……那代表什麼意思？」對葛蘭伯格來說，這很有意思，因為他能夠看到斯開特和約書亞‧萊德伯格之間科學上的相似之處。這兩個人很類似，都像其父親一般，也是一位科學家。葛蘭伯格說：「彷彿在我家裡，聽了很多年『科學必須深思熟慮』的話。」因此，即使沒有廣泛的心理學背景，葛蘭伯格也能看重斯開特所做的科學。

　　除了圖書館的任務外，在葛蘭伯格進來後的第一個月內，斯開特就給

他分配了一個實驗，但沒有成功。葛蘭伯格說，斯開特除了挑選學生的方式之外，讓他們馬上就去做研究是另一個特點。

葛蘭伯格作了個失敗的研究後，被要求重新設計和執行，所有的事情都得和斯開特商量一下。葛蘭伯格會把研究帶回家，重新思考、重寫和重新設計，第二天他會拿給斯開特看。「他會說：『好的，把它留給我。』然後他會在一兩個小時後打電話叫我去找他，他會在上面寫東西，然後他遞給我，對我說：『好吧，這是其中問題所在。』然後我會回到我的辦公桌開始工作，第二天給他一個新的版本。」在他研究所第一年的11月初，葛蘭伯格正在進行一項實驗。

課程包括統計學和一系列的初級研討會（proseminar），「他們稱之為A和B，但學生們卻叫做硬心理學和軟心理學。在第一年裡，每一類都有三種。」他回憶道。其中一個研討會是社會心理學，這門課與葛蘭伯格在史丹佛大學所學的課程大不相同。

鮑勃‧克勞斯先作第一次的演講，關於社會助長（social facilitation）的主題，而且講得非常好。這是不太一樣的社會心理學——我很驚訝。我們讀了十幾篇原作，從崔普里特（Triplett）[40]1897年的研究開始，這是最好的研討會之一。

然後在那個系列的研討會上，斯坦只講兩、三場。他一來，研討會從《團體動力學》開始講，這是勒溫和他的學生的研究著作。基本上，斯坦會以他獨特的風格來主持研討會，他對這項工作瞭若指掌，但並不是簡單地向你解釋，他劈頭就問你這是什麼意思。你事先還可以得到一份非常詳細的講義，這樣假定你就可以準備一些問題提問。他開始的方式是，傳一張紙下去，然後你就簽自己的姓名。然後，他會用你的姓來叫你，然後說：「第一個問題，做吧。」在第一場中，我記得他要求別人回答一個問

---

40 譯者註王：崔普里特（Triplett）為諾曼‧崔普里特（Norman Triplett, 1861～1934年），是印第安納大學的心理學家，崔普里特（Triplett, 1898）發表了一篇勘稱運動心理學領域首篇的論文，應是此處所指1897年進行的研究，其研究是關於社會助長效應，他發現獨自騎自行車與有同伴在場時，後者則會騎得更快。

題，這個問題與勒溫派的起源（Lewinian derivation）有關，他希望我們能正式地回答這個問題，學生回答了──真的答得很好。他說：「你們其他人認為沒問題嗎？」我記得沒有點頭，他看著我說：「葛蘭伯格，你在點頭」，我正準備好要接下一個問題，我說：「是的。」他說：「再做一遍。」這是一個非常困難的問題，他想再次解釋，他的方式就是要一直去理解。如果有什麼事是對的，他會讓我再做一次，如果有什麼事是錯的，他也會讓我再做一次，保持意志力，確保你在那裡思考著。

　　斯開特每年夏天都要收拾行囊離開這個城市，他會把一年來在實驗室裡完成的所有工作都帶在身上，然後花整個夏天來寫作，學生的工作是把他需要的所有材料整理起來。

　　在葛蘭伯格的第一個夏天結束時，斯開特帶著一個驚喜回來了。

　　現在我有了一個共酶理論（co-enzyme theory），關於肝臟如何代謝尼古丁以及與抽菸的關係。他曾讓我學習所有關於游離脂肪酸的知識，所以我研究了酯化和非酯化的脂肪，以及與吸菸有什麼關係，我出現並準備好做個報告。

　　我永遠不會忘記他那年夏天的到來，因為他回來時皮膚曬得黝黑，還身穿著白襯衫打領帶，現在我已為他準備好所有的東西。他走進我的辦公室說：「為什麼有些人會是守財奴？我的孩子是個守財奴，為什麼？」然後說完他離開了。我說：「什麼？」我看著在場的另一個學生說：「這是怎麼回事？」第二天，他回來問：「好吧，你懂它了嗎？」我說：「懂什麼東西？」「我兒子，守財奴。」我說：「我真的不知道。」他說：「這就是我們要學習的。」我簡直不敢相信，我真的不敢置信，後來我發現他是認真的。在下次會議上，他決定我們要學習金錢心理學。

　　斯開特已經準備好放棄對吸菸的研究，他已經盡可能地帶著這研究，將其聯結到尿液的酸鹼度。然後，葛蘭伯格表現出生理學的專業知識，他相信會使這研究再持續一段時間，這研究工作的延伸是葛蘭伯格離開研究所後仍一直在做的。他說：「我的夢想是做斯開特能做的每件事，做更多

或者至少嘗試去做。我沒有他那獨特的創造力，但我會用盡我自己所有的方式，我可以有間動物行為實驗室，一個人類社會心理學、斯開特式的實驗室，也可以有個生物化學實驗室。我通通都做，我把它們都拉在一起。這裡也都有，我從他那裡學到了一切，但他下個階段不會再進入生物學和化學了。」

葛蘭伯格覺得自己對實驗室的工作要負起責任，除了自己的工作外，他還幫助另一名學生完成了碩士論文，題目是關於吸菸者和不吸菸者的血壓和心率對吸菸的反應。「即使不是我的研究，他還是會對我們兩大喊大叫。」葛蘭伯格解釋道。他自己的碩士論文是他早在第一年被要求重新設計和執行的這個研究，設計透過運動來操控尿液的酸鹼度，根據斯開特的理論，這會使尿液更酸，而酸性更高的尿液會增加吸菸行為。「這是一個很好的反直覺實驗（counter-intuitive experiment），因為人們會預期在運動後人就會立刻抽菸，」他說道，「但不幸的是，這會受到另一個事實干擾，運動後人已經完全精疲力竭，因此根本不想抽菸。」

在實驗室的建設上有許多關鍵的事情。首先，研究所最初選擇的團隊全都是優秀的，其次是斯開特自己的面談風格，例如，有些學生與他面談後，會說：「我就是不想和這個人打交道。」我愛的四十五分鐘，是其他人恨的，不想再次去經驗。最後，學生會輟學或轉學，因此多年來都會變成自我抉擇——或強制選擇。我們曾經算過每四個被分配給斯開特的人，最後只有一個會選擇跟著他。

就他的選擇而言，你必須超過一定的智力門檻，就是這樣。然後則是你處理事情的方式。

他每隔幾年會舉辦一次關於欲求行為（appetitive behaviors）[41]的研

---

41 譯者註王：依據美國心理學會心理學辭典（https://dictionary.apa.org/appetitive-behavior），欲求行為（appetitive behaviors）主要有兩個意思，其一指的是覓食活動，受到中樞神經的機制影響；另一則指的是為完成某種終結行為（consummatory behavior）前的主動積極搜索過程，而且指向某種慾望，因此並不局限於覓食行為，也包括為滿足性慾望而展開各種搜尋行動。

究生研討會。他基本上會遵循他過去的研究工作，從情感到肥胖，再到吸菸。學生們只有去見過他獲得他的許可，才可以參加這個研討會。他讓我去找並鼓勵好學生來參加，我認識實驗學程的所有學生，有些是我最好的朋友──我認爲他們是哥倫比亞大學學程中最優秀的且目前幫其他教授工作──來參加這個研討會。在研討會結束時，他從該參加的群體中挑選並邀請他們繼續參加另一個研究生研討會。

就在準備進行第二個系列研討會時，實驗室開始了他們關於金錢的研究工作，他們開始關注於守財奴，因爲這正是引發斯開特興趣的原因。葛蘭伯格說：「他讓我們讀了很多書，從《有閒階級論》（Theory of the Leisure Class）[42]到《逃離邪惡》（Escape from Evil）[43]。我們會讀這些書並討論它們──我們總是這樣做的。」然後研討會開始了。

我們一起坐下來，他說：「我對研究金錢心理學[44]很感興趣。尼爾、

---

42 譯者註王：《有閒階級論》（Theory of the Leisure Class）爲美國社會學家，托斯丹・邦德・韋伯倫（Thorstein Bunde Veblen），在1899年發表的經濟學專著。書中提到十九世紀末美國上流社會中，與企業密切往來的暴發戶，作者將其稱之爲「有閒階級」，對其炫耀性的消費行爲多有批判，透過消費非維持生活所需的昂貴物品，顯示身分地位並鄙視一般勞動者的生產貢獻，此種消費習性也擴展影響到其他階級，形成了一種社會風氣。

43 譯者註王：《逃離邪惡》（Escape from Evil）應是指歐內斯特・貝克爾（Ernest Becker, 1924～1974年）歿後，由其妻同意出版社出版的，但貝克爾尚未完稿。貝克爾是美國文化人類學家，因《否認死亡》一書，獲得1974年普立茲獎（Pulitzer Prize）。《逃離邪惡》這本書主要述及兩個領域，一是關於現代性，另一則是人類對財富和炫耀性消費的貪得無厭的關注。應該是後者的關係，因此斯開特實驗室規劃閱讀這本書。

44 譯者註王：金錢心理學是斯開特在哥倫比亞大學1992年退休前進行的研究主題，除此之外他也涉獵語言障礙的主題。這兩個都是斯開特退休前關注的主題，斯開特於1997年過世。相關資料可參閱線上百科全書（https://www.encyclopedia.com/）。

約翰（John）和我已經對此進行了一些研究，我們剛剛開始形成一些想法。在研討會課程的前幾週，我們每週見面，並進行基本的腦力激盪：所有的議題包括什麼？可能的問題有什麼？——只是問題——總是先問問題。在金錢心理學中，人們可以提出的所有問題有什麼？爲什麼人們喜歡錢？人們從金錢中得到什麼？爲什麼人們會囤積錢財？爲什麼人們會花錢——發展心理學上、人類學上、社會學上？這持續了幾個禮拜。

最後，當我們列出所有清單後，就會進入下一步，這就是我現在做研究時所用的方式。從閱讀、經驗、討論中把所有的問題都列出來後，下一步就是我們要組織這些問題。核心議題是什麼？這又花了幾個星期的時間，最後我們討論出具體的核心議題，如金錢心理學的發展等。然後斯開特要求大家自願在每個議題上進行研究工作，每一個人都在自己挑選的議題上進行工作，我則自願爲每個議題來做事。

葛蘭伯格廣泛運用的計畫之一是試圖發展一個動物守財奴。這門研討會課程的學生里克・斯特勞布（Rick Straub）[45]，是一名行爲操作的心理學家。他們兩個訓練老鼠按壓按鈕以獲取代幣，並使用各種不同的酬賞時間表，試圖創造類比守財奴一樣的一個動物。他說：「老鼠囤積食物，這是主要的增強物，金錢是次要的增強物。這一轉變的原因，從操作的角度來說，是第二種增強物變成了第一種增強物。」斯開特只來看過老鼠一次，但他對它們的資料非常感興趣。

他們正在進行的另一個計畫是與情緒和金錢有關，其中一個學生有些臨床背景，並指出了躁狂的一個特點是扔錢或送錢。「我們花了很多時間試圖找出如何測量普羅大眾的情緒和如何測量花費。」這產生了一項研究，將梅西百貨的營收（Macy's receipts）與《紐約時報》頭版的新聞報

---

45 譯者註王：從一篇文章發表（Straub, Singer和Grunberg, 1986）研判里克・斯特勞布（Rick Straub）應是理查德・O・斯特勞布（Richard O. Straub）。斯特勞布拿到哥倫比亞大學實驗心理學博士後，1979年進入到密西根大學任教，研究專長主要在健康心理學，他同時也身體力行地參與馬拉松比賽和公路賽，並是美國國家級的鐵人三項比賽的選手。

導數量關聯起來。在葛蘭伯格待這實驗室的第三年，有一位名叫保羅·安德里森（Paul Andreassen）[46]的學生到這裡，他有很強的經濟學背景，研究重點擴大到包括股票市場，此時葛蘭伯格正在規劃他的學位論文，他將重新回到吸菸的研究領域，而金錢的研究計畫就交給了這個新學生。

對我們和對我來說，重點是學習如何做研究——如何問問題。他（斯開特）總是不斷地教誨——閱讀、提問——爲什麼我們要這樣做實驗？最好的例子是他的《隸屬關係》的書（Schachter, 1959）。這是一個美麗的路線圖，引導如何做研究。即使現在，我也不像大多數人那樣做動物研究。我們讓問題引導我們，而不是技術，所以我們會在實驗室裡使用各種不同的技術。

他的學位論文結合了斯開特之前兩種研究的興趣，以及他個人的興趣。葛蘭伯格說：「那時，斯開特已經戒了菸，但體重增加很多，所以我想問的一個問題是『爲什麼戒菸的人會發胖？』」他說道，葛蘭伯格希望能夠「運用斯開特式的對人類進行研究的社會心理學，同時也在動物身上進行。」所以他對動物和人類都會進行研究。

他對待其學位論文的態度，與斯開特對待他的金錢研究的態度如出一轍。葛蘭伯格閱讀了所有的相關文獻，整理了問題並找到了建議的答案，他發現了三種可能性。人們戒菸後體重會增加，是因爲「他們吃得多。假使爲眞，這是一種平庸的、顯而易見的解釋；第二，因爲他們的新陳代謝發生了變化；第三種建議是他們改變對某些食物的消費，如糕點等等。所

---

46 譯者註王：基於心理樹網站（爲一實驗心理學學術家譜的網站），斯開特在哥倫比亞大學指導過一名博士生，叫保羅·B·安德里森（Paul B. Andreassen），於1984年畢業，應是此處所提及的保羅·安德里森。安德里森於哥倫比亞大學畢業後，至哈佛大學任教，其進入過金融業也涉獵過旅遊業，之後則在宗教領域進行研究。此處提及安德里森經濟學的背景，其到了哈佛大學後也發表過不少關於媒體與股票市場之間的論文（例如，Andreassen, 1987）。心理樹網站請參閱：https://academictree.org/psych/peopleinfo.php?pid=6354。

以我設計了動物和人類的研究來補充，以完整解決各方面的問題。」從那時起，他就一直按照訓練的方式跟進這些研究。

在獲得學位後，葛蘭伯格到美軍醫學大學工作，傑羅姆・辛格是系主任。

當我離開研究所的時候，我沒有任何出版，但我學到了很多東西。傑理・辛格（Jerry Singer）[47]願意根據斯開特所說的和我所知道的，來給我一次機會。事實上，我受過良好的訓練，而不是出版物的數量，是傑理挑選新老師的標準。

他持續著對欲求和上癮行為的興趣，並與之前斯開特學生朱迪・羅丹[48]合作進行了一項關於暴食症（bulimia）的研究。葛蘭伯格還與一名比他早六年畢業的斯開特學生林恩・科茲洛夫斯基（Lynn Kozlowski）[49]合作。他說，他們之所以聯繫起來是因為「所有參與吸菸研究的人都要回到哥倫比亞大學，因為當時他們正在研究手稿。我們將與他們會面，並介紹我們正在做的事情。」他認為斯開特的學生彼此的合作特別有效率，因為他們有共同的研究方法。他說：「這種合作產生了很大的壓力，速度也很快，就像與兄弟姐妹合作一樣，這是一種競爭，但卻是一種非常愉快的競爭。」

---

47 譯者註王：傑理・辛格（Jerry Singer）即傑羅姆・辛格，稱傑理有關係較為親密的意思。

48 譯者註王：可參閱本書第166頁註釋28。

49 譯者註王：林恩・科茲洛夫斯基（Lynn Kozlowski）為斯開特的博士生，於1975年畢業，在加拿大衛斯理大學、多倫多大學、賓夕法尼亞州立大學等學校任教過，2006年後他到布法羅大學（University at Buffalo）執教，並擔任過公共衛生學院院長至2014年為止。主要研究領域為菸草使用、菸草流行病學等。同時也是公認對於低焦油香菸的吸菸行為的知名學者。

▌訓練學生

　　研究生的訓練對葛蘭伯格來說是非常重要的，他對這一課題進行了大量的思考。他的雄心壯志是通過他的學生來影響這個領域，他說：「我認為這麼說會是很自負的，但我假定我個人的貢獻可以說是我期盼用我的取向訓練出的徒子徒孫，所有學生的潛在貢獻。」葛蘭伯格有意識地採用了斯開特的訓練風格，從他自己的經驗中再添加一些成分，為他的學生創建了一個嚴格的課程。

　　如果我身為一名教授只想成功地做好一件事，那就是訓練學生，如果我訓練好十位學生，他們每一位都能再訓練十位好學生——這就是往外擴散的方式，可以幫助到斯開特。

　　流傳下來的是這個取向——哲學上的和方法論上的。

　　這對我和我的學生來說，是非常有目的性的。我不知道斯坦有多有目的性。我想應該是的，但我不知道。我進去第一年，我做他所分配的計畫案；第二年，我開始提供研究的想法——在金錢研究上；第三年，我在實驗室裡做了很多研究。而且，我還被要求訓練比我年輕的學生。

　　我記得我不停地為了一分一分而搏鬥著，他會說他的一些學生在我待的這些年裡離開是因為我，但我想說他的一些學生會離開的原因是他。我認為人們是因為他的要求而離開的，但他知道，這也許是真的，我認為他想要的就是這麼高，如此之高的目標也是我人生追求的，我也是這麼告訴其他學生這個實驗室的標準。我會趕人離開，我確信，我認為我是殘忍又真誠的，他認為我過度競爭。

　　在葛蘭伯格第四年期間，斯開特要他進來，並讓他承諾支持新學生——只有支持。葛蘭伯格說，他回答：「『我會只在他們搞砸的時候才告訴他們。』然後他說：『然後留給我，你只要支持就行了。』我就這樣

做了。雖我不同意，我認爲這是不對的，但我還是照做。」

　　現在他有了自己的實驗室，並且可以按照他認爲最有效的方式來做。剛開始他對該學程的申請人很感興趣，他們通常從大約七十名申請者中挑選四個人。他想找的是主修心理學的學生，且有很強的生物學背景，「因爲我相信這是在做任何事情時該用的方式。」他說。他們有一個龐大的申請者資料庫，因爲健康心理學（health psychology）正逐漸受到重視，他們是健康心理學的中心。他說：「我認爲我們有目前爲止最好的研究所課程，這都是傑理[50]和安迪・鮑姆（Andy Baum）[51]的功勞。」學生們根據興趣被分派給教授，「這與哥倫比亞大學的匹配程序是一樣的。」他接續說道。

　　葛蘭伯格的教學任務包括要參加一個由全系教師教授的課程，他要做四次講座。除此之外，他還說：「你想教什麼就教什麼。」舉辦一個社會心理學研討會，一半他教，其餘的都是客座講座。他還每隔一年教授一次關於欲求行爲和心理藥理學的研究生研討會，他說這和斯開特在哥倫比亞大學教授的課程完全一樣。「傑理徹頭徹尾就把你當作是個正教授來對待，現在由你自己決定──用所有的繩子來架起一座橋，還是拿來上吊。」葛蘭伯格從1979年起就在這個系教書，迄今爲止已經有兩個博士學位畢業生，另外正在帶兩個博士生。他喜歡每隔一年收一個學生。他已擁有他所描述的「一個非常有目的性的系統，也具有個人的彈性」。

　　這個系有一定的要求，我有額外的要求。該系要求某些研究生研討會：統計、方法、社會、學習和發展，都是一般標準心理學的課程。除此之外，還要求生理學和藥理學。這個系需要上一整年的生理學和半年的藥

---

50 譯者註王：即傑羅姆・辛格。

51 譯者註王：安迪・鮑姆（Andy Baum, 1948～2010年）爲安德魯・S・鮑姆（Andrew S. Baum）。「安迪」爲他人較親密叫喚鮑姆名字的方式。鮑姆過去曾經在美軍醫學大學與辛格、葛蘭伯格共事過，也是此處葛蘭伯格提及兩人的關係，後來鮑姆待過匹茲堡大學，之後則到德克薩斯大學阿靈頓分校心理系任教，在健康心理學領域貢獻卓著，但2010年11月發生意外過世。

理學，所以我要求我的學生每一種都要上一整年，這些是基本要求。

我也鼓勵——他們可能會說是堅持——參加其他進階研討會，而且他們馬上就要去實驗室，毫無疑問，第一個月就要。

他的學生在每一個計畫案上，無論是動物還是人類，都是團隊合作的。根據學生的水準，他們有不同的責任，但所有的學生都在他的實驗室工作。他說：「我不希望他們受到狹隘的訓練。我讓他們知道他們可以做斯開特式的社會心理學，他們可以做動物研究，他們也可以做生物化學和心理生理學。」

他將研究視爲一個過程，包括以下七個步驟：提出最初的概念、提出問題、設計研究、設計研究的螺母和螺栓（總體設計之後）、進行研究、分析資料、解釋資料並寫下來。他訓練學生的方法是讓一年級的學生，一開始先學習如何做中間的四個步驟，當一個學生準備好要進行學位論文的時候，他說「我安排他們這樣做是爲了他們未來的學位論文，他們先學習了所有的拼圖，然後學位論文可以依據他們自己的興趣來做。」

通常在第一年，學生會被分配到正要進行的實驗中，這通常在夏天或春天就計畫好實驗研究，假設這是個動物實驗，他們要學習如何對待動物，如何執行所有適合該研究的方法，以及保存資料。

我使用的資料手冊樣式不是斯開特式的，這都是萊德伯格，我是從萊德伯格那裡抄來的，斯坦並沒有設定這樣的制度。斯坦只有裝著資料的信封，如果你在他已準備好的時候沒給他所需要的，他就會衝著你大喊大叫，但他並沒有教你怎麼做筆記，所以我就教我的學生萊德伯格所教給我的。我們所做的每個實驗都會有兩本書，其中一本書總是和我在一起，且放在這間辦公室裡，還有一本是輪流保管的。裡面有方法的部分，有實驗的時間表，所有的原始資料分解成小節、文獻和摘要資料，然後我們有不同的分析。我們的每一個實驗都會這樣操作。所以，當一個實驗還沒有結束或者我們還不打算寫出來的時候，我們會繼續進行研究。我這裡有一個滿是研究資料的書櫃，學生學習的第一件事是怎麼進行測量，第一年學生就要學會如何製作實驗筆記本。

　　我們使用舊式的明尼蘇達便籤本（old Minnesota tablets）來作總結表——斯開特也用這個，傑理在60年代用過它們。我的學生們會填好並給我影本，這就是斯坦教我們用這種表單來做研究。這是斯坦一直以來做的事情，所有原始資料都用黑色墨水寫，所有的統計資料都用鉛筆。有一個人要負責每項研究，但每個人都知道這並不意味著其他人可以閉上眼睛不管，這只是研究的主責人物。

　　我所做的一切都是要能為我工作，我現在已經讓這成了我訓練計畫的一部分。所以第一年學生要做幾個實驗，學到大量的知識，然後負責一個實驗筆記本。然後逐漸地，到第二年開始，學生被安排負責一項研究，至少邏輯上是這樣。

　　我們每週都會開會，我們總是按我的想法進行。我想好理論、研究，然後決定真正的「怎麼做」，斯坦會和我們一起、和我一起，面對面地做研究，但是他永遠不會解釋如何這樣或那樣保存資料，這是我從史丹佛大學帶來的。現在，我告訴我的學生：「你知道如何保存資料並向我提出？」我不會直接說：「我想要你這樣做。」我把這當作一個問題。我會問問題，這樣學生們就可以弄清楚所有的事情，如果他們不明白，我才告訴他們，因為顯然我不想讓研究受到影響。

　　葛蘭伯格從斯開特那裡學到的另一件事是他處理統計資料的方式。他說，對斯開特的評論之一就是他統計資料的方式。

　　我在哥倫比亞大學待了幾年，曾和實驗室同學們爭辯將資料輸入電腦裡並使用SPSS套裝軟體的相對優勢之議題。我是個必須親手做所有事的人，用我的計算器，嗯，我知道我在做什麼，我合適地進行統計檢驗，我沒有在我的任何研究工作中使用任何罐頭程式，包括我的論文，一切都是用掌上計算器完成的。不是斯開特故意忽視了其他方式，他只是認為形式和方法應服務於問題，大多數人——尤其是在生物醫學科學中，他們甚至比心理學更糟糕，要服膺於他們的典範，服務於他們的方法。在適當的情況下，應充分考慮統計的複雜性。

　　如果一個電子顯微鏡學家花費數年的時間學習電子顯微鏡技術，他們

往往會把這個非常複雜的機器，用在不同的地方上。如果他們使用電子顯微鏡來研究（例如）鉛筆、燈或電話，他們會用方法或典範來驅動研究，而不是以研究問題來驅動。

曾有一段時間，葛蘭伯格是一位「相當認眞」的音樂家，被訓練成爵士鼓手和爵士樂手。他說：「我和許多鼓手一起學習，和我一起學習、最著名的鼓手喬・莫雷洛（Joe Morello）[52]，也採用了類似的方法。」他將自己成爲音樂家的訓練與他訓練學生的方式進行了比較，技術是第一位的，在學生能像其他藝術家一樣參與表演之前，必須先學習技術到一定程度的自動化。

有許多的創作空間——即興創作爵士樂，但你必須把所有的基礎知識都沉澱下來。這就是我要教學生的，他們必須學會如何做研究，任何一個一年級或二年級的學生不應該浪費時間做他們自己的研究計畫。在我看來，那些被允許的學生都會招致失敗的。這起不了作用的，他們從不學習如何演奏自己的音階，如果你不能演奏你的音階，而且你對音階和所有的基礎知識都不了解，那你就沒辦法演奏，你不能做得完美，你可以做得很好，但無法完美演出。

你必須學會自律、控制和所有基本的音階，以至於它們成爲你的一部分——它們變得非意識的。只有當它們非意識時，你才能將它們演奏出來。你能彈奏出一個分句嗎？你能用其他方法把它們奏連在一起嗎？你能面對新的問題嗎？你必須對你的樂器有一定的控制力，達到看似非意識的狀態，這樣方能在腦海中聽到你想演奏的東西，自然而然地彈奏出來了。就這麼表現出來，但這需要大量的練習，然後你才可以去和其他人坐在一

---

52 譯者註王：喬・莫雷洛（Joe Morello, 1928～2011年）爲美國爵士樂鼓手，以擔任過鋼琴家戴夫・布魯貝克（Dave Brubeck）的鼓手聞名，也是戴夫・布魯貝克（Dave Brubeck）四重奏的一分子。此處也可以看到葛蘭伯格的另一面才華，而且他將音樂學習的經驗與實驗研究兩者之間進行比對，可以進一步體會葛蘭伯格對於實驗研究的看法。

起，這就像研究合作。如果我和其他研究人員坐在一起，我不會坐在那裡試圖理解，我如果試著想：「哇！我要怎麼用我身上所學的來做呢。」這樣是永遠做不出來的。我必須記得我的方法、我的技巧，但我必須解決其中的問題。我必須演奏他們的主旋律，但我要以我的風格演奏他們的主旋律，這種風格必須是如此勤練、如此自動化，方能解決演奏時的任何問題。

▌目前的工作

葛蘭伯格非常致力於他的吸菸研究工作。他從大學時期就對醫學研究很感興趣，而且現在他仍在做，廣義來說。他認為健康議題，諸如癌症和香菸以外的成癮藥物，是「我們這個時代的問題」，他說：「我在六十年代末和七十年代長大後所遇到的問題，都非純醫學所能解答，許多問題牽涉到生理學、行為醫學和心理學等。例如，為什麼我有那麼多的朋友如此沉迷於毒品？為什麼有些朋友會發瘋？他們為什麼對它感興趣？」他相信所有的成癮都有一些共同點，他說：「我們正在研究吸菸，以此來解決一般的成癮問題。」

他指出，本世紀早些時候正在解決的重要醫學問題是那些與傳染病有關的問題——「在二十年代和三十年代間唯一最可預防的死亡原因，四十年代的問題顯然是恐怖的大屠殺[53]、紐倫堡的審判[54]以及當我們了解到發生的事情時，那時代的問題都是社會心理學所提出的問題。」他說：「如今，國內三成的癌症死亡是由吸菸引起的。主要的殺手是行為上的，是醫學上和可預防死亡的主要問題。我們發現六成的癌症是由特定的飲食習慣

---

53 譯者註王：四十年代的恐怖的大屠殺指的是二十世紀第二次世界大戰期間，德國納粹對於少數族群，如猶太人，在集中營進行的各種不人道、殘忍的行為。

54 譯者註王：紐倫堡的審判指的是在二戰後，同盟軍依據國際法和戰爭法，舉行一系列的軍事法庭。因該軍事法庭舉辦的地點在德國的紐倫堡，故稱之為紐倫堡的審判，審判二戰期間納粹德國重要的領導人，或者參與大屠殺的相關人員。

引起的。吸菸和飲食，如果我們能改變這兩種行為，我們可以預防五成到七成的癌症。」葛蘭伯格說，他希望社會心理學家在認知心理學上花更少的時間，更多投入在健康實務上研究服從議題，他說：「就算我們知道人們應該吃什麼，但我們仍舊不知道該如何改變他們。」

葛蘭伯格認為，他已經相當成功地實現了他的目標，延續著斯開特的取向，還增加動物和生物化學的研究，但沒人相信他能做到。他說，當他第一次被聘用後，他寫了一份資助計畫書，並被鼓勵發送給國家衛生研究院（NIH）。當時，他沒有任何出版物，而這筆資助被拒絕了，基本上說：「這很有趣，但不可能的。一個人不能同時做動物和人類的研究，包含行為和生物化學，尤其是那些沒有發表紀錄的人。」

好吧，他們沒有給我任何一分錢的支持，他們的不贊成真的讓我放慢了速度，我不得不走其他的路，現在我不僅成功地完成了這種研究工作，我也一直在訓練，讓能夠做這種研究的博士生畢業，我已經證明了。我想這是重要原因，因為我們要透過更多這種取向的學生，才能對科學做出持久的貢獻——必須透過我們的學生才能做到。你不能指望自己成為一個偉大的科學家，即使你是，這也只是個人的貢獻。透過你一代的學生們，你可以有數十份的貢獻。

▋斯開特和費斯廷格

在哥倫比亞大學研究所學習統計學時，葛蘭伯格寫了一篇關於勒溫拓撲心理學（Lewin, 1936）的評論。他說：「然後我讀了〈場論〉（Lewin, 1951），在那之後斯坦經常取笑我，說在過去的二十年裡，我是唯一讀過這兩本書的人。」葛蘭伯格說，他認為自己是「斯開特派」學生之一，而不是勒溫派的一部分，因為他「沒有看到勒溫大多數的學生一直遵循著某種特定的風格。」

你可以在費斯廷格的作品中清楚地看到勒溫取向。尤其是當你回到社會溝通理論（theory of social communication）的時候，它是如此符合規

範，例如，利昂第一次寫社會比較理論這篇文章時，假設1、1A、1B、2等等，你可以在莫爾頓‧多伊奇看到訓練的影子。對我來說，「那又怎樣？」被丟失了。在我看來，當我比較費斯廷格和斯開特時，利昂偉大的理論貢獻沒有得到實踐，他沒有像斯開特那樣完全遵循著發展的路線。

　　根據葛蘭伯格的說法，這一區別可以從兩個人訓練學生的研究工作中看出。在費斯廷格學生們的研究工作中，他覺得少掉一個該添加的步驟是：「那麼這意味著什麼，我們從這裡走向哪裡？重點是『那麼這？』」

　　你必須非常小心，一絲不苟，在實驗室做你的研究，但你必須記住大問題，你必須被這些問題所驅使，「這是什麼意思？」「這會去哪裡了？」

　　例如，在我的研究會議上，會有個學生進行研究報告，我們將針對研究討論和評價，然後我們會說，我總是會問的下個問題是，這是我從斯開特那裡學到的，也就是說：「好的，這研究讓我們說是符合你說的方式進行的，而且我們得到了這樣的發現，還有什麼？我們下一步想知道什麼？下一個問題是什麼？」每次我們不斷地推進，而且如果我們能想出下一個問題是什麼，那麼我們就會加進實驗中。如果我們找不到下一個問題，而且研究又快要結束，那麼我會不知道這項研究是否值得做完，這太無聊了。對我來說，每件事都必須帶來更多的訊息，訊息可以是基礎性的，也可以是應用性的，以及我們該走向巨觀或微觀，不管需要什麼。

　　葛蘭伯格說，他認為斯開特最大的天賦在於「既能運用理論，又能付諸實踐。他就是一個天才，能夠提出有趣的問題，然後設計研究來回答這些問題。」

　　我的腦海裡有一個斯開特的聲音。通俗地說，他是我的尤達（Yoda）[55]。

---

55 譯者註王：尤達（Yoda）為電影《星際大戰》（Star Wars）中的一位重要角色，
　年齡高達九百歲，是一位具有強大力量、智慧，以及高尚品德的「絕地宗師」，

我在想一個問題，我說：「那麼這？」我一直在問那些問題。我可以看到他坐在那裡，我可以聽到他問問題，總會這樣，「那麼這？我們爲什麼要這樣做，問題是什麼？」一定會從問題開始，然後問：「那又怎樣？」──無論結果是什麼，或問：「爲什麼？」在任何實際情況之下。所以這個問題「爲什麼我的孩子是個守財奴？」接下來是「爲什麼有些人會變成守財奴，而有些人不會？」然後是「這重要嗎？」如果對這問題「那又怎樣？」的回答是，這不重要，那麼這也不意味著什麼道理，只是讓你就不用爲這個問題費心，你可以去研究其他的東西。

　　這真的可以追溯到一個古老的故事。逾越節家宴，在家宴中講的故事其中之一必須跟不同類型的兒子講。這個問題最終由猶太教經師提出：「誰是最壞的兒子？」我父親總會這樣説：「誰是最邪惡的？」誰是最壞的兒子？是自以爲聰明的兒子嗎？還是智商很低的傻兒子嗎？答案是什麼？最後的答案是：「最壞的兒子是一個連問都不知道如何提問的兒子」，如果你不能提出一個問題，你知道，在你開始之前早已經結束了。

教導出許多「絕地武士」，此處即借用尤達來比喻斯開特對葛蘭伯格生涯發展上的意義。

斯坦利・斯開特

斯坦利・斯開特說：「在我去麻省理工之前，我正和德國人打仗。」戰爭期間，他駐紮在萊特機場（Wright Field）的航空醫學實驗室，在那裡他研究視覺問題。「我正忙於為下一次戰爭設計飛機。」他解釋說。

在被徵召入伍之前，斯開特在耶魯大學研究所待了一年，跟著克拉克・赫爾做老鼠實驗。他曾是耶魯大學藝術史專業的大學生，並「在唐納德・馬奎斯（Donald Marquis）的鼓勵下」而待了下來，因為他還太年輕，不能參軍。他說：「作為一個年輕而有思想意識的人，你總覺得你應該做些什麼。我過去是藝術史專業的學生，但現在我決定要去學習心理學。」他曾當過沃爾特・邁爾斯（Walter Miles）的研究助理，「是個研究視覺的人。」他解釋道。「他發明了紅色護目鏡來幫助飛行員，在夜間快速適應而有夜視能力，對我來說，我應該做些有用的事情，所以當勒溫開始要做這整件事的時候，我被吸引了，所以我沒回到耶魯大學，而去了麻省理工加入這個研究團隊。」

說到勒溫，他說：

我真的沒有直接接觸過他的著作，天知道我在耶魯大學的時候，我們從來沒被要求去讀他的作品，但他很有啟發性，他的思想意識很強，很想將自己的東西應用於實際的社會問題。那時候聽起來比起回到耶魯大學，更像是我想要做的事情。

▌在麻省理工

斯開特於1946年秋季來到麻省理工，這是團體動力研究中心在那裡成立的第二年。每個學生都與一位資深教師合作，他回憶說：「我認為有一種共享的感覺。我蠻喜歡且敬重費斯廷格以及一些和他共事的人，所以我去和他們一起做事。」

利昂得到了一筆資助，研究這個叫做衛斯特給特的住宅社區，我們只須做這些訪談，並將社會測量學與一套問卷結合起來。據推測，這是一項對住房滿意度的研究，我們任何人對這都不感興趣，但我認爲這是會資助他經費的基礎。

我們對社區進行了一次全面性的調查，並進行了一次完整的社會測量，我們得到了研究發現，社區裡存在著美好的關係，並結束這個社區研究。這項特定的研究促使利昂生產出關於從眾壓力（pressures to conformity）和社會影響的整個理論，而這反過來又促成失調理論的出土。

這團隊本質上是「利昂的孩子們」，簡單地提出了從眾壓力的整個理論，我們每個人都參與了，從衛斯特給特住房問題研究的著作開始，後來進行了理論化，我們每個人都寫了一篇與之相關的論文，利昂隨後進行整合，並且發展出一個相當不錯的理論架構，我認爲，這讓他開啟了他後來其他研究工作。

斯開特在麻省理工上課五個月後，庫爾特・勒溫去世，斯開特回憶起與他幾乎沒有接觸。「我上了他一門課程，地理位置跟他挨得很近，所以不可避免地會看到他，然後和他聊天。他總會出現在那裡參加一般的研討會，但我們對他的認識很少。」

在這些年裡，斯開特主要受到利昂・費斯廷格的影響。他認爲費斯廷格是「眞正的實驗社會心理學之父」。

在他出現之前所進行的社會心理學實驗基本上都是混亂一團。例如，在民主專制研究中，他們試圖創造一種實驗操作等同於所謂的民主，並將其與專制進行比較，他們要操縱百萬件事。

利昂，我認爲這是第一次，他眞的引入了非常強的獨立變項操弄，嚴謹的控制，良好測量依變項，對於你所要尋找的事物大大提高精確性。

與費斯廷格的工作關係是平等共事的（collegial）。斯開特說：「他不是一個地位型的人，從來不是。」斯開特認爲一旦費斯廷格明白後，他

可以「用自己方式獨立做事情，但我們是以一種協作的方式共事。」

我們為他的研究程序而工作，他很熟練其中，我想我以他為榜樣學當老師的。他完全讓你牽涉其中，他對你寄予厚望，但卻從不明說。你完全沉浸在其中，他也如你一樣。

斯開特認為，麻省理工的研究團隊在當時並不是特別獨特的，戰爭造成的裂痕造就了無處不在的、充滿激情和才華的研究生群體。

每個人都被趕出大學去殺德國人及其盟國，當時研究所裡一個人也沒有了。現在戰爭一下子就結束了，有四屆的申請者能讓研究所好好地挑選。我的意思是，你不必迫於無奈，濫竽充數，而且能確保不用花太多錢就能有足夠的研究助理或教學助理，就像我們現在不得不那樣做。我的意思是，你真的能嚐到甜頭。

其次，他們都比一般的研究生年齡大得多，更成熟而有自己的想法。到那時，受過良好教育的人已經度過了可怕無聊的四年，偶爾被一些憤怒打斷，但大多是無聊。所以你有一個團隊，但不會只有麻省理工的團隊──我的意思是當時在哈佛大學的人也會是一個不可思議的團隊。

勒溫可能吸引了一些與眾不同的人，只因為指向一個全新的偉大事業，具有強烈的思想傾向，同時又堅持科學的部分。他可能吸引了不同類型的人，但我認為就才能來說，他們不見得比去到美國其他研究所的人更好或更差。

斯開特指出，在當時戰爭結束後，大學正在擴大，政府也對科學領域投入大量資金。這意味著有工作可獲得，以及有研究經費來支持助理的薪資，這是一個不斷擴張的系統，注入了源源活力。

▌離開麻省理工之後：斯開特的風格

　　勒溫歿後，斯開特和研究團隊搬到了密西根大學。在那裡，他完成了他的論文，並於1950年從密西根大學獲得學位。

　　1949年，他在明尼蘇達大學找到了第一份工作。利昂・費斯廷格在1951年跟隨其後進來，他們是「名副其實的同事」，直到費斯廷格離開去史丹佛大學。斯開特一直留在明尼蘇達州，直到1961年，他才搬到了哥倫比亞大學，並留在那裡。

　　鑑於現有的條件，我真的不敢相信我的第一份工作的狀況。我只教了一門研究所課程，就這樣。我有我所需要的所有資金，由大學提供來做研究，而且在那些日子裡獲得補助金也是一件輕而易舉的事，因為那裡的資金比可以花用的人還多。所有這些在我獲得學位之後，一直持續了十到十五年，我和利昂從沒把這問題放在學生身上。

▌訓練學生

　　「也許他們從我身上學到了我從利昂身上學到的東西。」斯開特為他的學生們眾所周知的工作效率提供了一個可能的解釋。「我和孩子們一起工作就像利昂和我工作的方式一樣。」

　　我深信不疑，而且我認為利昂也是，這是我強烈感覺到的事情，也就是說，如果我真的知道答案，那麼做研究就沒有意義了。所以我很少這樣做，或者讓我的孩子們做一個計畫，從本質上證明我是對的，或者說考驗出我是平庸的。除了能學習一些以前沒人知道的東西外，我不明白整個科研事業還能有什麼意義。

　　他說：「和我一起工作的孩子們往往集體共事著，幾乎總是這樣。」他指出，十年或十五年前在他的實驗室裡共事的人之間仍然存在著友誼

和合作。他說：「他們在這些問題上繼續工作了一段時間（斯開特的問題），然後通常的順序是大約五年，大約五年後，他們開始獨立做自己想要的研究，如果他們不這樣做，我也會感到羞愧。」

他繼續描述他的工作和教學風格：

我認為孩子們脫離我最主要的一點可能與利昂有點不同，那就是當我們著手研究一個現象時，我們真的會追究到地獄的盡頭——從何而來。如果有任何勒溫式風格的參雜，我想是：現實生活中的意義是什麼，這是很有趣的。這是利昂和我與勒溫一起共事的原因。

我的工作方式一直是把我深陷於問題裡，然後隨著問題的發展走，我所有的研究工作都照著這種路線走。我沒有預期定會如此，但所有的事情都與其他事情有關，包括華爾街的研究工作。我想如果孩子們從中得到了什麼，那就是學到這種特殊的工作方式。

我透過恐懼來教書，我有一種教學設計，我認為它是格外有效。我從克拉克·赫爾那裡偷學的，他把這當作是種教學手段。

你給學生指派家庭作業，就好像你是二年級的戈德堡（Goldberg）小姐一樣。作業份量不算太多，大概是兩到三頁。你給他們一份兩頁紙的講義，在講義中你討論家庭作業，並提出問題。這些作業講義都是從本質上開始的，「好吧，現在你從這些閱讀中已經有所了解，接下來會發生什麼？它的方向是什麼？下一步須要做什麼？在特定的實驗中應該會發生什麼？你將如何進行測試？」它們都是這樣設計的。

然後你先問他們一些設計好的問題，確保他們已經讀過了。這些問題旨在透過觀察他們對真實或虛假實驗的預測能力，來了解他們對閱讀材料的理解程度，通常它們是真實的實驗，所以對於接下來應該會發生什麼等等，有一個真實的答案。

然後我上這門課，就好像真的我是二年級的戈德堡小姐。沒有人會自願開口，如果他們自願的話也沒什麼關係，我會點人出來。他們知道我的習慣，他們知道他們必須閱讀材料，他們知道必須好好思考一番，知道整個討論將基於這兩到三頁的筆記、評論、笑話和問題。沒有人甘心忍受傻蛋，也沒有人甘心忍受沒有這樣做的人。

沒有人會錯過任一節課，也從沒有人花少於一天做準備，通常孩子們在著手之前會聚在一起，我鼓勵這一點。沒有考試，但是有一些帶回家的考試，通常會說：「帶回家，花一個星期左右的時間，告訴我，鑒於你現在所知道的一切，接下來應該怎麼做。」這種教學技術所須投入的精力是驚人的。每個孩子都必須知道一切，思考我認爲重要的每一個問題等等。實際上，幾乎每個學生都從我身上接受過這項技術的洗禮，就像我從赫爾那裡接受過的一樣。

斯開特在挑選學生時非常謹慎，他會尋找的人是那些有天賦，以及擁有他所需要的能力——會思考問題並理解接下來會發生什麼的能力。他的學生必須能夠很快地掌握研究過程，並且有「一些模糊的想像」，但還有另一個條件，他說：「首先，我必須喜歡他們，如果我不喜歡他們，那麼整個事情就不會奏效。」顯然，他們只需要具備這個領域最基本的能力，「但我認爲，我最首要的要求是，我必須喜歡他們。」

他的教學風格是構建研究過程，「要出於『看！這是迄今爲止的事實，接下來要做的是什麼，要怎麼闡明這一點，我們如何理解它。』」一旦他們作爲一個團隊，走到這一步，他說道：「那麼你基本上到了全新的領域，而我不比他們在如何測試或者變項是什麼方面會有更好的想法，研究想法是透過研究過程才眞正發現了一些東西，而這種發現意味著這是新的。」

▌合作

斯開特指出他的學生們是他的「主要的學術社群」。他說：「即使不是一個全新的問題或其他種的問題，他們各自的傾向通常是不同的。」此外，他還是與利昂·費斯廷格保持著密切的聯繫。

我經常找利昂和他討論事情，即使我們不是在同一個領域工作，我們對彼此的影響很大。他和我在我正進行的股票市場研究上，一直有些合

作，我也和他在他熱情投注的地方上有些協作，此刻是十一世紀教會的聖
典法則。我參加了一個很棒的研討會，他和哥倫比亞大學的一位宗教學教
授針對十一世紀和十二世紀天主教會的分裂進行了討論，很有意思。

他目前從事的研究使他重回到了社會心理學領域，「這可能是二十年
來的第一次。」由於他在吸菸方面的研究工作，他對「總體變數」產生了
興趣。「我非常感興趣的是，一個總結整個人群行為的數字，是否與我所
接受認同某種心理學有意義上的聯繫。」他和他的學生們在兩年的時間
裡，把有關《紐約時報》頭版暴力犯罪的文章數量與梅西百貨的銷售數字
進行相關研究。他說：「沒有什麼好意外的，確實有相關。」然後，他開
始尋找其他的總體變數，並在華爾街定居——探索道瓊（Dow Jones）指
數或其他股票價格指數與股票交易量之間的關係。

這真的是相關的，我們也發現了很多有趣的事情，但我完全不知道為
什麼會發生這種相關性。比較經濟學家對股市活動的看法和心理學家可能
會說的話，這是非常有趣的。我一直在做的事情是，當你把經濟學家說的
話當真的時候，當你認真對待心理學家說的話，以及在什麼樣的條件下，
在市場上採取什麼措施時會發生什麼。

他最喜歡的研究過程是「寫下來」，他說只有當他開始寫，「我才真
正開始理解這其中的意義。」

在寫作中，你必須非常精確地知道這是關於什麼的，我認為你是被迫
以一種你以前從未被強加的方式來思考的。我的意思是，在建立一個實驗
的過程中，總是有很大的迴旋空間，得到的東西比你真正需要的還多，在
分析資料的過程中，你總是可以玩弄資料，沒完沒了地分析這個和那個等
等。在寫文章的時候，如果你想說得通的話，你必須知道它是關於什麼
的。

我認為當你開始寫的時候，你仍然該有關於科學須服膺什麼樣的預設
標準、該能自負和自命不凡的態度，所以你傾向寫出的東西，好像它們是

完美無缺地從上帝那裡冒出來似的，彷彿你所發現的東西確實如你的神機妙算，而且實驗就這麼精確地測試出這一點。我想大多數人都會告訴你，這完全是胡說八道。我的意思是這真的是一個指導性又命中注定會有試誤的過程，其中有許多絆腳石和錯誤，經過很長的一段時間後，你才真的知道這是怎麼回事。對我來說，這才是我被迫要寫出來的時刻。

我也非常喜歡資料分析——如果它正要出來的話。假設我們正在進行一個實驗時，我幾乎總是在追蹤資料。做這件事的孩子們將掌握著相關資料，而我要對正在發生的事情有一定的了解，當然，如果有什麼事情很複雜的話，他們的確會做得很辛苦的。我最近做的事情需要大量使用到計算機，那我就完全無助了，那不是我能掌控的。

「我是個糟糕的理論家，」斯開特笑著說，「我真的須要先有個現象，然後我才會費心去思考怎麼解釋它。」他將這種工作方式與費斯廷格的工作方式進行了對比，後者更具有理論驅動力。他說：「利昂是一位優秀的理論家，但這不是他的主要問題，在做任何理論化研究之前，你仍需要先有資料和現象。」

根據費斯廷格的理論，他從某個現象開始，然後問自己這背後是什麼，這到底是怎麼回事。然後，他通過這過程，通常會有個重大的頓悟，然後就從那裡開始研究，說：「好吧，如果這個頓悟是真的，那麼接下來應該會發生什麼？與之相關的是什麼？哪些變數會受到影響？」

相比之下，斯開特的工作方式是與資料保持密切關係。「我願意讓一段資料改變我的任何理論。」他笑著說。

對於他的學生，他總結道：

我必須承認，我為我的學生感到驕傲，我覺得他們值得自豪，我不知道什麼叫做情感，但是……首先，我非常確定他們得到了非常好的工作——最佳的工作。這對我們任何人來說都是個地獄般的開始，我糾纏著他們趕快發表論文。

　　他們幾乎總是會在一兩年後回來告訴我他們在做什麼。第二年，他們開始告訴我哪裡錯了，到第五年，他們就自己獨立動手了。

　　我非常仔細地觀察他們，我非常喜歡他們，我非常關注他們，利昂也是。

第八章　訪談：費斯廷格的團隊

　　前兩個訪談對象是艾略特・阿倫森培訓的兩名學生：約翰・達利和哈樂德・西格爾。達利是阿倫森在哈佛大學時期的學生，跟隨他到明尼蘇達州立大學。西格爾是在德克薩斯州大學與阿倫森共事。下一位則是對艾略特・阿倫森的訪談。

　　接在阿倫森團隊後面，則是賈德森・米爾斯的訪談，他和阿倫森一起接受了利昂・費斯廷格的訓練。米爾斯是在明尼蘇達州立大學開始跟費斯廷格做研究，隨著費斯廷格來到史丹佛大學。阿倫森和費斯廷格同年進到史丹佛大學，阿倫森和米爾斯是史丹佛大學費斯廷格實驗室的同期人物。最後是對利昂・費斯廷格的訪談。

約翰・達利

　　當約翰・達利還是個孩子的時候，他的父親在明尼蘇達大學主持某個研究課題，而利昂・費斯廷格和斯坦利・斯開特正在那裡工作。

　　我八到十一歲時，他們經常出入我家。很明顯，我不能夠完全理解他們在做什麼，但他們所做的事情吸引著我。這些人正忙於思考解決他們的問題，自得其樂，全心全意地投入，所有這些事情我發現非常有意思。

　　當達利要面對念什麼研究所的選擇時，他知道自己想念「廣義的社會心理學」。他曾在斯沃斯莫爾學院主修心理學，在那裡他短暫地投注心力於「學習理論所主導的學科」，並探索了也存在那裡的格式塔傳統。他說：「我感興趣的問題似乎是心理學有關人性方面的問題，有人告訴我這就是所謂的社會心理學。」所以他決定去追尋。

　　達利的姐姐是拉德克利夫（Radcliffe）學院的一名學生，當達利去哈佛大學探察是否做為未來繼續攻讀的地方時，她介紹了艾略特・阿倫森，這人最近在利昂・費斯廷格的指導下完成了博士學位，然後在哈佛大學展開第一年的任教。「一般來說大家都知道哈佛大學是個享有相當聲望的地方，而且還有一個像艾略特・阿倫森那樣令人興奮的人，可以和他一起工作，所以我決定去那裡讀書，我絕不會後悔。」他回憶道，「我去念了哈佛大學，艾略特是讓哈佛大學更人性化且充滿可能性的重要人物。」

　　艾略特曾或多或少地繼承了一間小房子，心理學被衛星化到了那裡，這些小房子是非常重要的，所以有了一座艾略特風格的大樓——鮑街9號（9 Bow Street）。有一些年長的研究生和他一起工作，我則被要求去思考他們正在進行的一系列研究後，下一個更明智的研究方向是什麼，我很高興我做到了。我做了那項研究，我們一起談論各種可能的研究。

　　一開始，達利非常依賴阿倫森來釐清各式建議，幫助他決定哪些是合理的，哪些不是，「以使整個業務能概述給受試者了解」他說。資深研究

生莫雷爾‧卡爾史密斯和托尼‧格林沃爾德（Tony Greenwald）就這部分
也對他有所幫助。

　　我認為艾略特的能力在那特定向度上是如此強大，以至於我們都有點
敬畏他，只能模仿他，但我們也把他當作顧問。所以，我想，直到我從研
究所畢業，必須得自己站起來，我才不得不用自己的方式思考這些事情，
並在其中找到自己獨特的模式。

　　當談到「實驗的創造過程」時，他把阿倫森描述為「一個令人印象深
刻的模範」。他列舉了以下幾點：所要解決問題的重要性，嚴密的理論推
導以造就對該問題令人感興趣的解答，最後，就會創造出一個令受試者深
深吸引的實驗。
　　達利和阿倫森一起工作了幾年，隨後跟著阿倫森從哈佛大學搬到明尼
蘇達州立大學。在那裡，他說，「斯開特、拉丹、惠勒（Wheeler）和辛
格等傳奇人物都還在。」雖然他們已繼續向前邁進。
　　他把阿倫森描述為「培養研究生的優秀導師，而且一直都是如此。」

　　有一個組織嚴密的團體。我們與哈佛大學不止這棟房子和其他部分也
是如此各自獨立的，他們沒有強迫你要上成千上萬的課程，也沒有很多正
規的技術培訓。阿倫森一直帶給我們，讓我們感覺到，雖然是某種異質性
的次群體，但我們真的很重視這個群體。莫雷爾‧卡爾史密斯和托尼‧格
林沃爾德都是有效率的人，但也都是有適度競爭力的人，所以會有一定程
度的同門較勁，不過過程中也會有所訓練學習，我從托尼和莫雷爾那裡學
到了很多東西，但也必然會有某種程度的競爭和生產張力的存在。

　　達利剛到哈佛大學的時候，卡爾史密斯正在讀三年級，而格林沃爾
德已經在那裡待滿一年。達利說他「不知道」阿倫森是如何選擇學生。
「一個可能的原因就只是被他吸引，而且如果你真感興趣，你就會開始跟
著。」如果事情沒有如期發展，那麼「哈佛還有其他的名師，人們會被吸
引到其他人身上。」

　　達利認為「這種方法的傳承是至關重要的。」接著他還說如果他「對一系列合理的實驗技術和與之相關的技藝沒有感到自信且無憂的話，我想我可能無法認識到我的任何想法。」

　　他曾在牛津語言分析（Oxford linguistic analysis）這種需要不同方法的領域工作過，但他認為「這種方法的結果要讓同事信服」存在一個問題。他認為要被說服的人之中要有「管理期刊的守門人」，接著他說：「你需要用與眾不同的方式來做事情。」因此實驗方法論是「我們所做的特定心理學中的主導方法，它並非無關緊要。」

　　他將自己的學術群體定義為「第一，我認為他們是成熟和有創造力的實驗社會心理學家。」這些科學家不一定要在同一領域工作，但要包括年長的和年輕的人。除了有這些人在這個群體之中，另外還要有一些人是他「出於政策原因」想接觸的。

　　我看到了做政策研究的重要性和巨大影響力，所以我經常被它所吸引。但是，我也發現自己滿足於其中帶來的驚奇感和好奇心，更想專注投入於突如而來且可被論證的頓悟，然後以此創造出某種實驗性的展示。所以，我想我不會特別擔心政策的影響性。對我來說，關於人類功能的有趣事物才是我所關心的。

▍訓練學生

　　達利目前任教的普林斯頓研究所，並不過分依賴課程來訓練學生，而「確切地說是依賴學徒制」。正式的要求是一門統計學課程以及一年的研討會，由「系上的教授來教不同的領域，但鮮少強調課程形式，更多的是『動手』或『接手』進行訓練。」

　　我們傾向做的，以及每個運用學徒制的地方所做的，都是在他們求學生涯的最初一年左右，把問題交給研究生，然後嘗試給他們越來越多的自由，以投入研究中越來越大的面向，包括其概念化方面，以及接著應該探

討什麼主題，所以到了寫論文的時候，他們也應該朝著這個方向前進。但通常情況下，論文要做的必須與導師的興趣有關，這種情況是非常普遍存在的。

　　我進一步發現研究生培訓是我們所有人做的最神秘的事情，我的規則可能僅僅是陳述我與目前共事的人適合的方式，而下一個共事的人未必適合。因此，我真的不明白該過程，或如何使該過程順利進行。我思考著艾略特每天所做的每件事情，導師如何給予學生們足夠的獨立性和足夠的訓練、斷奶、從巢中飛出來，所有的那些隱喻，是異常艱難的。

　　培訓研究生的一個問題是要避免以你自己的形象去打造一個人，艾略特有時候會很堅定地說：「好的，這些就是我要教給你的，現在你必須繼續下去。」並且會用某種方式來讓你斷奶，把你推出巢穴外，告訴你是時候去外面闖一闖了。

　　當學生完成學業後能功成名就的個人素質，傳統上被描述指認為動機，但達利認為應該定義為：「才智、激昂及在更明智的人會選擇離開的情境下某種繼續堅持下去的意願。」他還說：「基本上，更重要的是能夠對整個過程極度感到興奮的人。」

　　他和研究生的關係是「非常密切的、集體式的。」接著他說：「但幾乎難免會有一些階層的組成部分。雖然會有新進的教師、年長的教師、資深的研究生和年輕的研究生，一旦能將這些人都視為手足相待，就不必然會產生不同層次之間有阻礙的階級關係。」

　　與研究生互動的品質「在你生命的不同時期是不同的」，達利相信是如此的。「當教師們有了小孩和其他所有的必要日程，我認為這種關係的往來就會少一些，但我認為它仍然是一種親密的關係，跟父母的關係就像這樣。你不一定想和爸爸去喝啤酒，但儘管如此，關係仍存在那裡。」

█ 後續工作和當前環境

　　達利說貫穿他研究工作主體的思路可以被描述為「在構建他或她自己

世界過程中的個人，構建那些東西時會利用可用的線索（通常是社交線索），然後以某種方式將這種結構其中一部分內化，並伺機去運用，這意味著，有時會讓他們出錯，但我們必須像集體中的個人一樣生活著。」

他目前正在研究「互動目標是否影響自我實現的預言」。也就是說，當一個人與其他人互動時，涉及有不同的目的，「而這些目的最終會影響互動過程，而這似乎是現代社會心理學忽略的部分。」他解釋道。

達利指出他在普林斯頓大學的工作環境，有三個方面有助於他的工作。首先，許多研究生得到國家科學基金會（National Science Foundation）的資助，這使他免除一些找助學金的壓力；第二，他在該系的所有同事都是實驗心理學家，「不管是這種或那種，都有一個共同的取向，這是非常重要的。」第三，他說：「普林斯頓大學是一所大學，讓你做你想做的研究，並確實期待著成果出現。」他還說雖然會有一些「關於如何教學——某些事物的價值——的深刻分歧，但我們確實共享著這種工作傳統，這是非常有價值的。」

普林斯頓大學的環境中另一個豐富的資產，是非常強調大學的教學。

一個好處是我們的許多想法最初都是在教學環境中提出的。你必須講一些你沒有想到的事情，在思考這些事情的時候，我們用新的方式來思考且說服，至少是說服我們，這樣你才能出去做個實驗。

在普林斯頓大學，每位大學生都要寫一篇論文，其中某些最終能被出版。我們確實讓他們參與了大量的研究，但吾人需要小心，因為沒有必要嘗試給他們博士學位般的訓練，或者是研究生該學的所有技藝訓練。不過，他們仍可以做一些有價值的事情。

達利描述了進行研究的三種方式：從觀察或某種現象開始、從理論公式開始，或最後從質疑傳統智慧或經驗法則開始。

某一天晚上，在紐約發生一名婦女被刺傷事件之後，我和比伯·拉丹坐在一起聊天，我們開始意識到，很多我們所說的團體過程實際上都適用於旁觀者抑制效應，就像這種案例一樣。因此，在這種案例中，你從發生

的事情開始，你了解到你有一些原則，這些原則會在所討論的過程中產生影響。

失調研究有點不同——他們會說在現實世界許多的過程中，都潛在有一個失調的過程。在我看來，這也很有創意。我想我做的一些偏差行為的研究比較像這種。

當然，第三種做研究的方法是，拿現實世界中傳統智慧對某件事情所說的話，去探究它會給人帶來的困擾，因此來提出反對的意見。

▌談論「家庭」

達利形容自己對學生有父愛之情。他說：「在不同的會議上，你們彼此會相見，你會非常自豪地關注著他們的成就，並開展各種指導活動、提供參考資料等等。」

這項任務是給你的門生一個職位，這樣他們就可以享有這個令人興奮的經驗。如果他們真對你所興奮的事情感到興奮，你希望他們處在某種環境中，他們也可以做他們所興奮的事情。這就代表是一份「好工作」，這份工作不一定是在一所聲望很高的大學裡的教職工作，還有一些非常好的、規模較小、級別不高的大學，它們是心理學發展的好去處，而且這些大學也很不錯。

達利認為「勒溫家族」（Lewin family）的隱喻是一個「非常積極的觀念。對我來說，這一直是一個非常正向的事情，我一直覺得我非常幸運，能和這些訓練過我的人在一起，和他們持續不斷的接觸及對我的支持。」他相信這對他這個年齡段的人尤為積極正向。他接著說：「我認為這也是為了我們的學生。但是，像所有家庭一樣，當家產開始分割，你有了第二、第三和第四個堂兄姊弟妹時，這種關係就會有所減弱。」

他提出了另一種概念化這團體起源的方式：

　　如果你想把這整個研究事業看作一個社會運動，勒溫是個基督形象的人物，但顯然費斯廷格扮演了聖保羅的角色，他使這一切能夠實現。費斯廷格是一個很好勝的人，他證明我們在社會心理學上和從事非人類研究的人一樣，可以做出理由充分、方法精密的實驗。在上帝為鑑下，我們仍然感受到這一傳統。有一個非常重要的主張是我們想要提出的，也是唯一的，這也是費斯廷格所扮演的角色，證明我們可以像其他人一樣嚴謹，這一點我認為他做得非常成功。

哈樂德・西格爾

　　哈樂德・西格爾大學於紐約市立學院主修心理學。他所修的社會心理學課程是由一位剛從哥倫比亞大學碩士畢業的人教授的，「他是一名接受訓練的臨床醫生（clinician），然而卻必須去上斯坦利・斯開特的一些課程。」西格爾回憶說道。這門課程的重要意義在於，與大多數導論課程不同的是，學生們被指派看麥考比（Maccoby）、紐科姆和哈特利（1958）的原初研究材料，沒有教科書，每個學生都被分配在課堂上發表一篇文章並進行批判性分析。

　　這是我第一次接觸到這種課程。因為我上過一門實驗課程，我現在記不清是在那之前還是之後，但是沒有什麼原初資料留下來的。那可能是門一整年的實驗課，但你會被告知要做什麼，真如其名是個化學實驗室──將這種化學物質如何和那種化學物質加以混合，以及計算反應時間和哪種物質被產生。

　　他描述市立學院：「從很多方面來說，它就像一所給十八到二十二歲的人念的高中，除非你作為一位學生受到極大的激勵並真的想參與其中，而我不是也不想，所以和教授的接觸真的很少。」西格爾對社會課的老師產生了興趣，除了課上的很好外，這位老師還曾經是一位爵士音樂家，以及是倫尼・布魯斯（Lenny Bruce）的朋友──西格爾覺得這一切都很有趣。「他真的很有趣。即使在上過那門課之後，我從未想過自己會當個大學教師，我想他一定是在那時為這種可能性播下了種子。」

　　當西格爾大學畢業時，越南戰爭正在升溫，為了不參加募兵選拔，他考慮去唸研究所。為了日後好找到工作，他認為應該去念工業心理學，他的導師建議他向普渡大學（Purdue）提出申請，但有個朋友正向德克薩斯大學[1]（Texas）提出申請，並建議他可以考慮去那邊念。

1　譯者註王：原文為Texas，經查應為University of Texas at Austin，應譯為德克薩斯大學奧斯汀分校，但為反映原文原意，譯為德克薩斯大學。

　　我想，德克薩斯大學，那太荒謬了。那時，我大概離紐約不到一百多英里，除了一次去華盛頓特區，所以我去找了這位幾年前教了這門好課程的老師。我和他聊了聊，我說我聽說了德州的事，他說：「是的，加德納‧林德澤要去那裡。」然後他又提了其他幾個人的名字，我並不知道加德納‧林德澤是誰，只知道他的名字寫在人格教科書上僅此而已。但對這位老師來說，這聽起來很好，不管怎樣，我就去了德克薩斯大學，而我去了那裡之後，我以為我會在工業心理學，但他們並沒有工業心理學。

　　他一到德克薩斯大學後，必須在實驗心理學和臨床心理學之間做出選擇，他最後選擇了實驗心理學。他說：「我最後選擇了一門我喜歡的社會心理學課程。但我沒有選擇社會心理學，我覺得我對研究設計更感興趣。」他還發現實際上沒有碩士學位的學程。

　　實際上，這是一個非常殘酷的制度。你不必上任何課程，也不必做任何事，你只需通過這些資格考試，但很多人都沒有通過。上個學期，二十四人中只有四人通過了考試，其中有些人只通過了其中幾科，所以當我們班進來就讀的時候，學生的士氣很差。我得到的是這樣一個想法，即決定去攻讀碩士學位是沒有意義的，進來念研究所課程，就要參加資格考試。雖不明顯但我有一個模糊的回憶，我做了有意識的決定，我重新定位自己要獲得博士學位，但這跟與我在大學教學的打算仍沒有任何關聯。我仍不清楚這麼做的意義何在，我很不成熟且無知，並未深思熟慮。

　　西格爾在德克薩斯大學的第一年秋天，艾略特‧阿倫森到訪並進行了演講。西格爾立即問阿倫森，他是否會來德克薩斯大學任教，並假設了他們以後會合作。他回憶道：「我只是假設會是這樣，但這是我天真的自以為是作祟，只不過恰巧成真，而且效果很好，但等我了解到，已是我離開德克薩斯大學很久以後，才意識到是我的一個假設，一切並非是我所能控制的。」

　　我想等他到了那裡之後，我就去跟著他。我可能把自己搞砸，我到了

之後跟他說：「我想做研究。」他給了我一些東西讓我讀，我讀完後，又帶著研究的想法去找他。他說：「不，這想法很蠢。」於是我又帶著更多的想法來找他，終於有了一些值得進一步形塑的東西，我們將它成形，並做了研究，然後繼續研究。之後我得到了一個研究助理的職位，我在他的資助下工作。我想那是我第三年，也許是第二年的下半年，然後他幫我獲得了獎學金，在我最後一年時。但基本上，我和他一起緊密工作了兩年，並得到了很好的指導，我從他身上學到了很多東西。

西格爾用「非常棒」來描述其他研究生，並說與阿倫森合作過的學生都感覺到「很特別。我們都在一個小房間裡。我們得到了我們想要的，我們在獲得資源方面從來沒有遇到過任何問題——也許是我們沒有要任何古怪的東西……。」西格爾說阿倫森在那段時間內獲得了研究的資助，並且能夠雇用研究生作為助理。學生們可以到阿倫森這裡工作，而阿隆森會來是其他大學的朋友和前同事推薦的。

西格爾在德克薩斯大學的最後一年，阿倫森的興趣發生了變化，他開始和他的同事邁克爾‧卡恩（Michael Kahn）一起研究訓練團體（t-groups）。那年，內德‧瓊斯到訪了德克薩斯大學，西格爾與他展開合作關係。

到那年耶誕節時，西格爾的論文幾乎快完成了，這讓他有時間和瓊斯一起工作，並進一步了解他。

我在前一個夏天就計畫好了（他的論文研究）。我參加了一個週二晚上的會議，並做了報告呈現，它很早就受到了批評和重新改寫——可能是那年的頭兩、三次會議之一，所以它可能在九月份進行改寫。我準備繼續處理，我將背景進行控制，而這只是設計細節的問題。由於這些會議的結果，所以發生了根本性的變化，但我確實能夠獨立進行運作。在那一點上，我真的鮮少需要艾略特的幫助。打從那次會議當下以及之後不久，我早已從艾略特那裡得到了所需的幫忙，所以他往另一個方向轉變的事實對我的論文沒有真正的影響。我蒐集了所有的資料，並在耶誕節期間對其進行了分析，然後在春天悠閒地寫了下來。

　　他把瓊斯描述爲「風格上與以往遇過的大不相同」。他說：「艾略特在許多方面都是個出色的榜樣，但內德很好地做了輔助，他有不同的優點。」在這次合作中，產出了論文〈虛假的管道〉（Jones & Sigall, 1971）。這個想法誕生於德克薩斯大學，他們開始蒐集一些資料，但也存在一些問題。當他們各走各的路時，他們也同時繼續研究，數年後出版了這篇文章。

　　西格爾說：「羅徹斯特大學（Rochester），是我離開德克薩斯大學後去的，我在那的第一個學生，是個擅長機械的人，也是一位良好的實驗者。我們先做了一些關於刻板印象的研究。」在西格爾看來，這名學生之所以成爲一名優秀的實驗者，是因爲「他能夠說服受試者。我認爲當我說自己是個好的實驗者時，我可能會用稍微不同的詞彙來描述。我的意思是，我可以設計一個實驗，想出一個場景，寫下劇本，做我認爲會涉及到受試者所有面向的事情。這個學生擅長這個實驗操作過程的另一部分，他擅長角色扮演，能夠說服受試者他所需要說服的內容等等。」

　　週二晚上的會議是德克薩斯大學研究過程的重要組成部分，所有參與社會學程的人都會參加。西格爾說：「很多會議都在艾略特的家裡舉行，但他們也經常在別人家裡舉行。」任何擁有足夠大地方的人則偶爾會主辦會議。

　　他們很棒。他們會做的事情是，由某人提出一個研究的想法，整體來說是這樣——至少我記得的是這樣，這可能不準確，但我記得的是，有一種不成文的規則，你不需要提出彷彿刻鑄在石頭上的東西。你總是提出發展早期的東西、一個想法，我認爲這是個好主意。我認爲這樣做的巨大優勢在於，你降低了報告者的自我防衛，並且增加了聽眾的參與度，因爲這確實有空間做出貢獻。假使有人告訴你他們做過了什麼，而你批評了他們，那麼你所做的一切在某種意義上，表示你很聰明而他們犯了錯。唯一能帶來積極影響的是，如果他們特別開放的話，你可以說服他們不要發表這篇文章，這大概是你僅能做的。換句話說，你真的可以做出貢獻，你可以幫助別人，讓你感覺到你們正在協同合作。有時研究會從這些會議中衍生出來，你知道，新的研究，它真的非常富饒豐碩，真的太棒了！你必須

能夠承受一點壓力，我想。你必須接受一些批評，因爲儘管沒有什麼是具體的，但你的想法確實存在那，而且它們是脆弱的。我認爲對這些會議的反應可能是複雜的，我認爲我能夠用艾略特的風格來處理，我能夠處理這種會議討論。基於某種理由，我對艾略特的批評或其他人對我的智力評價並不會感到脆弱敏感的，我認爲我的自我和我的想法是分開的，我沒有把它們都包裹在一起。

我認爲對我來說最關鍵的是，當我進來的時候，認知到我眞的什麼都不知道。不是因爲我在大學時有過這樣的研究經驗，而是當我開始跟著艾略特進行研究的時候，我眞的覺得把自己完全交給他是件好事。所以，如果他說這想法不有趣的話，有趣是非常重要的，如果他認爲這不有趣，那麼我就會被說服，我眞的尊重他作爲一個社會心理學家的能力和判斷力，是我沒有掌握到重點，這就是我所說的保持區隔的意思，我沒有覺得我有什麼魔力，我是說在某個方面上它本身就是魔力，但我沒有任何公式。

我只會說：「我會繼續努力的。」但我沒有把這兩件事搞混。但也有痛苦的事情，我眞的學到了很多，我從艾略特那裡學到了很多寫作知識。現在這並不是說進去拿給他一份草稿後變成了碎片回來是不痛苦的——上面滿滿都是標記。但我從來沒有，我不記得我會認爲他是個任性的或者是個混蛋。我確信我認爲有一種更好的方式來與我溝通，但我以某種方式回應了批評，但不是回應批評的形式，因爲我尊重批評的來源。我想確實有其他人被這件事壓垮了——他們不想處理它。

與阿倫森的關係部分是合議式的，部分是隸屬式的，隨著時間的推移，合議式的程度也在不斷提高。西格爾說，作爲一名研究生，整體來說是非常快樂的——只要資格考試結束後。他笑著說：「這是我生命中的一段美好時光，我從來沒有辦法再重獲它，我變得更理想化了，我打算透過社會心理學來解決世界上的問題。但也有某些實務上的事情，當我還是研究生的時候，或多或少我都沒有做任何我不想做的事情。自從我通過了考試後，我唯一做的就是研究，我選擇了想做的。我們甚至能讓大學生成爲實驗者。」

他在研究過程中最喜歡的部分是獲得洞察的部分，「儘管我沒有那麼

多的洞察經驗。」他笑著說。「看到一些並不那麼明顯的關係，然後透過創造情境條件，以一種有說服力的方式證明它是有趣的。剩下的一點也不好玩。」

▌訓練學生

目前，西格爾在馬里蘭大學（University of Maryland）教授一門本科方法的實驗課程。他解釋說，這門課程主要是「研究的基本原理，不僅僅是實驗研究，而是以實驗爲主的各種研究」，他還教授社會心理學研究生的核心課程。偶爾，他會教一門研究生方法課程，類似於他作爲研究生時的課程。

有一個研討會是研究所課程的一部分，但它更像是一個系列的座談會，而不像以前的週二晚間會議。「我們談論這個研究所課程，人們報告他們的研究，且我們有很多外來的報告者。我們在裡面聽到的研究工作很少處於開始階段，幾乎都是完成的。」

我從來沒有像自己現在做社會心理學研究的方式工作過，我從來沒有被關在一個獨立工作的房間裡，不跟任何人說話，然後就生產出社會心理學的知識。我想我已經發現，如果我必須在這種情況下做事，我就不會想這麼做了，因爲這樣做並不有趣，我覺得我的樂趣一直都是……它被捕獲了……被創造了？我不知道，但肯定是在星期二晚上的會議室裡，或者在後面的房間裡，一有個想法就與人交談、思考事情、發展故事，與他人一起創造故事，並在做這件事時享受樂趣。這就是樂趣之所在，這不是我唯一的動機，但這佔有很大一部分。我想隨著年齡的增長，我會越來越難做到讓那種熱情延續下去。

設計實驗本身並不像以前那樣有意義，我認爲這部分是因爲我知道我可以做到，我是一個很好的實驗者，我可以用一種可以證明效果的方式來展演它。我對一系列研究中的「下一個研究」——如我過去曾經做過的那樣——已不夠感興趣。

　　目前，他對未來訓練研究生的前景憂喜參半。整體來說，這個領域有些事情給了他這種感受。首先是就業市場，他說他有個很優秀的學生找不到工作，這讓他「非常沮喪」。他說：「我喜歡訓練研究生。我希望時間更充裕，以致於他們就能夠做他們想做的，並且有能力來做。」

　　這不僅讓人士氣低落，而且還招致了其他後果：如果人們最終要爲市場研究公司工作，或是爲政府做調查，而且根本無法推進這一領域的發展，那爲什麼還要花這麼多時間教人們如何做研究呢？所以這就讓研究失去了很多樂趣。我有幾個非常好的學生，尤其是一個在這裡做了一年訪問工作的人，如果他再多待一段時間，他可能會做得更好，但他沒有，我也不能責怪他，早生個十年他就會得到一份很好的工作，他眞的很優秀。

　　與此相關的是，如果無法確知彩虹的盡頭沒有一罐金子的存在，那麼我對招募人才進到這個領域學習是無法自信無慮的，我沒法說：「這是一個偉大的、不斷發展的、令人興奮的學科，你將能夠拯救世界並靠此謀生。」那一大堆的事情只是對我的熱情產生負面的影響。

　　影響西格爾態度的另一件事是他編輯期刊四年的經驗。他說，在這一兩年的時間裡，「在某些方面是更加有趣，但整體來說，這是一次非常令人沮喪的經歷。」影響他的是爲了要晉升而發表的氛圍。人們太頻繁地想發表自知並非一流的作品，只因爲他們深信需要一定數量的出版物才能獲得終身職或加薪。他說，這不是他「爲了追求任何特殊的標準，而是對於終身職的追求」他說，這些被完成的研究在多年來已經發生了變化，這種變化的一小部分是出於這種情況。

　　大多數人不願浪費時間，他們不願用一小時來跑一位受試者的方式進行研究，或者創建一個需要用到的研究場景，這眞的不多見。這並不是沒有，而是很少見。因此，大部分的研究基本上都是不具有創新性和不冒風險的。不過，誰知道呢？如果我二十年前編輯過一本刊物的話，也許我也會有同樣的感覺。讀那些玩意，眞是一件無趣的事情。

　　即使在當前社會心理學的這種環境下，西格爾說他們在馬里蘭大學有許多好學生。他說，他們當中的許多人是「被困在該地區」的婦女，現在正重返學院。他還說他在德克薩斯大學訓練時期對未來存有的希望，現在只在少數幾個培養菁英的地方才能看到。

　　回首過去，西格爾並不覺得自己在1964年開始學習社會心理學時，做出了明智的選擇。他認為如果當時有認知心理學的話，他很可能會選擇它，他認為社會心理學的實驗是傳統實驗心理學的唯一替代選擇，他說：「人類實驗學家正在研究語言學習。」這是一個以人為對象進行實驗的機會，這是值得期待做好事的可能性，如同他當初被社會心理學所吸引一樣。他說：「我當然可以想像再次被艾略特這樣的人所迷住，我想也許我會，這很難說。」

艾略特・阿倫森

　　艾略特・阿倫森之所以去史丹佛大學念研究所，是因為他的兩個朋友去了史丹佛大學，在那裡表現優異，並且喜歡上了那裡。此外，他從未離開波士頓超過三百英里，所以住在西海岸對他來說是非常有吸引力的。他在麻塞諸塞州（Massachussetts）的里維爾（Revere）市長大，在布蘭戴斯大學（Brandeis）讀大學，跟著亞伯拉罕・馬斯洛（Abraham Maslow）[2]學習。隨後，他在衛斯理大學（Wesleyan）完成了碩士學位，並與大衛・麥克萊蘭（David McClelland）合作研究了成就動機。麥克萊蘭正搬到哈佛大學，邀請他來做他的研究助理，但阿倫森反而決定去了西部。他說：「我連誰在史丹佛大學都不知道，羅伯特・西爾斯（Robert Sears）是我兩個朋友唯一提到的名字，他對動機很感興趣，我當時也一樣。我想我可以去那裡，他會對我感興趣的東西感興趣的。他會的。」

　　在他在史丹佛大學的第一年春天，阿倫森受到了一個朋友，迪克・阿爾伯特（Dick Alpert），一個代理講師的挑戰，要他參加利昂・費斯廷格的研討會。雖然這只是費斯廷格在史丹佛大學的第一年，但他已經因為「毀滅性」而享譽盛名。阿倫森說：「迪克暗示我沒有參加費斯廷格研討會是因為害怕，這促使我去報名參加。」

　　回想起來，我認為迪克是對的，費斯廷格和我同年來到史丹佛大學，我不知道他會來，我大概知道他是誰，因為當我還在維思大學時，我讀過斯旺森（Swanson）、紐科姆和哈特利（1948）的《閱讀：社會心理學》，費斯廷格有兩三篇文章，他才三十多歲。我想，「哇，如果他有東西在那裡刊載的話，他一定很屬害。」之後，在只有三個月到半年間，開始在研究生小道消息中流傳，說他是一個殺手。

2　譯者註王：亞伯拉罕・馬斯洛（Abraham Maslow）為美國著名心理學家，提出所謂的需求層次理論，引領了人本主義思潮的興起。馬斯洛1951年到1969年在布蘭代斯大學擔任教授。

　　阿倫森說：「我很幸運。我想如果不是迪克‧阿爾伯特，我可能會遠離費斯廷格，我也不會知道我會錯過了什麼。這對我來說這是一個非常幸運的事情；當我參加那個研討會時，費斯廷格的嚴屬並非問題，我能看到財富。」

　　費斯廷格教的就是費斯廷格喜歡的。阿倫森說：「他只教他此刻所興奮的東西，所以他所教過的一切都表現得淋漓盡致。」「他的態度是：『這就是我現在在思考的，你想不想接受？』這種態度讓很多人失望，但我喜歡！」

　　在第一次研討會上，費斯廷格發展了失調理論，並致力於拓寬失調理論的應用領域。「這就像一個施肥研討會（fertilization seminar）。」阿倫森說。學生們正在廣泛閱讀「各種有趣的東西，比如賽勒姆巫師審判（Salem witch trials）。費斯廷格認為，如果我們閱讀了這些審判的筆錄，我們會發現一些相關的東西。」他回憶道。他們特別尋找的證據是，那些沒有脅迫而認罪的女巫開始相信他們自己的罪，而那些被脅迫而認罪的女巫卻不相信。費斯廷格和卡爾史密斯的實驗（1959）的種子就在這三百年前的舊筆錄中。

　　我所做的專題研究是人類學的，是約翰‧懷廷（John Whiting）已經做過了關於成年禮（initiation）的研究，一項跨文化研究，與失調理論沒有任何關係，但在閱讀這篇文章時，我意識到有些文化需要嚴格的成年禮，我敢打賭，這些文化是更有凝聚力、更愛國。我想了一會兒，我們在研討會上討論過，然後我就在想要如何測試它？我在人類學文獻中找不到答案。所以我想，「那我為什麼不在這裡做呢？」當你在利昂周圍的時候，你可以從實驗室實驗的角度來思考；這似乎比對人類學論文進行內容分析更令人興奮。所以我和賈德‧米爾斯（Jud Mills）[3]一起設計了一個相當簡單的實驗。

---

3 譯者註王：即賈德森‧米爾斯（Judson Mills）。

　　這導致了他的第一個實驗──阿倫森和米爾斯（1959），《入會儀式嚴苛性的實驗》──他說這是「我做過的最令人興奮的事情之一。」

　　這使我成爲社會心理學的信徒。我相信社會心理學有方法來測試有趣的假設，在你做了之後，你可以更有信心。這對我來說太容易了，以至於我敢認爲我可以成爲一個能做這種研究的特殊之人。

　　建立入會儀式實驗的過程簡直令人興奮。它的設計和看到它開始出來是了不起的。令人興奮的不是資料分析，也不是結果對任何人的影響，甚至也不一定是這個想法，而是將想法轉化爲可研究的問題。對我來說，翻譯的藝術性就在於此。

　　由於阿倫森在研討會上的研究結果，他被發掘去費斯廷格的實驗室做研究助理，尤其是因爲這個研討會衍生出了入會儀式實驗。他說：「自從你開始爲他工作，他就開始爲你的發展承擔一些責任。」

　　阿倫森說費斯廷格：「早在我當實驗者之前就對我的能力充滿信心。一旦他相信我能力好，我們就成了在令人興奮的事業上新進和資深的同事關係。他很有魅力，他可能會對我很嚴屬，但也很溫暖和關愛。我們過去偶爾出去喝酒，討論我們的想法和彼此的感受。」

　　但我不想低估他的嚴屬性。這很重要。起初，我學會了避免馬虎，只因爲利昂的尖銳和嚴屬。如果我在設計或程序上犯了一個草率的錯誤，利昂會注視著我，就好像我像個傻瓜一樣。更糟糕的是，那幾次，當他有意識地努力變得和藹可親的時候，他的眼神流露出一種憐憫的表情，我會對自己說：「哦，哦，它來了！」爲了避免再次收到那種眼神，我在設計實驗時會花更多的時間。過了一會兒，第一次正確設計就成了第二天性，靠我自己設計。

　　費斯廷格和他的學生們非常密切地合作。他在地下室有一個辦公室，據阿倫森說，這是間「有黃色牆壁的骯髒地方，天花板經常漏水，因爲他的辦公室就在女廁所的正下方，廁所偶爾會溢出來。但這似乎並不妨礙利

昂的工作。大廳對面有一位祕書，還有幾間給研究助理的辦公室。在同一個走廊裡有研究的空間，有單面鏡的房間等等。所有這些就占了舊心理學大樓地下室的一半。」

費斯廷格每天早上都會很早就進來，一直待到很晚。他總是坐在辦公桌後面，因爲他幾乎從未去教課，所以他就在那裡，他要麼讓我們自己解決問題，要麼等我們提出想法。總有一種自由的感覺，他可以蹦進蹦出我們的辦公室，我們可以在他的辦公室蹦進蹦出。他會鼓勵我們互相交談。每當我們要設計一個實驗時，我們總是互相嘗試彼此的設計。我們要麼進行虛擬的實驗，要麼用彼此來進行實驗，而他和其他幾個研究生則通過單面鏡觀察，以排除錯誤，並觀察我們的角色扮演是否正確。甚至在我們做實驗的時候，利昂也經常在單面鏡房裡偷聽和觀察，看我們是否做得對，是否有說服力。他對戲劇部分很感興趣，我們的角色扮演得好嗎？有很多排練。細節很重要。

阿倫森回憶起在他認識費斯廷格之前在史丹佛大學第一季發生的一件事。當費斯廷格和他的一個學生（賈德森‧米爾斯）從旁經過時，他和另一個助教在「走廊另一端的助教室（TA room）」裡。他們兩個停了下來，費斯廷格說：「好吧，讓我們看看這些人會怎麼想的。」米爾斯接著描述了他正在進行的一項實驗的程序。阿倫森說：「我記得我那時說：『嗯，這不是很有說服力；也許你如果這樣說的⋯⋯或者那樣說⋯⋯』，我記得費斯廷格對米爾斯說：『你在寫招致厄運的東西嗎，你明白了嗎？』大概是那樣。我們跟那些人或他們的研究計畫沒有任何關係，但他們把我們當作是見多識廣的被試者。這是他們的工作方法——你要在人身上測試實驗程序，你會在看到第一位被試前發現人們是如何受到程序的影響。」在這種類型的研究中，程序必須涉及到被試者。

在測試你的假設時，費斯廷格總是會關注要有一個對被試者有意義的場景，能吸引到他的興趣。你必須防止受試者睡著。很明顯，費斯廷格關注的方法論細節是絕對必要的，但大多數研究人員從未寫過。有些事情我

們從來沒有看到寫在任何期刊文章或方法書的任何地方。

　　大多數導致實驗的想法都是在日常的互動中出現的，並在地下室中催生出來。利昂總是很有挑戰性的——如果我們當中的人有了一個好主意，想做一個實驗，他就會轉向其他人說：『為什麼你現在不能想出這樣的好想法呢？』這有點開玩笑，但學生們也生出這樣的想法，即你最好趕快想某些東西出來。有相當大的外部壓力，但壓力大多是自發的，周圍有很多人熱衷於獲得想法，並將這些想法轉化為良好的實驗。

　　我們還舉行週二晚上的研究會議。我們會坐下來喝啤酒。有很多想法進行交流，主要是人們圍繞想法輪番上陣，嘗試設計一個實驗，嘗試設計一個程序，而費斯廷格大多都會在那裡，開會總是在他的家；費斯廷格非常和善，他總是機警活躍，而且始終如一。

　　我印象中晚上開會是我們的主意。我認為，如果我們把它看作是另一項工作任務，我們可能會認為覺得很繁重。但我們很感激利昂給了我們一個自由的夜晚，我們決定好好利用它。

　　這是一個很好的氛圍，我想當我回首往事時，唯一真正缺乏的是在社會心理學中沒有其他的教師參與。

　　「他是一位研究想法絕佳的編輯者。他要麼把它擊落，要麼把它建立起來，但當你在週二晚上的會議上或者在他的辦公室提出時他定會做出回應的。你絕對不會得到溫和的回應。」阿倫森說。費斯廷格藉由對一個想法或一個過程興趣投入，來表現他的熱情。風格很重要。特別值得重視的不僅僅代表是個聰明的想法，而是這個聰明的想法「是重要的，重要的並非對世界（應用）來說，而是因為它教會了我們一些我們所不了解的人性。」他說道。但最終來說，獲得想法比起找到好方法測試它們更加容易。

　　費斯廷格過去常說：「好的想法多的是，並不值錢。」儘管想法很重要，但設計也很重要，而且同樣重要的是，你實際在被試者身上使用的詞彙有多麼令人信服，以及有多大程度能夠呈現和捕捉了你的假設的特性。任何人都能想出設計方案。設計簡單地說，就是假使你需要一個特定的控

制組，那麼你就要創建一個符合條件需求的控制組。但正因為要控制著被試的經驗，讓被試經驗到你想要讓他經驗的東西——這就是劇本創作。我想如果我非得要說出一件事，那就是這件重要的事情。從來沒有人把它寫下來作為基本的方法論。

　　這就是我和莫雷爾・卡爾史密斯在《社會心理學手冊（the Handbook of Social Psychology）》（1968）中我們關於實驗法的篇章所試圖捕捉的東西。當卡爾史密斯和我寫完這一章時，有人批評我們對想法持非常傲慢的態度。並不是這樣的。我們假設想法一定會很有趣，否則為什麼要困擾其中呢？我們不會告訴人們從哪裡獲得想法或該如何獲得想法，你該怎麼做到呢？但我們先假定想法很有趣，然後我們寫了關於如何繼續的文章。如果你讀了這一章，你會發現我們的時間都花在這一點上——你如何寫一個真正好的場景。細節至關重要。

費斯廷格也會花很多時間全神專注於資料。

　　我記得曾經有一個陽光明媚的加州天，出門是一件很愉快的事，我帶了一位老朋友，一位並非史丹佛大學的人。我們走過利昂的辦公室，他說：「那個辛苦工作的是誰？」費斯廷格坐在那裡，鼻子非常貼近桌子上的幾頁紙，試圖從一些資料中找出意義。而且他真的可以那麼做。他可以一口氣花三到四個小時沉浸在資料中，看是否能找到一條與眾不同的趨勢。他喜歡做那樣的事。這有點像填字遊戲（crossword puzzle solving）。這是我最初真正喜歡他的事情之一，他肯定不怕弄髒他的手。他在研究中沒有擔任任何執行的職務。他卻埋首其中。正是通過我朋友的眼睛看到了利昂，我開始充分感激他的奉獻精神，這比我的付出要偉大得多。

　　我曾經為身為管理者的教授工作過。他眼中唯一看見的是首席研究助理，首席研究助理則看的是其他的研究助理，其他的研究助理才看到了我，我們都會把東西送上這條管理線上。教授會身著西服坐在那裡，傾聽所有被試者都在做什麼的二手訊息，但卻從來沒有去過實驗室，而費斯廷格總是在裡面，在裡面，在裡面。

　　雖然費斯廷格通常不在實驗中直接執行受試者程序，但阿倫森認爲他可能在一些實驗中進行了部分的試驗性測試──例如費斯廷格和卡爾史密斯的實驗，「以找到他要的感覺。」他說。「你在做事的時候，他會對你保持警覺。每隔一段時間，他都會在單面鏡房間裡看我執行，雖然我不確定具體時間，這是我從他身上學到的。實驗者是可能會犯錯誤的人，如果我們不小心的話，在第六週的實驗中，有人就可能不會像第一週那樣操作。這就是所謂的品質控制。」

　　當我開始有自己的學生時，我開始意識到一個新手、一年級的研究生要將成千上百件事要納入考量是不容易的。你不能每件事情都一一解釋。即使你能列出，即使你把它們寫下來，所有的注意事項，給所有的實驗，他們都還是會犯錯，因爲他們不會了解到某些東西與其他相比是更爲重要。唯一的辦法就是知道有什麼東西歪斜了，並引起他們的注意。這就是我從費斯廷格那裡學到的。這是一種特殊的學習方式。這不是隨便的：「哦，你應該這麼做的。」而是一種有洞察力的：「哦，是的，如果你不這樣做會很糟糕的喔。」

　　除了與費斯廷格合作，阿倫森在研究生的時候也把時間和精力投入到教學之中，他說：「有些事情總會讓利昂很困擾。」阿倫森有一個特別的助教任務，他（利昂）允許他把有才華的大學生從普通心理學課程中拉出來，去參與一個特別的研討會。在這個研討會上，他們沒有閱讀介紹性的文本，而是閱讀佛洛依德、史金納、勒溫和其他人的原著。他說：「我喜歡教那個研討會。利昂覺得花了太多時間。如果他能用他的方式的話，他會把研究作爲我唯一的專業活動。利昂的想法是，很少有人眞正知道如何做實驗，而你如果是這種人之一，那麼就什麼都不應該干涉你。就像一種感召，但我當時感覺不到那種感覺。」

　　阿倫森說，當他開始在費斯廷格的實驗室工作時，他的自我概念並不是很好，費斯廷格對他的信心是「非常有裨益的」，阿倫森擔心他的第一次實驗可能只是運氣好的緣故，他說：「利昂相信這不會是一次意外事件，就像是有人在演奏小提琴協奏曲之類的，而且眞的很好，那怎麼可能是個意外呢？我花了一段時間才意識到他是對的。這是他使用的唯一標

準。如果你是一個好的研究者，你就會做出一個很好的實驗；如果你沒做過任何一個實驗，你就不可能是好的；如果你做了一個好實驗，那麼你除了是個好的研究者，別無他種可能。他完全是對的，這件事沒有僥倖。」

▌ 訓練學生

阿倫森獲得學位後，他在哈佛大學找到了第一份工作。在那裡，他管理他的實驗室，在鮑街（Bow Street）的一個小房子裡訓練他的學生，他說：「很不錯，過了一會兒我們就有了自己小小的內飛地（enclave）[4]。但當時我所做的研究並不是那個時代哈佛大學時代精神的一部分，雖然我喜歡我的學生，但我錯過擁有志同道合的同事。」在哈佛大學三年後，他搬到明尼蘇達大學，帶著他的一個哈佛大學研究生，約翰・達利，跟著他一起去。他說他之所以這麼做是因為，「我很清楚明尼蘇達大學有一個更好的環境讓我做想做的實驗，而且它有一個傳統在。在哈佛大學，我感到有相當大的壓力要捍衛我所做的一切。」

「直到我開始教書後，我才真正開始欣賞利昂的風格。我學到了利昂做的一些事情。」阿倫森說：「但只是基於我自己的性格而篩選了它們。」

我去的每一個地方首先要做的事情之一就是安排週二晚上的會議。在明尼蘇達大學很好的是有同事關心實驗研究。伊萊恩・沃爾斯特（Elaine Walster）（即哈特菲爾德，Hatfield）[5]、本・威勒曼、達娜・布拉梅爾

---

4 譯者註王：（enclave），一般意指某個國家境內土地的主權屬於別國，則把此地稱爲此國家的內飛地。文中使用內飛地一詞，意指此處有自主的空間，不受學校管轄。

5 譯者註王：伊萊恩・沃爾斯特（Elaine Walster）即伊萊恩・哈特菲爾德（Elaine Hatfield），第一任丈夫爲沃爾斯特（G. William Walster），研判先前名字是冠夫姓的關係。哈特菲爾德爲美國著名社會心理學家，在愛情心理學中與埃倫・貝爾謝德（可參閱本書第74頁註釋52）可謂開創的先驅。

（Dana Bramel）和我都在同一時期都在那裡，我們有七到八個學生和我們中的一個或多個一起工作。像約翰·達利、埃倫·貝爾謝德、達溫·林德等等很棒的人。那些會議非常令人興奮。

阿倫森採用費斯廷格訓練方式的另一個部分是堅持高標準，「不要試圖和善。」他說。他這樣說的意思是，他不會告訴學生他研究工作是好的，僅僅是出於好意的舉動。「費斯廷格很強硬，要求很高，偶爾也很有破壞性。我覺得我有點軟弱，但唯一一一次我不要求是我確信這位學生才能並不夠。」

阿倫森與學生的合作方式在其他方面與費斯廷格相似。在哈佛大學、明尼蘇達大學和德克薩斯大學，物理空間的安排是相似的。他和他的學生辦公室很近，他們經常見面。他說：「我們一直在互相交流想法。我們很早就到了，熬到很晚才回去，因為上班對每個人來說都很有趣。」阿倫森說當有大量研究資金可用時，這又回到了過去。

我不喜歡我的學生去上許多課程。你需要知道的事情大部分都可以從閱讀書籍和期刊中得到。研究主要是要在指導下，通過實作來學習，而且要在很多人都在做的氛圍中。如果有人想選修一門課程，比如說，科學哲學的課程，我的陳述是：「哦，它可能不會對你造成太大的傷害。」但是，總的來說，你可以透過操作來學習到更重要東西的。

我喜歡與從事社會心理學的其他專業人士和研究生，組成一個團隊的想法，我們對此感到興奮，並認為我們真的在推動知識的壁壘。這真的是個令人興奮的事業。

阿倫森描述了兩種他曾與之指導過的學生類型，其中一種是能量增強型的，另一種是消耗型的。

我已經培養了大約十五到二十名我很自豪的學生。和他們一起工作是一種樂趣，我熱切地跟隨了解他們的事業發展。當其中一位學生在我的辦公室裡待了半個小時或四十五分鐘。我們將做了三到四件不同的事情：我

們會討論在新實驗過程中產生的錯誤，討論剛完成的實驗中的資料分析，討論我們一起完成的一個已經分析過的實驗的論文手稿，然後討論我想出的一個新實驗的想法。這類學生促進我思考，且和他們一起工作是一種絕對的快樂——我的能量得到了增強。

然後會有學生進來，就說：「嗯，你知道，我不知道，我在思考這個想法……」我能感覺到我的能量在消耗，我會開始做白日夢。我幾乎總是坐著不動，因為我通常沒有勇氣告訴第二類學生，「嘿，你知道這是浪費時間，為什麼不去跟著其他老師？」我認為我從來沒有告訴過學生愚蠢的想法是好的，但並不代表我「善良」。但我通常會找到一種方法和學生以某種程度來交談。但是你知道，這些學生一定注意到我的眼神呆滯或其他什麼的——因為很少有人在我周圍停留很長時間。

阿倫森1965年從明尼蘇達大學來到了德克薩斯大學。在德克薩斯大學，他建立了一個類似於明尼蘇達大學的實驗室，立即展開了週二晚上的會議，並繼續研究他在明尼蘇達大學所探究的問題。他說，與研究生一起工作的主要目標總是盡可能地做最好的研究。「令人高興的副產品是學生學習到怎麼做研究。進行研究是學生學習如何做研究的唯一途徑，但研究的主要目的並不是培訓學生。」

對於一位一年級的研究生，我能給出的最好建議是，為你能找到的最聰明、最堅韌、最嚴苛的人建立起合作的直通管道。至少有兩個原因。一是你能從這些人身上學到最多，如果你想要發展出足夠堅韌的皮膚，你真的可以學到很多。但除此之外，如果你和一位善良的人一起工作，他對每個人都很好，我想，當外力來推擠他的時候，他可能對自己做出判斷的能力沒有太大信心，然後就往牆邊靠去，有一個對自己有信心，對你有信心的導師是很好的。當我準備離開研究所的時候，我去面試了三份頂尖的教職工作，而且這三份教職都錄用我。我為什麼會得到這三份工作？部分原因是最炙手可熱的利昂·費斯廷格，他願意舉雙手雙腳地來支持我，他堅信我是很有天賦的。

　　阿倫森認爲某些研究人員之所以對學生嚴苛而有聲望，是因爲他們主要的興趣在於手頭上的工作任務——即研究成果。他說：「這就是爲什麼，歸根結柢，你不會爲了當一個好人，而犧牲掉成爲一個嚴苛的監工。如果你能找到魚與熊掌兼顧的方法，那就太好了。但你不能在品質上妥協。」他說，當他在明尼蘇達大學和後來的德克薩斯大學的研究生實驗室工作時，氣氛是有靈活性的，總體上是民主的，但「無法完全民主的」。

　　我們的互動通常是民主的方式進行的，但當緊急關頭時，很明顯誰是負責人誰決定。誰最有經驗，誰拍板定案，很明顯就誰決定。做實驗時有更好的方法，也有更糟糕的方法。我幾乎總能向學生解釋爲什麼這一種方法比另一種方法更好——但是我們從很多經驗中學習到的一些東西並不總是容易解釋的。當我的解釋不充分的時候，我不得不（紅著臉地）說：「按我的方式去做，你以後會明白爲什麼。」在研究中，如果意見有分歧時，你是不會採用投票方式的。但同時，我也身爲一名教師，沒有什麼比爭輸給一位學生，或是我的學生想出一個更好的方法來做時，更讓我高興的事情了。這時我就知道他們準備好了。

▌訓練所有人

　　在明尼蘇達大學的時候，阿倫森開始與莫雷爾・卡爾史密斯合作，爲《社會心理學手冊》撰寫實驗法這個章節（Aronson和Carlsmith，1968）。阿倫森和卡爾史密斯第一次見面是在史丹佛大學，當時阿倫森是名研究生，卡爾史密斯是一名大學生，跟著費斯廷格做研究。卡爾史密斯在哈佛大學完成了他的研究所學業，在那裡他也成爲了阿倫森的研究助理，卡爾史密斯決定寫這一章，試圖描述和解釋實驗室實驗實際上是如何建立的。他說，他們希望「爲許多人開放這項技術，使之易於使用，並揭開社會心理學實驗研究技術的神秘面紗。」阿倫森說，這是他開始做實驗時就希望能看到的一個章節。「我確實遇到了許多問題，解決過許多問題，我想像著有很多年輕人正在重新發明輪子的過程，而且可能不會像以

前剛被發明出來的那樣重新發明。」

　　學習做實驗的最好方法就是去做實驗。沒有人會通過讀書來學習做實驗，但是正確的書可以成爲一種有用的輔助工具，且如果沒有其他原因，它能抵制閱讀期刊文章中方法小節的影響。這是嚴重的誤導。他們呈現出過於簡單、光澤度高的圖片，讓實驗過程看起來比實際過程更容易卻也更加困難。之所以更容易，是因爲它們是以一種乾淨俐落的方式寫的，而更加困難，則是因爲一旦你開始進行一個實驗，你就會意識到它與期刊文章中看到的不一樣，因此你很快就會產生這樣的感覺：那些人一定是超級聰明的，因爲他們這麼容易地得到了成果，而且在這裡我正拙劣的犯了這些他們從未犯過的錯誤……。但他們確實都犯了錯誤。我想寫一章來幫助學生意識到他們會遇到的問題，並且在遇到困難時不會感到自己很愚蠢。做好實驗的人不是超級聰明的；他們的聰明一般，但訓練有素、細心、大膽、有洞察力。幾乎任何人都能這樣做，只要他們自己去找知道如何做的人當他們的學徒。

▌實驗室之外

　　到了60年代後期，社會心理學領域正在發生轉變和擴張。阿倫森也在他的職業生涯中做出了轉變——起初，擴張到了訓練團體（t-groups）。這是由於他與當時在德克薩斯大學的一位同事，邁克爾·卡恩，兩人交流聯結後的結果。

　　我當然知道庫爾特·勒溫發明了訓練團體，作爲觀察團體動力的一種方法——而且我覺得這個想法很令人興奮。但我對訓練團體感到失望和非常批評的，因爲我在實踐中了解到的最主要的一點是，這種研究並不是很科學，沒有任何好的數據資料。它主要是個人證詞式（testimonial）的資料，所以我相當蔑視它。我正當對邁克爾·卡恩的涉入非常不滿時，他則對我下了戰帖。他說：「嗯，你是科學家，我很驚訝你沒有檢核就得出了

結論。我現在正在為諮詢中心的人組織一個小組。這是一個專業團體，你會覺得在那裡很自在像家一樣。你也許可以來參加幾個星期，然後再告訴我你的想法。」

我無法抗拒那種挑戰。我去了，且在第一次會期（session）結束後，我非常興奮。我認為那裡發生的事情對社會心理學很重要。我覺得這是真的，非常有用。這是未經加工、自然狀態的社會心理學。人們在談論他們的感受和對他們很重要的問題。這種方法打破了人際障礙。我印象深刻。那裡有一些我認識幾年的人——在聚會上見過，聊過天但卻一無所知。相比之下，我們在訓練團體進行的討論是我夢寐以求的，可以與這些人進行的某種討論——在那裡你放下了所有的防禦，你只是簡單地談論什麼對你很重要，以及目前互動中正在發生什麼。我非常喜歡它，所以第二個夏天我去了貝索，然後經過幾個夏天的訓練，我成為了一個活躍的訓練團體領導人。

當阿倫森開始把更多的精力投入訓練團體時，他相信他的一些研究生會感到失望。但他認為，追求自己對訓練團體的興趣，讓他對人類互動有了更多洞察，而這是他過去無法體會到的。他深信，這些見解會為他後來的研究提供了基礎，使他成為一名更好的社會心理學家。此外，從嚴格的實驗室實驗逐漸進行轉變，很明顯地根基於此，並開始採取了其他形式。他開始對重要的社會問題進行實地實驗（field experiments）。他想把實驗技能的知識和解決社會問題的興趣結合起來。此外，他還想把資料傳達給更廣泛的觀眾。他對教學的興趣導致他在史丹佛大學行為科學中心（the Behavior Sciences Center）待了一年期間，寫了《社會動物》（Social Animal）這本書。

當時我們正處在越南戰爭的中期，有很多人離婚，街上發生了暴亂，社會正在分崩離析，社會心理學家們卻正在寫一些平淡無奇的教科書（pedestrian textbooks），好像社會心理學與這一切沒有任何關係。我想寫一本書，講述人們如何將我們從實驗室實驗中學到的知識應用到日常生活中。我一直相信社會心理學是關於我們該如何生活的，而我從未在教科

書中得到過這些。它似乎總是少走了這一步。

當我第一次開始在哈佛大學教授社會心理學導論時，我的方向是想教這些熱門的醫學預科生和物理專業的學生，讓他們了解社會心理學實際上是一門不亞於生物學或化學的科學。我在這方面花了許多精力，鉅細靡遺地描述了社會心理學的實驗。我這樣做是為了對抗他們的普遍態度，即認為社會心理學或多或少不過是有趣的胡說八道。

當我到達德克薩斯大學的時候，我所遇到的學生並不是對社會心理學作為一門科學的蔑視，而是原始的種族主義。我發現自己的行為更像一個傳教士，所以重新編排我的講座，以更接近當前學生的需要。科學的詳細內容變得不得不屈從，改為試圖將種族主義、性別主義、侵略、戰爭和吸引力的材料活化。我想在他們的生活中證明這一點，因為我真的想改變學生。我希望他們能變得更寬容、更體貼、更內省，而且可以如我同樣興奮地了解到一種想法，即我們的態度和行為不是禁錮於我們十五歲的時候——我們可以改變自己，並且（在一定範圍內）成為我們想成為的任何人。這就是我對教學的興趣與我對訓練團體的興趣相結合的地方；訓練團體不僅教會我有關人類互動的東西，而且也增加了我對人類潛能的可能性的信心，成年人可能改變的可能性，我們沒有被關在稱之為人格的地牢裡。

我寫了《社會動物》（1972）。那本書是我的講座。設置如下：這裡有一個問題。有個人正在粉刷我的房子。我們在爭論越南戰爭，他剛從越南回來，我說：「是的，讓世界安全地追求民主是可以的，但是很多婦女和兒童在那裡都在遭遇到凝固汽油彈無情地摧殘——無辜的人。」但他說：「見鬼，博士，那些不是人，那些是越南人。」這就是個問題！這麼好的人，他寫下了將一整群人從人類種族中移除。他怎麼會做出這種事的？是誰教他的？他是怎麼學會的？你能翻轉過來嗎？社會心理學家必須知道這些。把它當作一個臨床問題是沒有用的。把他想像成瘋子是沒有用的；把它想像成被情境決定才更有用。

所以你要帶著這個問題，回到我們所知道的進行研究，從實驗室開始，然後你要建起那些橋樑，你得出了一組具有內在效度的假設。下一步是：好的，如何測試外在效度？在某種意義上，《拼圖教室》（the jigsaw classroom）是對我在社會影響力、說服力、人際吸引力等方面所做的大量研究的外在效度的檢核。有些機制是不同的，但作為一個一般性的陳述，這是我對外在效度的一次大冒險。這是我初試啼聲著手解決一個問題。但在這本書中，我總是從問題開始，因為問題就是釣鉤；這就是我如何激發學生的興趣，他們對阿倫森和米爾斯並不感興趣，他們感興趣的是——「嘿，在這裡，你開始幫別人更換他們的爆胎，然後你最終變成喜歡上這個人，這怎麼來的？」從說教的角度來看，你是在面對互動關係，與活生生的人，而問題是用對人有意義的詞彙來表述的。問題應該總是在答案之前。我們到底坐在那裡丟資料給人是想做什麼？誰在乎這問題？

離開一年後，當阿倫森回到德克薩斯大學時，他開始在進行拼圖教室的研究（Aronson等人，1978），這是一個實驗性的程序，把他從實驗室帶到實地場域。在這項研究工作中，阿倫森想解決教室中種族偏見的問題。通過創造一個需要相互依賴而不是競爭的學習環境，阿倫森和他的同事成功地減少了偏見，同時也顯示出黑人和墨西哥裔美國人的學生大大提高了他們的課堂表現和自尊。阿倫森說：「這一系列的實地實驗將我作為一名實驗者的技能與我作為訓練團體帶領人的技能結合起來，沒有這兩者，我是不可能做到的。」

拼圖教室研究是我最喜歡的項目之一。但作為一個實驗過程，這是我做過的最平淡、最無聊的事情。它不需要近似於我的實驗室實驗的獨創性，但它成功地改變了人們，直接幫助人們的生活。這也是真正的行動研究，也就是說，一項科學發現，我們可以留在這所學校，這樣在我離開後它仍可以繼續下去，因為結果是最重要的。正因為結果是如此重要，所以它本身就是資料，而且是令人興奮的，而非研究程序。但與我的實驗室實驗不同，拼圖教室實驗的過程是一個非常無聊的過程。雖然我繼續做一些關於拼圖的研究，因為我認為這很重要，但我也需要做其他的事情，以避免自己太過無聊。

1974年，阿倫森來到他目前在加州大學聖十架分校的教職工作。他之

所以搬家，一部分原因是因為這是一個適合生活和工作的美麗環境，再來部分是因他對大學正在嘗試新形式的大學教育感到興奮，最後則是因他想擴大自己在社會心理學中的應用領域。在德克薩斯大學，他覺得被一個標籤限制了，標籤上寫著「實驗社會心理學家」，他說：「大多數來德克薩斯大學的學生都希望我做實驗，並訓練他們做實驗。但我的興趣根本不在那裡。我仍然喜歡實驗室實驗的優雅，但在20世紀70年代，這已經不是我想要做的。時機似乎成熟了，可以繼續啟航，重新裝罐。」

自從搬到聖十架分校後，他繼續進行實地實驗，研究涉及社會心理學知識應用於諸如種族關係和能源儲存等社會問題。他花了一些時間與華盛頓的政策制定者合作，試圖傳達社會心理學研究對社會問題的適用性。

這些人需要接受教育，他們不會自己發現我們。目前，政策的決定正是由經濟學家和其他政策制定者，基於其用來裝懂的布巴（bubba）[6]社會心理學而形成的，具有社會心理學的意涵。我喜歡和這些人交流。事實上，這是一個三步驟的過程，首先，要有一個實驗室實驗（無論是我自己的還是別人的）發現，承諾會導致態度的改變；然後，我將進行一個具有很高外在效度、小範圍的實地實驗（比如訓練一個能源審計員的實驗組，跟屋主索取更多節省能源的承諾，結果顯示比起控制組審計員所審計的屋主省更多的能源）；然後我試圖說服政策制定者，他們應該關注這些東西，因為這不僅僅是一些深奧的學術發現，它還說明了人類的思維是如何運作的，也檢驗了他們制定政策有關的特定領域。

在這項研究工作的某些部分，他與其他學科的同事進行了合作——聖十字分校的特殊結構讓這種合作變得容易，因為聖十字分校的建築和教師不是按科系進行組織的。

但每一條曙光就代表有一團烏雲的存在：這是一個小的心理學系，這

---

6 譯者註王：布巴，bubba，意思是老兄、兄弟，指稱男性或者家中長男，或者指稱美國南部未受教育的男子。

裡沒有批判性實驗社會心理學家的群體。我和我的任何同事都沒有一個共同的、關於研究事業的哲學。因為我是這裡唯一一個真正的實驗社會心理學家，我感覺有點像在自然歷史博物館的玻璃櫥窗裡的物件……「哦，看，雪麗，來看看實驗社會心理學家吧！」我開始意識到，至少有一個志同道合的同事是一個巨大的優勢；兩個人可以產生電流。在某種程度上，我可以和我的研究生這麼做，但這並不容易。

但是，我喜歡我現在正在做的研究，因為它是如此的多樣化。我很容易感到無聊。對於我們老實驗人員之中的某些人來說，當我們感到無聊的時候，我們就轉到另一個主題上進行實驗。我覺得我的無聊更深刻，我需要增加一個完全不同的活動。我的一個好朋友曾經把我描述成一個懂得並不多，但會充分利用所知道東西的人。我要去逮住那個人。我喜歡把我知道的東西結合起來，並以令我吃驚的方式形成新的實體。我一直對教授社會心理學感到興奮，但我從未想過我會把它與我的實地實驗結合起來，成為政策制定者的老師，正如你所看到的。我愛領導訓練團體；如果不是因為這項技能，我在取消種族隔離的教室裡的實驗也許就不可能成功了。我以前的一些學生對我離開實驗室表示了遺憾，有時我會懷念起那些只有創造和進行一流的實驗室實驗才能帶來的興奮感，但是，搞什麼鬼，我還是需要跟著我的鼻子走。而且，你知道，事實證明，我所做的每件事都是很勒溫派的；我當然不是這樣計畫的，但這似乎就是冥冥中註定的結果。

賈德森·米爾斯

　　當賈德森·米爾斯還是威斯康辛大學心理學系的大學生時，他就對庫爾特·勒溫的作品產生了極大的興趣。米爾斯說他旁聽了一個有關勒溫作品的研究生研討會，研討會由他的指導教授授課。米爾斯大四那年秋天，利昂·費斯廷格來威斯康辛大學演講，米爾斯說，他記得自己對這個演講主題感興趣，但同時也對身為勒溫學生之一的費斯廷格感興趣。米爾斯說，到了決定念什麼研究所的時候，他的指導教授建議他向明尼蘇達大學提出申請，那是費斯廷格當時任教的地方。他說：「我沒有特別去那裡跟費斯廷格學習，但當時我採取了選修一門課程的方式跟他，我對他印象深刻，對斯開特也是，他當時也在那裡。」

　　米爾斯說他很快就開始敬佩起費斯廷格了。「他對事情有著敏銳的洞察力，尤其是在談話中。我欽佩他的思考能力和清晰的陳述能力，以及他思想的敏銳性。」被費斯廷格認識對米爾斯來說變得很重要，但他記得這讓他很焦慮。與費斯廷格的互動帶來了批評。

　　他的學生很少。在我看來，他並沒有真正想要吸引很多學生。我在秋天參加了他教的一個研討會，實際上這是一門關於研究方法的課程，通常是斯開特在教，但是斯開特不在，所以改由費斯廷格教。他被安排在冬季教授另一個研討會，我問他我是否可以參加這個研討會，因為我必須得到他的允許。他不確定他是否想讓我進去。我很擔心他不讓我進來，我想也許他覺得我在他的另一個研討會上表現不好。我不知道他是怎麼知道的，因為我們沒有任何考試或其他東西，還是我不是一個資深研究生。不管怎樣，他讓我參加了研討會，結果證明這是一次非常寶貴的經歷。研討會上另外只有兩個人，一位是博士（後），另一位是傑克·布雷姆。在這個研討會期間，費斯廷格正在寫第一版的失調理論。我想從那時起我就對他留下深刻的印象。

　　米爾斯說費斯廷格喜歡的工作方式是和他們討論想法。「他會提出一些想法，比如讀這篇文章，你認為這篇文章的含義是什麼等等。」然後學

生們要試圖提出一些有趣的想法，然後他會做出回應。例如，根據米爾斯的說法，在只有三名學生參加的冬季研討會上，費斯廷格說：「去尋找這種（失調）理論在社會心理學不同領域的隱含關聯性。」米爾斯說，他對偏見這個主題感興趣，並研究了文獻中的資料。他說：「我發現了一些費斯廷格沒有發現的東西，然後他把它們寫進了書中。」

　　其中是一項關於綜合型與隔離型的住房方案對跨種族態度影響的研究。我記得在研討會上報導過這件事，費斯廷格說：「嗯，你沒有提供正確的資料。」我說：「嗯，這就是資料。」他說：「哦，那是不對的。」他從我手裡拿過那本書，他仔細看了看，我發現他認爲這是他們應該分析數據的方式。結果他們沒有那樣分析，我是對的。但他認爲他們應該要有，因爲這是他一直分析的方式，所以他只指責我沒有提供出大家應該呈現的資料。然後，他終於承認我是對的。他很少承認輸掉了一場爭論。

　　在那個時候，無論如何他總是非常非常愛批判的。我所記得的事情，這是個非常有影響力的教學經歷，如果有人說了任何可能受到批評的話，費斯廷格立馬就會這麼做。因此，大家學會了在說話之前要非常小心地思考，並且能夠在提出之前形成一個合理的論點。思考不太清楚的人通常都會受到羞辱。他很強，對重要的事情很有洞察力，他知道如何做得很好，面對他的批評會讓你從中受益的。如果你撐下去，你就學會如何預料那種批評，當然你無法預測他會說每一句話。我從試著預測他可能會說什麼，學到了很多關於如何清晰思考的知識。

　　他有一種使用荒謬例子來辯論的技巧。他會說：「好吧，你是這麼這麼說的，對吧？」你會說：「是的。」他會說：「好吧，如果你說的是眞的，那你會同意嗎？」然後他會構建一種情況，這種情況似乎代表了你剛剛擁護的原則，但顯然又是荒謬的。沒有人會眞的同意這種情況，但你剛才所說的似乎會引導你做出這種判斷。我記得，在這些研討會上，這是一種非常常見的辯論方式。

　　另外，當人們想讓他批准他們的研究時，學生要帶著一個想法，然後去和他談談。通常情況下，他們事先會非常審慎地考慮，但他還是會發現問題所在。所以很多訓練都是在他辦公室裡談論研究計畫的過程中進行

的。那是類似研討會的學習經歷，但不是正式的課程。他有一種典型的舉例爭辯的反應，通常是想推翻你的立場，而且他並非很友善的。但這就是價值所在。如果他告訴我們這是好的，我們就會知道這是好的，因爲他不會說好聽的話，除非他是眞心這麼認爲的。他從不無緣無故地稱讚我們。

　　儘管費斯廷格對學生想法的反應往往非常關鍵，但米爾斯說：「他會傾聽並非常關注於對他感興趣的事物也感興趣的人，以及對做研究感興趣的人。所以他會特別關注，並給予了非常仔細的批評。他會努力試圖弄清楚這些想法。」這很重要，因爲學生們是費斯廷格自己的研究工作的一部分，而這是他理論發展不可或缺的一部分。費斯廷格爲自己的工作設定了很高的標準，當他對別人的工作做出反應時，他沒有妥協這些標準。米爾斯說，他認爲這種風格在「激發人們的各種能力」上是非常有效的。

　　在米爾斯的第二年時，他得到一份助學金，並與費斯廷格在一個專案上工作。他說：「我一直對他如何評價我的工作很感興趣。」他回憶說這是一次「豐富的知識經驗」。米爾斯還記得他對費斯廷格沒有談論勒溫感到失望。

　　我希望他能分享他作爲一名學生的一些經歷，並且會有一種成爲與勒溫有關傳統之一部分的感覺。但我什麼都不記得了。費斯廷格只對他正在做的事感興趣。

　　費斯廷格離開明尼蘇達大學去史丹佛大學時，米爾斯也緊隨其後。他說：「我很幸運能成爲他的學生。我剛好去了明尼蘇達大學，大約是在他準備要去史丹佛大學的期間，我在當時正好去了那裡。」進去史丹佛大學之後，米爾斯起初是費斯廷格唯一的學生。

　　這沒有用腦袋思考的感覺，「作爲費斯廷格的學生，這對我的職業生涯有好處。」我認爲那些想用這種方式的人能夠堅持下去，因爲你對這種方式所帶來好處的程度似乎不太清楚，而困難很快就立即出現。他善於感知一個人的動機。一個學生去那裡不是因爲他們對這些想法感興趣，只是

想成為他的學生，我想他不會有興趣教他們。你必須真的跟緊你所感興趣的主題。

　　1955至1956學年度，費斯廷格在史丹佛大學的行為科學中心工作。他在那裡寫了一本關於認知失調的書（Festinger, 1957）。第二年他加入史丹佛大學心理學系。米爾斯說：「這是一個非常小型的教師團隊，但非常傑出。他們人很少，但他們幾乎都是眾所周知的，有許多人是美國心理學會的前任主席，所以他們有一個非常傑出的團隊。費斯廷格當時還不是教師團隊裡的明星。」

　　費斯廷格在史丹佛大學繼續教授他的研討會。米爾斯記得這就像是一門課程，除此之外他們晚上還會在費斯廷格的家裡聚會。他說：「我記得我去了他家，紐科姆曾經在那裡，凱利和各種來訪的社會心理學家都曾出現。」

　　米爾斯說整體說來費斯廷格的學生並不多，但他訓練的學生彼此都很互相了解。他說：「我後來記得一個很恰當的比喻是，這就像是對藝術家的培訓。如果你想做一些像某個非常優秀的人正在做的事情，你去找到這位優秀的人，然後去那裡當學徒——和他們一起工作，向他們學習。」米爾斯繼續說：「就像對藝術家的培訓一樣，希望訓練好的人能超越他們在學校所做的。」

　　他記得學生們會抱怨費斯廷格到底期待他們該做多少研究。他說：「期望不僅僅是在實驗室裡，期望還包括——研究應該要在某個時間點結束，為什麼完成不了呢？」

　　米爾斯說在離開研究所大約十年間，他做的實地研究多過於實驗室實驗研究，但從那時起，他就一直專注於實驗室工作。他說他相信實驗室是「理論觀點的最佳測試地，這是從我所受的訓練邏輯衍生出來的，但在某種意義上並不是直接灌輸給我的。」他指出當他在明尼蘇達大學時，費斯廷格、斯開特和里肯正在做參與觀察研究，後來造就了這本書《當預言失敗時》（Festinger、Riecken和Schachter, 1956）。

▌訓練學生

　　米爾斯說他深受學生興趣的影響。他曾對身體障礙者的反應做了實驗性的研究，這是他和一位學生共同關心的問題。「我一直在研究公共和交換關係之間的區別，這是一種逐漸發展出來的，但這是從我有一位對此感興趣的學生（Peggy Clark）才開始進行研究。」他說道。他將這種風格與另一位研究生傑克・布雷姆，與其風格進行了對比，後者對理論有特定的興趣，而且他的學生也跟著他進行研究。

　　米爾斯從1971年開始在馬里蘭大學（Maryland）教書，他說大一剛進來的學生都由一個教師提供關於課程的建議。後來，他們才會選擇了一個想與之合作研究的教師。當一個學生對他感興趣前來做研究時，他說：「我通常會試圖找到我們共同擁有的東西。通常他們只是意識到希望我成為他們的指導老師，是因為他們曾是我的助理，或在某個固定項目中與我有過聯繫。」他不鼓勵學生帶著計畫來找他，因為他認為他們應該一起開發一個計畫。

　　我的想法是，這是一種合作，他們會從與我合作中學到東西，這就是我當研究生時的學習方式。從某種意義上說，我試著重複我的經歷，但我並不是那麼明確地指示。我沒有一個理論是跟我正在工作的每個研究有關。

　　在某種程度上，我一直擅長於培養研究生，這是因為我給予他們大量的個人關注，以不同的方式，也許多過費斯廷格所做的。費斯廷格非常注重程序的規劃和發展，也非常注重細節。如果程序不能很好地運行，我們就會坐下來看資料，思考如何改變事情。但我則在寫作方面給學生更多的幫助。

　　米爾斯針對大學生開設一門有關社會心理學實驗方法的班級，而且在教授過程進行很多思考。他用來解釋他認為應該如何教授的一個例子是，將做研究與學習紙牌遊戲進行比較。「讓他們先玩幾手，然後再解釋規則

才更好的。」他認為讓學生先做一些實驗，然後再開始討論規則才會比較好，具體的經驗幫助他們掌握規則。而且，他認為要在比賽開始前解釋所有的規則是不可能的。

你先玩幾手，然後解釋規則。然後發生了一些事情，我們說：「哦，這是一件我們之前沒有告訴過你的新事情。」然後你逐漸地在脈絡中引入規則。

在我的課程中所使用的基本哲學，是我以前從學徒制視角談論過的哲學。我有一個兒子去了蒙特梭利學校，就是在做中學。你會從具體走到抽象。好的，這就是我在課堂上使用的原則，也符合這種想法：你先玩幾手，然後我們再討論規則。所以我們一開始就沒有給他們一套完整的規則。我們先開始做，然後再談論怎麼做。

米爾斯還告訴他的學生，設計實驗就像玩一個中國拼圖盒一樣（Chinese puzzle box）——每個階段都會產生一個新的拼圖。從選擇依變數（dependent variable）開始，他帶領學生完成設計一個實驗，每個環節可以搭配起來的過程。他把它比作一個為聚會打扮的女人。他說：「她可能從一件特別的衣服開始，然後她可能會看看應該穿什麼樣的鞋子，或者什麼手套、珠寶、手提包等等。最後她可能會改穿另一件不同的衣服，因為她一直在試穿中——它們都必須配搭起來。因此，設計這種實驗的一個挑戰是，我們必須同時牢記許多關於實驗程序的事情。」其中包括良好的操作、良好的依變數測量（dependent measures）和一個好的實驗腳本（cover story），如果這是一個欺騙實驗（deception experiment）的話。他說：「每個階段都有很多原創性或解謎的方法，所以當我們從概念化階段進入程序設計階段時，仍然有很多機會能夠創新和創造。」他不相信實驗的每一件事都必須是原創的。「我們可以從解決別人已解決的難題中學到很多教訓。」

我告訴學生，人們以指導教授所提供的假設來進行研究並不罕見。這可能是個好主意。就像傑克·布雷姆寫的論文一樣，費斯廷格給了他一個

假設。我不認為這代表布雷姆沒有創造性，他從費斯廷格那裡得到了他論文的想法。他學到了很多，學會了如何實施這個想法。然後他也能靠一己之力成為一名理論家。但並不是每個人都像布雷姆一樣優秀，而且會接受這種訓練的人，也不會變愚鈍，因為並不只是一遍又一遍地做同樣的事情。重要的是要超越自我，保持原創性的。我認為人們有時會覺得——學生們想要靠自己做完所有的事情來證明他們是有創造力的，但他們卻沒有學到東西，不過這在我看來，這些都是學習的基礎。這對他們創造力的蓬勃發展都是必須要的。

他描述了阿倫森和米爾斯（1959）在史丹佛大學時設計實驗的過程，以此作為他所說的創造力的一個例子。他說：「這個實驗可能比應有的更為人所知，原因有幾個。第一，它確實有可愛的特點。另一個原因是，剛入門的學生很容易理解和產生濃厚興趣。這是一個很好可以作為教學的研究，因為它是那些程序設計巧妙的研究之一。不僅是這種操弄方式很可愛，而且所有的東西感覺都搭配很好而發揮作用著——好比女人的穿衣打扮。這提供了一個做這種事情的好例子。」他說，所謂「可愛」的操作方式，把閱讀一系列髒話類比為一種入會儀式（initiation rite），並不是因為它真的「可愛」，而是因為這是他們能想到的唯一可行的方法。

我記得很清楚坐在心理學系地下室的一個房間裡。我們知道我們想要檢驗這個假設，我們想要得到類似於一個嚴格入會儀式（severe initiation）的東西。我記得我們非常明確地劃分了角色——也許只是剛好發生了。在教人的過程中，我說有兩個角色，一個是思想產生，另一個是批評，在評估階段，有時你必須把他們分開，因為如果你過早地開始批評，你就會停止思想的流動。所以我記得在這種情況下，我扮演的是批評的角色，而阿倫森扮演的是思想產生的角色，這個他更擅長，我則更擅長成為批評的角色。無論如何，這是一種自然而然的勞動分工。我記得他說：「嗯，讓我們做這個……」，我說：「不，那不好」，我記得他一定說過二十種不同的話，任何一種我都不喜歡。然後他說：「好吧，讓他們讀一份髒話清單。」我說：「就這樣！很好。」我還有一條規則——最初

的想法通常不會是最好的。我們一起討論很多想法。

我們選擇閱讀一系列髒話，不是因為我們有一整套想法，而是因為它是「最可愛的」。這是唯一一個在我們工作的脈絡中看起來會做得很好的。當時真的很好玩。我記不清楚艾略特說了些什麼——至少二十、三十種不同的話，我都說不好，但它們都／或者部分是很幽默。當我們談論的時候，我們玩得很開心。我們很享受這個過程，我認為這很重要——雖覺得做起來很愉快舒服，但這和我作為學生的時候是不同的。我不喜歡和費斯廷格談論我的想法，但和阿倫森坐在一起思考一個實驗，我很喜歡。這是研究中最有趣的部分。

米爾斯認為，目前對研究生教育課程工作的重視，有點減損了他所描述的那種非正式的互動，在他還是研究生的時候，對課程工作的重視很少。事實上，當他開始教書的時候，他才意識到他從未上過費斯廷格的社會心理學課程。

我不知道他認為社會心理學是什麼，所以我不得不用那些我認為不如費斯廷格聰明的人的教科書，因為他們已經寫了這些教科書，而費斯廷格從未給我們概述過這個領域。他從不講授社會心理學，他只會告訴我們他在想什麼。我們從未錯過什麼。我不認為我們有任何東西失去——那會讓我們從真正重要的學習中抽離。我對我被教導的方式毫不後悔。這是一個艱難的時期，但我想不出一個更好的方法讓某人來做。

他說：「我們現在處理一個與三十年前完全不同的社會心理學問題。我們有更多的社會心理學家，更多的研究生培訓學程。三十年前，研究社會心理學的地方不多，從學生的動機等方面來說，它是一個被高度挑選出來的群體。如今我們現在有許多優秀的人，但他們分布在一百個地方。現在已經變得更加官僚化，學生應該知道的定義已經更多套。」

我不認為費斯廷格打算要好好訓練學生。他是打算要做好研究工作，如果有一位學生來找他，想和他一起做，是因為他們都想做好研究工作，

得到他的認可，最終他們也得到了人員培訓。當我們在研究所的時候，我不記得曾說過：「我最好選修費斯廷格的研究學分，為了自己能從中獲得一些訓練。」大多數時候我們沒有獲得研究學分。費斯廷格對成績不是很關心。我記得我上過他的第一門課，他說：「我很驚訝因為我是一個剛開始讀研究所的新生。」他說：「好吧，我不會煩惱這門課成績怎麼給，我會給每個人一個A。」但我們還是很努力，因為我們需要他的認可。我們不是為了學分而做的。也許是因為我們想讓費斯廷格知道我們能做到。那也是一種學分。

米爾斯說，他認為這種制度只能與利昂・費斯廷格這樣的人合作，而利昂・費斯廷格顯然是值得尊敬的人。

回首往事，米爾斯說，他目前對價值觀和態度的興趣，正是最初吸引他進入社會心理學的興趣所在。他認為這個領域已經發生變化了，「而且某些我認為對整個專業來說至關重要的事情，在現在人們考量最令人興奮的研究時，已不如我剛進入這個領域時一樣認為重要了。」

我認為我之所以能成為一名費斯廷格的學生，部分原因是客觀開放的心態，我必須傾聽，同時我也有一種固執能力想要獨立。很難描述這些東西是如何結合在一起的，但是你必須能夠傾聽和學習，同時也不能輕易地被流行的事物所左右。

利昂・費斯廷格

　　利昂・費斯廷格會成為了一名心理學家，部分原因是他已經試遍了科學學系。作為紐約市立學院的大學生，他知道自己想成為一名科學家，問題只是哪一種而已。

　　當我上了大學的時候，我就很確定我想主修某些科學學科。我上了幾門物理課，它們都非常可怕，它們讓我厭煩。我上了一些化學課，但卻更糟，那只是一本食譜。所以，到了我大三的時候，我開始擔心我要做什麼，你必須了解在憂鬱症中長大的人的心理。

　　大約有一個月，我在圖書館裡四處搜尋，閱讀有關這門科學或那門科學的書籍。有一本書很特別，是克拉克・赫爾寫的，他使心理學看起來很有趣、吸引人的，並且易於實驗，所以我決定嘗試心理學。

　　我修了一門心理學導論課程，這門課程和我修的物理導論課程一樣糟糕，也和化學的一樣糟糕，但那時已經太晚了，所以我決定主修心理學。

　　在念紐約市立學院（英文簡稱CCNY）期間，他遇到了馬克斯・赫茲曼（Max Hertzman），他跟費斯廷格介紹了庫爾特・勒溫的研究工作。他的第一篇發表的論文是與赫茲曼一起做的一個實驗，關於勒溫的抱負水準（level of aspiration）的概念（Hertzman & Festinger, 1940）。完成學位後，費斯廷格「因為庫爾特・勒溫在愛荷華大學（Iowa）而去了那裡」。當時勒溫不在愛荷華大學的心理學系，而是在那裡的兒童福利研究站。費斯廷格表示：「因為我想跟庫爾特・勒溫一起工作，所以我在兒童福利研究站登記註冊了。所以嚴格來講，我的博士學位是兒童心理學，儘管我從未見過孩子。」他笑著說。

　　費斯廷格抵達愛荷華大學時，他又繼續在抱負水準上進行研究。「每個學生，甚至每個新博士，最好，都要當作是最後一個研究來做。我的碩士論文還是以抱負水準為題。」他解釋道。根據費斯廷格的說法，他和勒溫「有許多爭論，我們在很多事情上沒有達成共識。」部分是因為勒溫不再全神貫注於吸引費斯廷格到愛荷華大學的研究中，費斯廷格對

勒溫早期的研究工作很感興趣——關於「抱負水準、蔡氏效應（Ziegarnik effect）、中斷任務的恢復（resumption of interrupted tasks）以及所有他曾做過的各種理論的思考。」當費斯廷格來到愛荷華大學時，「他的興趣發生了很大的轉變，他的主要興趣集中在社會心理學和實際問題上。」他回憶道。「這不是我的興趣，實際問題從來不是我所感興趣的，然而這在麻省理工學院還變成了一個部門。」

在愛荷華大學的時候，費斯廷格還選修了心理學系斯彭斯（Spence）老師的課程。「這基本上是一個獨立研究，我做的是一個老鼠實驗，但我喜歡做老鼠實驗。」接著他笑著說：「這比做人類研究容易得多。」

費斯廷格說勒溫沒有花太多時間在實驗室。「他會參與。」接著他說：「他有時會觀察正在進行的研究，我們也會拿研究與他進行持續的討論，但他本人並沒有花很多時間在實驗室裡。」他將這與他和斯坦利·斯開特後來與自己的學生一起工作的方式進行了對比。「我們和學生一起在實驗室裡，研究計畫是我們的也同樣是他們的。」但他說不確定這是否是重要的問題。

我認為對學生來說重要的是研究和思想的氛圍。庫爾特·勒溫能很好地理解，且與他一起工作的人進行交流，是理論和經驗世界之間的關係，很多從事研究的人都不理解，也永遠不理解。有一種感覺知道什麼是重要的問題，相比之下，什麼是微不足道的問題，而這是你無法教的，你可以透過例子來展示。興奮的情緒得到了傳達，我從他那裡得到了很多。

費斯廷格在三年內獲得了博士學位。「我之所以這麼趕時間，主要是因為戰爭。」他說道。

他聲稱自己是「最早的逃兵之一，我無法想像自己穿著制服，帶著槍。」費斯廷格因為他的學術工作而得以持續的緩徵。在完成學位後，他又繼續緩徵，為了要去陸軍專業訓練學程（Army Specialized Training Program）任教，「這可能與『戰爭有關』，但在我看來，我能幫助美國贏得戰爭的最好辦法就是離軍隊遠一點。」

　　軍隊正在招募具有碩士學位的人，甚至是碩士學位以上的研究生，毫不奇怪，他們不知道拿這些人該怎麼辦。因此，他們建立了一個叫做陸軍專業訓練學程（ASTP）的學程，並把這些人群送到各個大學去上課。

　　其中一組人來到愛荷華大學，費斯廷格教他們統計。當ASTP結束後，他搬到羅徹斯特大學（University of Rochester），在飛機飛行員選拔和培訓委員會（Committee on Selection and Training of Aircraft Pilots）擔任統計員，並再次延緩了入伍。

　　戰爭結束時，庫爾特・勒溫正在麻省理工學院組織團體動力學研究中心，他邀請費斯廷格、諾那德・利比特、多溫・卡特賴特和瑪麗安・拉德克一起擔任教師。費斯廷格還收到了返回愛荷華大學擔任助理教授的邀請，但他選擇了去麻省理工學院。戰爭一結束，小組就在劍橋市集合。

▌在麻省理工學院

　　「當我去麻省理工學院時，我成為了一名諭令的社會心理學家。」費斯廷格接著說：「以前，我做過關於抱負水準的研究工作，我的博士論文實際上是一個決策過程的數學理論和一些用來檢測的心理物理實驗，在相當長的一段時間裡，我致力於數學統計，當我來到麻省理工學院時，諭令為一名社會心理學家。」

　　作為一名教師，費斯廷格還參與了團體動力學學程的學生甄選。他認為，來這裡的學生不僅是被庫爾特・勒溫所吸引，而且也被「研究中心的成立宗旨」所吸引。

　　申請人數不多，它是全新的，只有那些不知何故聽說過它且覺得適合他們的申請者知道。我們並沒有「任何人都錄取」，但我的記憶是，我們錄取的申請者比例很高，但這是一個非常專業，高度自我抉擇的群體。我們在那裡擁有一批非常非常能幹、才華橫溢的人，這很大程度上是自我抉擇，我認為沒有人知道該如何做出好的選擇。

　　除了勒溫本人，學生和教師的年齡都非常接近。「我之所以是助理教授，而他們是研究生的唯一原因是他們沒有勇氣不去當兵。」他笑著說。

　　從他們到校的那一刻開始起，學生們就沉浸在研究計畫中。「訓練環境很簡單。從一開始，學生們就開始做研究，與教師一起在研究計畫中共事。當然，教學仍會繼續，但教學實際上是次要的活動。」費斯廷格回憶道。

　　在此期間，庫爾特·勒溫全神貫注於行動研究。對訓練團體進行了調查，並爲設在紐約市的社委會進行關於偏見的研究。當勒溫從事這些活動時，費斯廷格和幾個研究生正在進行衛斯特給特住宅區研究，這導致了一系列關於非正式社會溝通（informal social communication）的實驗室和實地研究（Festinger等人，1950）。費斯廷格說，他「對發展理論和開闢新領域更感興趣」。

　　我想如果你一直待在實驗室裡，你就不可能不單調。因爲在實驗室實驗中你唯一能學到的就是你把什麼放進去，你將看不到任何未插入的變數的效果。你不會發現任何有趣的互動，因爲你已經將事情單純化，你只能看到所尋找的東西是否存在。我一直要在實驗室研究和現實世界中的研究之間來來回回。如果你願意的話，實地研究，實地研究並不是爲了實務目的，它們是爲了澄清理論，得到預感直覺及諸如此類的東西。衛斯特給特研究沒有實務目的，之後我們做的研究，比如《當預言失敗時》所做的研究（Festinger等人，1956）也是基於同樣的理由。但同樣的，沒有實務上的方向，是不會吸引到我的。

▍離開麻省理工學院之後：費斯廷格風格

　　費斯廷格的一個學生稱他爲實驗社會心理學之父。在麻省理工學院的時候，費斯廷格開始完善他的實驗室實驗法風格，這種風格的一個特點是專注於受試者的經驗──要強烈關注受試者正在經歷實驗者感興趣調查的事物，以便讓資料有意義。他說，這需要有劇作家的才能，「即使你可能

不得不設計一種人為的或半單調的情境，你也希望這種情境對受試者是真實且重要的。」

他說，有人可能會爭論說實驗社會心理學始於愛荷華大學的勒溫，其論點認為其開始「將非常複雜的社會過程帶入實驗室。雖然獨裁式、民主式氣圍研究（Lewin、Lippitt和White，1939）沒有受到高度控制，但至少他們試圖處理複雜的問題和諸如此類的議題。但是你想要控制情境，這意味著你必須做很多工作。」

創造科學的過程——創造新知識，和創造任何藝術的過程沒有什麼不同，我認為這是同一件事。創造科學的過程並不是使事物科學化，使事物科學化的是你創造的產物及其可複製性。擁有一個想法以及執行這個想法，這是一門藝術。

▎訓練學生

費斯廷格聲稱他認為沒有人真的知道如何挑選學生——從紙上。只有與某人合作了，才能有選擇的基礎，他認為：「我從來沒有挑選過任何學生，都是學生的自我抉擇。」他說：「我懷疑因為我的行事作風和我堅持一個相當緊密的群體，我是有點難以接近的。」他認為很多學生都怕他，而「那些過去的所有人都是自我抉擇的。」有時候，他說：「學生會被鼓勵去和別人一起工作。」他認為他可能「有點過於獨裁」，因此他的實驗室未被形容為「家族企業」。但他說，這也不是一個實驗排（platoon）。

後來，多年以後，這總是讓我感到驚訝，從與他們的交談中我發現他們彼此並不相愛，他們也不是親密的朋友。在我看來，他們好像一直都是親密的朋友。

除此之外，他說：「我認為合適的研究氣圍和訓練人們做研究的氣圍，你別無選擇，只能是任務導向的。就好像你別無選擇，只能在早上醒

來一樣。」但訓練過程本身的內容是難以捉摸的。

有些人似乎從來沒有領會過什麼是經驗相關的理論，或者似乎從來沒有領會過這樣一個事實，即當他們開始嘗試做一個實驗時，他們已經把事情簡化為無關緊要的事情。我猜他們不可抗拒的原因是因為他們不曾從正在發生的事情中學習，也因為沒有人試圖教他們。我認為你也會有同樣的困難去理解或問一些你無法用語言來教的問題，你唯一能學會的方法就是通過學徒制的方式，這就是過去所做的。

除了學徒制所扮演的角色外，費斯廷格認為對於學生來說，很重要的是「在他們自己的層次上也是個優秀的人才」，盡可能所有其他的學生也都是很有才華和願意參與的，「這樣才有助於創造出一種文化。」他說道。

每週的研究會議，通常在晚上，對費斯廷格來說一直是研究過程的關鍵部分。這種會議的方式源自於勒溫的話匣子而來的，而且是，他說：「每個人知道其他人在做什麼的主要方式，每個人都可以暢所欲言，有時爭論很有啟發性。」這些會議被他的學生所熟知，且稱之為「週二晚上的會議」，儘管沒有人記得他們是否曾在週二晚上舉行過，「這不是什麼珍貴的事。」他笑著說。

「我和學生們做的所有工作都是真正的合作。確確實實的，這些都是真正的合作。」他說道。雖然論文主要是學生的責任，但通常是在費斯廷格的研究計畫脈絡下開展的。「實驗室裡的每個人都要一起工作——齊心協力中。」

我不認為我把地位拉高在人們身上，雖然很明顯存在著地位差異，而且一定產生了影響。我總是待在實驗室裡，總是討論到讓人瞠目結舌，因為假使我極其關心一個實驗，我就不會把這個實驗交給一個一年級或二年級的學生，他一定仍然相對缺乏經驗的，而無法不隨時保持警覺盯著他。因為如果我交給他了，結果將是他個人天賦的展現，但他的天賦可能還沒有完全發展好，或者可能是有侷限的，所以，當然，我得總是在其身邊。

　　1968年，費斯廷格離開史丹佛大學和社會心理學，進入社會研究創新學院（The New School for Social Research）研究知覺，之後是考古學，現在是歷史學。在評論社會心理學的現狀時，他微笑且說：「我已經離開了這個領域，現在我正在回首過去，並保持客觀。」

　　在我看來，今天它已是大大的轉變了。原因可能是很多且多樣的，但我不認為基於紙筆測驗的無數研究對推斷資訊過程具有重要意義。從某種意義上來說，我正在談論許多事情，我不認為真正的問題正在被處理。我認為歸因理論是一個可怕的錯誤，一個陷阱和一個錯覺。我的意思是，首先，這不是一個理論，為什麼它會拖累這個領域，我不知道。人們之所以想做紙筆研究，是因為它們更容易、更快，而且你可以得到更多的發表，助理教授需要大量的出版物才能獲得終身職位，我不知道，但這很不幸。

　　每次我拿起一本社會心理學期刊時，在我看來，似乎其中百分之九十是認知的資訊處理，就像一個人做的主要事情是處理資訊一樣。每當有人發現一種資訊處理的結果與一個理性模型不符時，這個偉大的發現就會讓人欣喜不已。

▎當前工作和協作

　　他說，除了學生，他合作的不多。然而，他仍然與斯坦利·斯開特進行非正式的合作。他認為：「允許合作的主要因素是所涉及的相似性，對於一個真正的合作，一種真的共事在一起，我認為你必須有人能真正把共通點放到任務中，但可以有稍微不同的觀點，以及稍微不同的才能。」

　　最近費斯廷格一直在「學習中世紀歷史」，他認為中世紀的事件對塑造我們現在的文化有著深遠的影響。他說：「有許多種歷史學家，有些人滿足於盡可能準確和確切地重述過去的事實，還有一些人真的認為歷史學家的任務是理解和解釋所發生的事情，另有一些人認為歷史學家的任務是從歷史來闡述當代的作品。」最後這一種歷史學家的方式是他感興趣的。

　　他目前沒有與研究生合作，但「如果有任何優秀的人對我感興趣的東

西有感興趣的話。」他會合作。然而，他現在的工作方式會使與學生合作變得困難。「我大部分時間都花在閱讀及與專家交談上，我無法讓其他人幫我做這件事情。」

我現在舉辦了許多四或五天的歷史學家小組會議，這是一種絕佳的技巧，可以從他們身上獲得個別的指導。我召集到一起的人做著不同種的歷史研究，但他們知道我想學的東西。

在他對歷史學感興趣之前，他花了大約四年半的時間寫了一本關於考古學的書。他說：「我認為這是一本關於社會心理學的書，但我認為沒有任何心理學家會同意。我在過去六年裡所做的，實際上是試圖研究一些非常大的問題——關於人類的本性以及我們的社會和行為模式是如何演變，我試圖從研究中得到一些新的想法。」

「對我來說，追求這些東西是非常愉快的，因為我喜歡學習新的東西，我的確有關於它們的想法。」他希望再花大約三年的時間學習中世紀世界的歷史，然後繼續前進。「只要我享受這個過程，我就會很高興。」他說道。

費斯廷格聲稱自己是被「愉悅和興奮」所驅使的。「我對無聊的容忍度很低，」他繼續解釋說：「我認為沒有比從內部產生的想法更令人興奮的事情了。擁有一個彷彿是被掏洗出來的想法，是一件非常令人興奮的事情。」

▌擁有想法

費斯廷格說，他不認為「在世界上，任何領域中，每一個優秀的研究人員，不會週期性地陷入全然地沮喪，並且確信自己永遠不會有其他想法。」逐漸地他說研究人員學會尊重這樣一個事實，想法不可能被強迫，而且可能需要幾個月後才會出現一個想法。他繼續說：「我認為一個人也可以發展出一種觀念：『恩，我會有其他的想法，但不是關於這個話

題。』」這種對想法的溫和尊重也包括一旦它們發生，該如何對待它們。

　　我認識許多有分析能力且夠聰明的人，他們卻因此很快地扼殺他們所有的想法。你知道，如果一個想法萌生，剛開始時它是一個非常脆弱的東西，而且可能會在很長一段時間內仍舊脆弱。如果我有了一個想法，我只有在之後某個時候才會變得自我批評，但我不會很早就變得自我批評。但有些人很早就開始自我批評了，或他們總是一直在批評，批評自己也批評其他人，不會有任何東西出現的。

　　我不認為科學家產生想法的過程和詩人、藝術家或小說家產生想法的過程是不同的，我不認為發明或構思一種表達想法的方式這兩種過程有什麼不同。對於一個科學家來說，他必須設計出一種方法，在這種方法中，他可以使這個想法與經驗世界相聯繫，在聯繫之處可以引導經驗世界來證明這個想法是正確的還是錯誤的。畫家也必須做同樣的事情，畫家可能有一個想法，卻在畫布上找不到表達的方法。在那些過程中，我認為科學家所做的和藝術家所做的幾乎沒有區別。當然，技術是非常不同的，但我懷疑這項技術的應用是某些科學家、藝術家和詩人花百分之九十五的時間在像家務一樣的活動上的原因——這其中就是有著許多艱巨的工作。

　　總而言之，他說：

　　如果你想聽聽我的看法，為什麼麻省理工學院有那麼多人，那麼多我的學生，還有斯坦的那麼多學生，竟然一直持續做研究——即使是那些不太有天賦的人，那是因為他們進入了一個精神病的環境，並一直待在一個精神病的環境中。他們罹患了精神病，做研究就是你要做的，你參與其中，沉迷其中，它只是一種生活方式。在那些沒有發生這種情況的地方，學生們就不會出現鍾情於做研究的事情上。

　　領導層必須創造它。如果你有許多優秀的、有才華的學生，這會有很大的幫助，但是負責管理實驗室和培訓的人必須提供刺激和想法，並引導它，鼓勵學生互動。

　　勒溫死後的二十年，有一個文化環境的出現，其中包括大學的大規模擴張，社會心理學是一個發展中的專業，受到補助金助力。心理學系將社會心理學家添加到他們的教師行列中 —— 其中許多人接受了勒溫派者的訓練。

　　今天，團體動力研究中心仍在一個研究機構（社會研究機構）裡，並作爲一個整體發揮作用著。這些研究人員得到了補助金的支持，只是與密西根大學的系所有周邊的關聯性，多溫‧卡特賴特和阿爾文‧贊德在這個充滿挑戰的環境中度過了他們的職業生涯。

　　利昂‧費斯廷格及後來他的某些學生，在傳統學術系所的較大框架內，界定自己爲科學家而努力研究著，他們建立了嚴密的實驗室，仔細挑選學生，並繼續他們的研究。在這一傳統的科學形式中，他們加入了以任務爲中心的共同性和話匣子等勒溫式的風格，他們也對科學事業的美學有自己的敏銳性。這種持續對社會心理學提供了重要的貢獻，使其在勒溫歿後的二十年裡發展起來。

▍科學家和教授

　　利昂‧費斯廷格和他的學生，認眞對待社會科學家中的「科學家」角色，跟所有科學家一樣進行研究。他們在較大的學術系所內創造一個次環境，不尋常的是，他們不是簡單地操作老鼠實驗，而是在實驗室裡對複雜的社會現象進行了研究。這種研究工作是由處於傳統學術結構中的小型、緊密結合的研究團隊完成的，這與勒溫在麻省理工學院的運作方式非常相

似。事實上，這種模式甚至於麻省理工學院的研究小組已經展開——由利昂‧費斯廷格進行的衛斯特給特住房問題研究（Festinger等人，1950）。當團體動力研究中心搬到密西根大學的時候，「利昂的孩子們」在中心內是一個公認的團體。

利昂的孩子們之一是斯坦利‧斯開特，他也採用了這種結構，並加入了克拉克‧赫爾的一些教學技巧。艾略特‧阿倫森的操作方式也差不多，在哈佛大學他有一間「鮑街上的小房子」，因此他甚至在物理空間上與系所分離。

這種「研究中心小型文化」的風格與另一種更為常見的社會心理學研究生培訓方式形成了鮮明的對比，這一點某些受訪者進行了描述。在研究中心小型文化中，學生的培訓絕不能干擾到研究產品的生產。利昂‧費斯廷格說：「當然！」，他總是緊盯著學生不放，這是為了確保研究不會受到「才能尚未完全發展好」的人影響。研究是勞動密集型的，任何有足夠天賦和足夠堅強的學生都能得到最好的訓練，但生產出來的是科學性的知識理解，而不是博士學位。

對比之下，有一種觀點（通常是在系所層級上來表達）認為應該認真對待學生的教育，但約翰‧蒂伯說北卡羅來納大學的系所態度是「放棄學生的所有權」。賈德森‧米爾斯說他受到學生興趣的影響，並試圖與他們就一個達成共識的主題上進行合作。內德‧瓊斯說他會在一個足夠廣泛的框架內，為學生提供他們可能感興趣的各種主題。其他人的理論興趣使得雄心勃勃的學生很難獲得必要的發表，因此鮮少與研究生共事。這些人所表達的觀點是教育研究生的觀點——這些人是正在成為教授，這並不是說他們沒有培養出優秀的學生——他們以不同的方式培養出優秀的學生。

▋ 當學徒

首先，所有這些運作都是通過研究補助金達成的，讓學生被受雇為研究助理。和勒溫一樣，在費斯廷格和他的某些學生所建立的實驗室裡，研究生都會立即從事研究工作。根據他們的表現，他們被允許留下來或被鼓

勵繼續前進。這類似於勒溫與人的關係，根據與手頭上的任務來產生關聯。

▌選拔學生：試鏡

選擇學生的標準始終是學生在實驗室中能否有促進工作的能力。那些想做自己的研究或不具備研究所需的某些特殊能力的學生，被鼓勵找同系其他老師合作，這是什麼？這就是傑羅姆·辛格為什麼會說：「一個系不可能完全都是斯坦利們或利昂們。」，利昂·費斯廷格說他認為沒有人真的知道如何從紙上挑選學生，只有與某人合作了，才能有選擇的基礎。從某種意義來講，學生們試演了這個角色。

費斯廷格在談到勒溫在麻省理工學院的團隊時說：「這很大程度上是自我抉擇，我認為沒有人知道該如何做出好的選擇。」也許不是，但斯坦利·斯開特說了類似的事情，尼爾·葛蘭伯格詳細描述了他跟斯開特長達四十五分鐘的談話，這促使他克服了自己對史丹佛大學社會心理學的負面經驗，而選擇加入斯開特的實驗室。

當斯開特跟新來的學生談話時，他先描述了他的研究並問道：「我發現了什麼。」這樣，他就能夠探究學生思考問題、解決問題和思考研究的能力。這讓他對學生是否適合，認知上他的工作風格有了一些直覺。斯開特的研討會也是以類似的方式進行的，他將研究過程認真闡述為：「看！這是迄今為止的事實，接下來要做的是什麼？要怎麼闡明這一點？我們如何理解它？」他說一旦他們達到這一點，他們「基本上到了全新的領域，而我不比他們在如何測試或者變項是什麼方面會有更好的想法。」斯開特的另一個標準，他說：「首先，我必須喜歡他們，如果我不喜歡他們，那麼整個事情就不會奏效。顯然，他們只需要具備這個領域最基本的能力，但我認為，我最首要的要求是，我必須喜歡他們。」

不足為奇的是，在這些群體中有一種強烈的家庭情感，在各個群體內，在更大的勒溫派學生網絡也是。傑羅姆·辛格對費斯廷格和斯開特的評論部分解釋了這一點：「他們之所以不挑選學生，是因為他們有一套理

論是關於什麼能讓學生變得好。他們會這樣做是因為：『這是我唯一一想留在身邊的人……。』」他總結道：「從某種意義上說，他們在尋找這種學生，當他們畢業後，可以作為朋友享受這個關係。」斯開特的其他學生談到「門生（intellectual offspring）」和「帕德羅系統（the padrone system）[1]」。這種態度從斯坦利·斯開特的話裡也能證實了這一點：「我必須承認，我為我的學生感到驕傲，我覺得他們值得自豪，我不知道什麼叫做情感……。」他繼續解釋說他竭盡所能希望看到他的每個學生都得到當時最好的工作，然後他會「催促」他們發表論文。最後，「他們幾乎總是會在一兩年後回來告訴我他們在做什麼。第二年，他們開始告訴我哪裡錯了，到第五年，他們就自己獨立動手了。我非常仔細地觀察他們，我非常喜歡他們，我非常關注他們，利昂也是。」

斯開特的實驗室被一位同事形容為「家族企業」。利昂·費斯廷格說他認為他可能「有點過於獨裁」，因此他的實驗室未被形容為「家族企業」。但他形容大家是緊密聯繫在一起的，不過當他後來得知他的學生並非都是好朋友時，他說他感到很驚訝。

▌在主題上的選擇經驗

這些實驗室所選擇的學生是根據他們的能力來挑選的，後續要被指派研究任務，但是為什麼學生選擇了這個訓練環境呢？阿倫森在上完一個研討會後被利昂·費斯廷格發掘。他說，儘管費斯廷格有「殺手」的名聲，但他可以「看到財富」。賈德森·米爾斯對費斯廷格與勒溫的關係有點興趣，但在與他合作後，他想留下來，因為他開始崇敬他。傑羅姆·辛格被他的朋友們推薦給斯開特。李·羅斯想去哥倫比亞大學和斯開特合作，選

---

1 譯者註王：帕德羅系統（the padrone system）是一種合同勞工系統，被許多移民團體用來在美國（最著名的是意大利人，但也包括希臘人、中國人、日本人和墨西哥裔美國人）找到工作。「padrone」一詞是義大利語，意思是翻譯成英語時的「boss」或「manager」。

擇了另一位指導教授，並為此感到遺憾，他後來換成了斯開特，感受到「非常痛苦和不舒服」。尼爾·葛蘭伯格享受與斯開特的談話。在這些案例中，沒有一個是學生根據在實驗室進行研究的主題所做出的選擇。事實上，李·羅斯的第一位指導老師的挑選是因為對某個主題的共同興趣，後來他才開始覺得自己犯了一個錯誤。

當李·羅斯談到他想換到斯開特實驗室時，他最能表達出這種重視風格而非主題的態度。他說：「斯開特實驗室的成員是成為他的朋友的人，羅斯發現他對他們的工作有想法，而不是他自己的。」並表示：「我覺得這出於某種原因，或其他原因，如斯坦利正在做的其他研究，以及他對問題的設想方式讓我們想到了令人興奮的可能性，但絕不是我對肥胖主題有至死不渝的興趣─我不胖，我也不認識任何胖的人，我不在乎肥胖。」這與當前有關興趣匹配的研究生選擇的觀點背道而馳。

▌週二晚上的會議

費斯廷格培訓方式的一個重要部分是從庫爾特·勒溫演變而來的。就是所謂的話匣子。到了利昂·費斯廷格的手裡，這個會議被稱為週二晚上的會議，費斯廷格定期與他的實驗室學生會面，討論研究問題。據一些人的說法，這些會議會在費斯廷格的家裡舉行，他們會在那裡聚集、喝啤酒、討論研究。庫爾特·巴克描述了早在密西根大學就舉行的「利昂的孩子們」會議。

早在勒溫時代，這些會議的目的就是要解決各種計畫案中遇到的問題，產生想法和解釋資料。儘管後來被稱為週二晚上的會議，但連利昂·費斯廷格都記不清他們是否曾在週二晚上舉行過。「這不是什麼珍貴的事。」他說。

勒溫的其他學生也舉辦過類似的會議。約翰·蒂伯在北卡羅萊納州成立了組織研究小組，他說這個小組是有意識地模仿話匣子。內德·瓊斯提到了傑克·布雷姆，一個費斯廷格指導的博士，他在杜克大學時曾去找他談話說：「你知道嗎？我們的學生不知道怎麼做研究，有些不對勁的地

方。」他告訴瓊斯關於週二晚上的會議，他們決定試試看，瓊斯說這「太神奇了……那件事情就這樣開始了，這是我們做過最聰明的事。」庫爾特・巴克也講述了同樣的故事。艾略特・阿倫森在到聖十架分校（Santa Cruz）任教之前，他任教過的任何地方都舉辦週二晚上的會議。

　　關鍵是這些會議一直是為了產生想法和解決問題，另有幾個人指出除此之外，這還有助於削弱報告者的防禦能力。勒溫的許多學生進行了這樣的會議，但在許多地方，他們演變成了以完成的研究為重點的學術研討會。在密西根大學的研究中心也隨著發展而開始演變成這種方式。

▌費斯廷格和斯開特

　　許多受訪者都提到學徒制度的重要性。對於費斯廷格的學生來說，這得益於費斯廷格理論的啟發式價值。對於斯開特的學生來說，學徒制安排則受斯開特堅持不懈的提問──追根究柢的風格所延伸。在這兩種情況下，都設定了盡可能最高的標準。斯坦利・斯開特幾乎成功地將師徒（master-apprentice）關係的最佳面向制度化，藉由他的風格將學生引導到他思考所能觸及的邊緣，然後匯集他們的想法。他說如果他已經知道答案，他會覺得做這研究毫無意義。作為一種智力上的饋贈行為，斯開特的學生被邀請進入他的思考過程。之後這允許他們以此為基礎並採用此種深刻的模式運用來解決他們感興趣的任何問題。他讓他們參與到整個過程的各個階段，包括所有重要問題的形成階段。

　　尼爾・葛蘭伯格強調了所問問題的重要性。通常那個問題是「所以？」這類似於羅伯特・克勞斯從默里・霍維茨那裡學到的課程。霍維茨跟克勞斯介紹了庫爾特・勒溫的取向，其取向會將如年齡或地位等變數轉化為心理變數：重要的問題總是關於如年齡或地位等變數在人身上是如何表現的，這些東西在心理上意味著什麼。這就是勒溫的天賦，如利昂・費斯廷格（1980）已指出，勒溫「將理論與資料聯繫起來的能力」是其最大的能力。賈德森・米爾斯描述了與艾略特・阿倫森坐在一起的樂趣，以及在一項認知失調研究中，為可能類比入會儀式（initiation）的想法來回交

換，他們試圖提出一個具有心理意義的入會儀式，然後可以檢測。如何創造這種實驗樂趣的說明，可以在阿倫森和卡爾史密斯（1968）的〈社會心理學的實驗法〉章節中找到。這種樂趣的理論基礎可以在勒溫（1935）關於亞里斯多德和伽利略思想模式的論文中找到。

然而，利昂‧費斯廷格和斯坦利‧斯開特儘管在組織實驗室後，對學生進行培訓的方式有些不同。不同之處在於他們提出問題的獨特方法，費斯廷格從理論立場（儘管他通常有看見一些現象，最終應以這種立場稱之），而斯開特則從資料入手。斯開特評論說，他工作的方式和利昂‧費斯廷格工作的方式之間的一個區別是：「那就是當我們著手研究一個現象時，我們真的會追究到地獄的盡頭──從何而來。如果有任何勒溫式風格的參雜，我想是：現實生活中的意義是什麼。」事實上，斯開特形容自己是一個「糟糕的理論家」，並說他願意讓一份數據改變他所擁有的任何理論。他把自己的風格與費斯廷格的風格作了對比。他說：「利昂是一位優秀的理論家，但這不是他的主要問題，在做任何理論化研究之前，你仍需要先有資料和現象。」

斯開特和費斯廷格都讓他們的學生廣泛閱讀心理學以外的知識，來激發他們的工作靈感。阿倫森把費斯廷格的研討會描述成一個「施肥研討會」，學生們讀著「各種有趣的東西」。尼爾‧葛蘭伯格講到斯開特的實驗室也有同樣的經歷。約翰‧蒂伯記得庫爾特‧勒溫的建議：「不要只讀心理學，讀其他像哲學或歷史，或者科學、詩、小說、傳記文學等等，那些都是你可以得到靈感的源泉，心理學從這個角度來說，它反而會抑制你的想像。」

利昂‧費斯廷格說他也會用實地研究來激發想法。他把擁有想法描述為「一門藝術」，並說他不認為「在世界上任何領域中，每一個優秀的研究人員，不會週期性地陷入全然地沮喪，並且確信自己永遠不會有其他想法。」逐漸地他說研究人員學會尊重這樣一個事實，想法不可能被強迫，而且可能需要幾個月後才會有一個想法。他繼續說：「我認為一個人也可以發展出一種觀念：『恩，我會有其他的想法，但不是關於這個話題。』」他解釋說這就是他離開社會心理學的原因。

這種對想法的溫和尊重也包括一旦它們發生，該如何對待它們。費斯

廷格說：「我認識許多有分析能力且夠聰明的人，他們卻因此很快地扼殺他們所有的想法。如果一個想法萌生，剛開始時它是一個非常脆弱的東西，而且可能會在很長一段時間內仍舊脆弱。如果我有了一個想法，我只有在之後某個時候才會變得自我批評，但我不會很早就變得自我批評。但有些人很早就開始自我批評了，或他們總是一直在批評，批評自己也批評其他人，這樣不會有任何東西出現的。」

▌ 社會心理學的美學

　　對形式的辨認和強調、提出問題的方式，以及對實驗過程的謹慎構建，都需要審美的品味。這就是利昂・費斯廷格和斯坦利・斯開特從庫爾特・勒溫那裡得到的，且以此作為基礎而建立某些東西。費斯廷格理解藝術和科學之間有重要相似之處，他選擇了科學。他對理論和方法，包括內容和形式都做出了貢獻，同時也尊重了擁有的想法以及發現想知道的東西，其中固有的藝術（他稱之為非語言化）特質。這種敏感性是必需的，正因為這些研究人員所研究的變數之本質，要非常注意保持理論和資料之間的聯繫——用勒溫的術語來說，基因型和表現型。因此，變數的建構成為一種需要詩人才華的創作隱喻的動作。除此之外，還有這種實驗法的方式，要仔細考量受試者的經驗——這需要劇作家和舞臺導演的能力。羅伯特・克勞斯說斯坦利・斯開特已成為一名「令人不可思議」的戲劇導演。艾略特・阿倫森也把一個優秀的「有衝擊性的實驗」之設計描述為劇本的創作。

　　做一個好的實驗者也需要特殊的才能。幾名受訪者都談到了勒溫的學生亞歷克斯・巴弗拉斯，他在實驗情境中讓受試者投入到實驗的驚人能力。相反地，也有人因為缺少這種天賦而被稱為「死手（a dead hand）」。利昂・費斯廷格把勒溫已經開始著手的——在實驗室中探究複雜的社會環境——精煉成一種藝術形式，以利於科學的目的。由於研究客體的複雜性，這項研究任務所需的才能遠遠超過了一般認為與科學家有關的才華。庫爾特・勒溫過去也曾挖掘對他的事業有用的人才，這一點可以

從麻省理工學院該學程所選學生的異質性來說明。一旦人才被招募，剩下的就是努力工作，羅斯、阿倫森和費斯廷格都強調了這一點。

　　六十年代末，艾略特・阿倫森和利昂・費斯廷格的大學生莫雷爾・卡爾史密斯一起去了哈佛大學，在鮑街的小房子裡與阿倫森合作，爲《社會心理學手冊》（1968）寫了一章。在這一章中，他們解釋了他們從社會心理學實驗室實驗中獲得的經驗，並著手爲其他人揭開這個過程的神秘面紗。這種實驗的特點就是阿倫森和卡爾史密斯所說的「實驗的實在論（experimental realism）」，這來自於對實驗中受試者所面臨的情境的關注，這種關注源自於勒溫對整個生活空間的重視。阿倫森描述了費斯廷格在設計實驗的程序階段會向他的學生尋求幫助，以及他會怎麼在碰巧遇到的任何人身上來嘗試這程序，這個程序變成了一部有受試者同時身爲主角和觀眾的小戲劇。這些戲劇是爲了確保受試者在心理上體驗到實驗者感興趣的研究內容，情感體驗的形式化是藝術的核心功能之一。這些人在創造藝術，然後測試它。從這個角度來看，當他們的職業倫理受到質疑時，可以理解實驗社會心理學家所表達的一些挫折，他們的反應就像畫家們僅僅是出於道德上的憤怒，而被剝奪了學畫裸體時一樣。

　　所有這些描述綜合在一起，讓我們看到各種非常有創造力的人是如何從事智力工作的。涵養這種工作開展的某些環境成分特性也已經被明確指出，這些環境成分特性包括同時存在的自由度和形式化，無論是一小群人發明方法來研究複雜的社會現象，同時又受到一個寬鬆的制度環境的保護；或是有創造力的心智能在一個靈活的理論結構中進行探究；或者一個新的想法在頭腦中出現，未遭受到據說可能會有毀滅性批評的無情評價。在每一種情況下，都有一個正式的結構，但不是壓抑的結構，允許靈活性和嚴格性共存。有一種狀態，即什麼時候保持寬鬆（在話匣子或週二晚上的會議上嘗試想法），什麼時候變得嚴謹（設計實驗，以便理論和資料之間的聯繫是精準到位的）。對模棱兩可的容忍是一種被一致發現在具有創造性人身上的特質，但似乎也需要精準地同時具備某種天賦——藝術家和科學家的共存，以及對何時該出現什麼的感覺。這樣一個系統的精緻化需要一個勒溫式的分析，也許是時候拿出黑板開始畫浴缸了。

參考文獻

譯者註參考文獻

勒溫著，竺培梁譯。拓撲心理學原理，北京大學出版社，2011。

Andreassen, P. B., (1987). On the social psychology of the stock market: Aggregate attributional effects and the regressiveness of prediction. *Journal of Personality and Social Psychology*, *53*(3), 490-496.

Cartwright, D. (1941a). Decision-time in relation to the differentiation of the phenomenal field. *Psychological Review*, *48*(5), 425-442. https://doi.org/10.1037/h0061402

Cartwright, D. (1941b). Relation of decision-time to the categories of response. The American *Journal of Psychology*, *54*, 174-196. https://doi.org/10.2307/1416790

Christie, R., & Geis, F. L. (1970). *Studies in machiavellianism*. Academic Press.

Darley, J. M., & Latané, B. (1968). Bystander intervention in emergencies: Diffusion of responsibility. *Journal of Personality and Social Psychology*, *8*(4, Pt.1), 377-383.

French, J. R. P., & Raven, B. H. (1959). The bases of social power. In D. Cartwright (Ed.), *Studies in social power*. (pp. 150-167). Ann Arbor, MI: Institute for Social Research.

Glucksberg, S., & Weisberg, R. W. (1966). Verbal behavior and problem solving: Some effects of labeling in a functional fixedness problem. *Journal of Experimental Psychology*, *71*(5), 659-664.

J. E. Singer (1964). The use of manipulative strategies: Machiavellianism and attractiveness. *Sociometry*, *27*, 128-150.

Latané, B., Friedman, L., & Thomas, J.. (1972). Affiliation in rats under stress. *Psychonomic Science*. 27, 39-40.doi: 10.3758/Bf03328883

Latané, B., Nesbitt, P., Eckman, J., & Rodin, J. (1972). Long- and short-term social deprivation and sociability in rats. *Journal of Comparative and Physiological Psychology*, 81(1), 69-75. https://doi.org/10.1037/h0033328

Latané, B., & Darley, J. M. (1968). Group inhibition of bystander intervention in emergencies. *Journal of Personality and Social Psychology*, *10*, 215-221.

Latané, B., & Darley, J. M. (1970). *The unresponsive bystander: Why doesn't he help?* Appleton-Century-Croft.

Lewin, K. (1928). Die Bedeutung der psychischen Sättigung für einige Probleme der Psychotechnik. *Psychotechnische Zeitschrift, 3*, 182-188.

Lewin, K. (1936). *Principles of topological psychology*. McGraw., pp.42-3 and p.104-106

Ross, L., Rodin, J., & Zimbardo, P.. (1969). Toward an attribution therapy: The reduction of fear through induced cognitive-emotional misattribution. *Journal of Personality and Social Psychology, 12*, 279-288.

Schachter, S (1971b). *Emotion, obesity and crime*. Academic.

Schachter, S. (1959). *The psychology of affiliation*. Stanford: Stanford University Press.

Schachter, S. (1968). Obesity and eating. *Science, 161*(3843), 751-756.

Schachter, S. (1971a). Some extraordinary facts about obese humans and rats. *American Psychologist, 26*(2),129-144.

Schönbach, P. (1990). *Account episodes: The management or escalation of conflict*. Cambridge.

Straub, R. O., Singer, J. E. & Grunberg, N. E., (1986). Toward an animal model of Type A behavior. *Health Psychology, 5*(1), 71-85.

Triplett, N. (1898). The dynamogenic factors in pacemaking and competition. *American Journal of Psychology*, 9, 507-533.

原文書參考文獻

Adorno, T. W., Frerkel-Brunswik, E., Levinson, D.J.,& Sanford, R. N. (1950). *The authoritarian personality.* New York: Harper and Row.

Aronson, E. (1972). *The social animal.* San Francisco: W. H. Freeman Co.

Aronson, E., Blaney, N., Stephan, C., Sikes, J. & M. Snapp. (1978). *The jigsaw classroom.* Beverly Hills. CA: Sage.

Aronson, E. & Carlsmith, J. M. (1968). Experimentation in social psychology. In. G. Lindzey & E. Aronson (Eds.), *The handbook of social psychology.* (Vol. II). Reading Mass: Addison Wesley.

Aronson, E. & Mills, J. (1959). The effects of severity of initiation on liking for a group. *Journal of Abnormal Psychology, 59,* 177-181.

Asch, S. E. (1946). Forming impressions of personality. *Journal of Abnormal Psychology, 41,* 258-290.

Asch, S. E. (1956). Studies of independence and conformity: I. A minority of one against a unanimous majority. *Psychological Monographs, 70,* No. 9(Whole No. 416).

Back, K. W. (1951). Influence through social communication. *Journal of Abnormal and Social Psychology, 46,* 9-23.

Barker, R., Dembo, T., & Lewin, K. (1941). Frustration and regression: An experiment with young children. *University of Iowa Sutdies in Child Welfare, 18,* No. I.

Brown,J. F. (1936). Psychology and the social order. New York: McGraw Hill.

Campbell, D. T. (1979), A tribal model of the social system vehicle carrying scientific knowledge. *Knowledge: Creation, Diffusion, Utilization, 1,* 181-201.

Cartwright, D. (1959). Lewinian theory as a contemporary systematic framework. In S. Koch (Ed.), Psychology: A Study of Science, Vol. II, New York: McGraw Hill.

Cartwright, D. (1978). Theory and practice. *Journal of Social Issues, 34,* 168-180.

Cartwright, D. (1979). Contemporary social psychology in historical perspective. *Social Psychology Quarterly, 42,* 82-93.

Cook, S. (1984). *Action research: Its origins and early application.* Paper presented at the American Psychological Association, Toronto, Canada.

Crutchfield, R. S. (1961). The creative process. In *Conference on the creative person.* Berkeley: University of California, Institute of Personality

Assessment and Research.

Dembo, T. (1931). Der Aerger als dynamicsches Problem *Psychologische Forschung, 15*, 1-44.

DeRivera, J. (1976). *Field theory as human-science: Contributions of Lewin's Berlin group.* New York: Gardner Press. Inc.

Deutsch, M. (1949). An experimental study of the effects of cooperation and competition upon group process. *Human Relations, 2,* 199-232.

Ehrlich, D., Guttman, I., Schonback, P., & Mills, J. (1957). Post-decision exposure to relevant information. *Journal of Abnormal and Social Psychology, 54,* 98-102.

Festinger, L. (1950). Informal social communication. *Psychological Review,57,* 271-282.

Festinger, L. (1954). A theory of social comparison processes. *Human Relations, 7,* 117-140.

Festinger, L. (1957). *A theory of cognitive dissonance.* Evanston, Ill.: Row, Peterson.

Festinger, L. (Ed.) (1980). *Retrospections in social psychology.* New York: Oxford University Press.

Festinger, L. & Carlsmith, J. M. (1959). Cognitive consequences of forced compliance. *Journal of Abnormal and Social Psychology, 58,* 203-210.

Festinger, L., Riecken, H., & Schachter, S. (1956). *When prophecy fails.* Minneapolis: University of Minnesota Press.

Festinger, L., Schachter, S., & Back, K. (1950). *Social pressure in informal groups: A study of human factors in housing.* New York: Harper & Row.

Festinger, K., & Thibaut, J. (1951). Interpersonal communication in small groups. *Journal of Abnormal and Social Psychology, 46,* 92-99.

French, J. R. P. (1950). Field experiments: Changing group productivity. In. *Experiments in social process.* New York: McGraw-Hill.

Gough, H. G. (1961). Techniques for identifying the creative research scientist. In *Conference on the creative person.* Berkeley: University of California, Institute of Personality Assessment and Research.

Heider, F. (1946). Social perception and phenomenal causality. *Psychological Review, 51,* 358-374.

Heider, F. (1958). *The psychology of interpersonal relations.* New York: Wiley.

Hertzman, M. & Festinger, L. (1940). Shifts in explicit goals in a level of aspiration experiment. *Journal of Experimental Psychology, 27,* 439-452.

Helson, R. (1961). Creativity, sex, and mathematics. *Conference on the creative person.* Berkeley: University of California, Institute of Personality Assessment and Research.

Hoppe, F. (1930). Erfolg und Misserfolg. *Psychologische Forschung, 14*, 1-62.

Jones, E. E. (1978). Biography. *American Psychologist,* 58-62.

Jones, E. E. (1985). Major developments in social psychology during the past five decades. In G. Lindzey & E. Aronson (Eds.), The handbook of social psychology. (Vol. I). New York: Random House.

Jones, E. E. & Sigall, H. (1971). The bogus pipeline: A new paradigm for measuring affect and attitude. *Psychology Bulletin, 76*, 349-364.

Karsten, A. (1928). Psychische Sattigung. *Psychologische Forschung, 10*, 142-154.

Kelley, H. H. (1950). The warm-cold variable in first impressions of persons. *Journal of Personality, 18, 431-439.*

Kelley, H. H. & Thibaut, J. (1954). Experimental studies of group problem solving and process. In G. Lindzey (Ed.), *Handbook of social psychology*, Vol 2. (pp. 735-785) Cambridge, Mass.: Addison Wesley.

Kelley, H. H. & Thibaut, J. (1978). Interpersonal relations: *A theory of interdependence.* New York: Wiley.

Lewin, K. (1935). *Dynamic theory of persanality.* New York: McGraw-Hill.

Lewin, K. (1936). *Principles of topological psychology.* New York: McGraw Hill.

Lewin, K. (1938). *The conceptual representation and measurement of psychological forces.* Durham, N. C.: Duke University Press.

Lewin, K. (1943). Forces behind food habits and methods of change. *National Research Council Bulletin, 108,* 35-65.

Lewin, K. (1945). The Research Center for Group Dynamics. *Sociometry, 8,* 126-136.

Lewin, K. (1947a). Frontiers in group dynamics: I . Concept, method and reality in social science: Social equilibria and social change. *Human Relations, 1,* 5-41.

Lewin, K. (1947b). Frontiers in group dynamics: II. Challenge of group life: Social planning and action research. *Human Relations, 1,* 143-153.

Lewin, K. (1947c). Group decision and social change. In T. M. Newcomb and E. L. Hartley (Eds.), *Readings in social psychology.* New York: Henry Holt.

Lewin, K. (1948). *Resolving social conflicts.* New York: Harper and Row.

Lewin, K. (1951). *Field theory in social science.* New York: Harper & Brothers.

Lewin, K. (1986). "Everything within me rebels": A letter from Kurt Lewin to Wolfgang Koehler, 1933. *Journal of Social Issues, 4,* 37-57.

Lewin, K., Dembo, T., Festinger, L., & Sear, R. (1944). Level of aspiration. In J. M. V. Hunt (Ed.), *Personality and the Behavior Disorders.* (pp. 333-378) New York: Ronald Press.

Lewin, K., Lippitt, R., & White, R. (1939). Patterns of aggressive behavior in experimentally created "social climates." *Journal of Social Psychology, 10,* 271-299.

Lippitt, R. (1945). Kurt Lewin 1890-1947. Adventures in the exploration of interdependence. *Sociometry,* 87-97.

Lippitr, R. & French, J. R. P. (1948). Research and training: The research program on training and group life at Bethel. *The Group.* 2, 11-15.

Lippitt, R. & Radke, M. (1946). New trends in the investigation of prejudice. *The Annals of the American Academy of Political and Social Science, 244,* 167-176.

Lippitt, R., & White, R. K. (1947). An experimental study of leadership and group life. In: Newcomb T. & Hartley (Eds.) *Readings in social psychology.* New York: Henry Holt and Co.

Lissner, K. (1935). Die Entspannung von Beduerfnissen durch Ersatzhandlungen. *Psychologische Forschung, 18,* 218-150.

Luce, D. & Raiffa, H. (1957). *Games and decisions.* New York: Wiley.

Maccoby, N. E., Neweomb, T. M., & Hartley, E. L. (Eds.) (1958). *Readings in Social Psychology.* New York: Henry Holt & Co.

MacKinnon, D. W. (1962). The nature and nurture of creative talent. *American Psychologist, 17,* 484-495.

Mahler, V. (1933). Ersatzhandlungen verschiedenen Realitatsgardes. *Psychologische Forschung, 18,* 26-89.

Mandler, J. M. & Mandler, G. (1969). The diaspora of experimental psychology: The gestaltists and others. In: (D. H. Fleming, Ed.) *The intellectual migration.* Cambridge, Mass: Belknap Press. 371- 419.

Marrow, A. (1969). The practical theorist. New York: Basic Books.

Milgram, S. (1963). Behavioral srudies of obedience. *Journal of Abnormal and Social Psychology, 67,* 371-378.

Nisbett, R. E., & Ross, L. (1980). *Human inference: Strategies and shortcomings of social judgment.* Englewood Cliffs, New Jersey: Prentice Hall.

Ovsiankina, M. (1928). Die Wiederaufnahme unterbrochenen Handlunger.

Psychologische Forschung, 1, 302-389.

Pepitone, A. (1950). Motivational effects in social perception. *Human Relations, 3,* 319-348.

Perlman, D. (1984). Recent development in personality and social psychology: A citation analysis. *Personality and Social Psychology Bulletin, 10,* 493-501.

Ross, L., J. Rodin, & P. Zimbardo. (1969). Toward an attribution therapy: The reduction of fear through induced cognitive-emotlonal misattribution. *Journal of Personality and Social Psychology, 12,* 279-288.

Schachter, S. (1951). Deviation, rejection, and communication. *Journal of Abnormal and Social Psychology, 46,* 190-208.

Schachter, S. (1959). *The psychology of affiliation.* Stanford, Calif: Stanford University Press.

Swanson, G. E., Newccmb, T. M., & Hartley, E. L. (Eds.) (1952). *Readings in social psychology.* New York: Henry Holt.

Thibaut, J. (1950). An experimental study of the cohesiveness of underprivileged groups. *Human Relations, 3,* 251-278.

Thibaut, J., & Kelley, H. H. (1959). *The social psychology of groups.* New York: Wiley.

Triplett, N. (1898). The dynamogenic factors in pacemaking and competition. *Journal of American Psychology, 9,* 507-533.

Zeigarnik, B. (1927). Das Behalten erledigter und unerledigter Handlungen. *Psychologische Forschung, 9,* 1-85.

Zeigarnik, B.(1984). Kurt Lewin and Soviet Psychology. *Journal of Social Issues, 40,* 181-192.

Zimbardo, P. G. (1969). *The cognitive control of motivation: The consequences of choice and dissonance.* Glenview, Ill.: Scott Foresman.

國家圖書館出版品預行編目資料

實驗社會心理學：勒溫拓撲心理學之傳承／雪
萊‧帕特諾(Shelley Patnoe)著；王勇智，
張榮哲譯. －－二版. －－臺北市：五南圖
書出版股份有限公司，2023.10
面；　公分
ISBN 978-626-366-652-8（平裝）

1.CST: 社會心理學

541.7　　　　　　　　　　112016114

1B31

實驗社會心理學—勒溫拓撲
心理學之傳承

作　　　者 — 雪萊‧帕特諾（Shelley Patnoe）

譯　　　者 — 王勇智、張榮哲

發 行 人 — 楊榮川

總 經 理 — 楊士清

總 編 輯 — 楊秀麗

副總編輯 — 王俐文

責任編輯 — 金明芬

封面設計 — 陳亭瑋

出 版 者 — 五南圖書出版股份有限公司

地　　　址：106臺北市大安區和平東路二段339號4樓

電　　　話：(02)2705-5066　　傳　　真：(02)2706-6100

網　　　址：https://www.wunan.com.tw

電子郵件：wunan@wunan.com.tw

劃撥帳號：01068953

戶　　　名：五南圖書出版股份有限公司

法律顧問　林勝安律師

出版日期　2023年7月初版一刷
　　　　　2023年10月二版一刷

定　　　價　新臺幣480元

經典永恆・名著常在

五十週年的獻禮——經典名著文庫

五南，五十年了，半個世紀，人生旅程的一大半，走過來了。

思索著，邁向百年的未來歷程，能為知識界、文化學術界作些什麼？

在速食文化的生態下，有什麼值得讓人雋永品味的？

歷代經典・當今名著，經過時間的洗禮，千錘百鍊，流傳至今，光芒耀人；

不僅使我們能領悟前人的智慧，同時也增深加廣我們思考的深度與視野。

我們決心投入巨資，有計畫的系統梳選，成立「經典名著文庫」，

希望收入古今中外思想性的、充滿睿智與獨見的經典、名著。

這是一項理想性的、永續性的巨大出版工程。

不在意讀者的眾寡，只考慮它的學術價值，力求完整展現先哲思想的軌跡；

為知識界開啟一片智慧之窗，營造一座百花綻放的世界文明公園，

任君遨遊、取菁吸蜜、嘉惠學子！